Erica Jong

SELIGES ANGEDENKEN
Ein Roman über Mütter und Töchter

Aus dem Amerikanischen
von Gisela Stege

Hoffmann und Campe

Die Originalausgabe erschien unter dem Titel
»Inventing Memory: A Novel of Mothers and Daughters«
bei Harper Collins Publishers, New York,
und bei Bloomsberry Publishing, London

Die Deutsche Bibliothek – CIP-Einheitsaufnahme
Jong, Erica: Seliges Angedenken:
Roman/Erica Jong.
Aus dem Amerikan. von Gisela Stege.
– 2. Aufl. – Hamburg: Hoffmann und Campe, 1997
ISBN 3-455-03686-4

Copyright © 1997 by Erica Mann Jong
Copyright der deutschen Ausgabe
© 1997 by Hoffmann und Campe Verlag, Hamburg
Schutzumschlaggestaltung: Büro Hamburg
unter Verwendung eines Fotos von FPG/BAVARIA
Satz: Utesch GmbH, Hamburg
Druck und Bindung: Graphischer Großbetrieb Pößneck
Printed in Germany

Beste Freunde:
Kenneth David Burrows
Gerri Kahn Karetsky

DANKSAGUNG

Mein besonderer Dank an Gladys Justin Carr,
meine außergewöhnliche Lektorin;
Annette Kulick, meine unermüdliche Assistentin;
und an meine hingebungsvollen ersten Leser,
Ed Victor und Ken Burrows.

*Wirklich tot sind nur jene, an die
sich niemand mehr erinnert.*
   JÜDISCHES SPRICHWORT

Gladys Spatt Burrows
1917–1996

Selig S. Burrows
1913–1997

Seliges Angedenken

SELIGES ANGEDENKEN ist insgesamt Fiktion. Der Roman enthält zwar Hinweise auf historische Ereignisse, reale Personen und tatsächliche Schauplätze, aber diese Bezüge erfüllen ausschließlich den Zweck, die Fiktion in einen angemessenen historischen Zusammenhang zu setzen. Alle anderen Namen, Figuren und Geschehnisse in diesem Buch sind fiktiv, und jede Ähnlichkeit mit tatsächlichen Personen oder Ereignissen ist zufällig.

Prolog SARAHS GESCHICHTE
Menschen, die nicht schlafen können

1905

Der Tod klopft nicht an die Tür.
JIDDISCHES SPRICHWORT

Manchmal, wenn ich träume, kehrt mein Erstgeborener zu mir zurück. Ich glaube, er ist mein Schutzengel. »Mama, Mamitschka, Mamenju, Mamele«, sagt er, »ich muß dich warnen...« Und dann erzählt er mir etwas über irgendeinen Mann in meinem Leben oder einen Geschäftsabschluß – und jedesmal stellt sich heraus, daß er recht hat. Obwohl ich mich, sobald ich wach bin, nicht mehr an seine Worte erinnere.

In meinem Traum spricht er die Sprache der Toten. Sein Erscheinen allein ist schon eine Warnung. Auch an seine Stimme kann ich mich nicht erinnern, aber ich weiß, wie er aussieht: Er trägt einen hohen Seidenhut und eine pelzgefütterte *pelisse*. Sein Mantel ist mit Zobel besetzt. Er hat einen langen Bart – er, der noch nicht einmal laufen gelernt hatte, geschweige denn, daß ihm ein Bart gewachsen wäre! Er ist ein Mann – er, der doch stets nur ein Baby war –, aber sein süßer Hals duftet immer noch nach Baby, und im Traum ist mir klar, daß er in alle Ewigkeit sowohl Baby als auch Mann bleiben wird.

Ich habe ihn verloren, und dennoch habe ich ihn nicht

verloren. Er lebt in einem Land, zu dem nur der Tod den Schlüssel herausgeben kann.

Ich war aus Odessa in meine Heimat Sukovoly zurückgekehrt, wo ich Lehrling eines Fotografen gewesen war und Sepiaporträts der feinen Leute retuschieren mußte. Nicht älter als siebzehn und ebenso dumm, was Männer, wie klug, was Fotos betraf – woher hätte ich wissen sollen, daß ich schwanger war? Woher hätte ich wissen sollen, wie das gekommen war? Eine weitere lange Geschichte für einen weiteren Regenabend.

Als meiner Mama klar wurde, was mit mir los war, schrie und tobte sie und raufte sich die Haare. Dann beruhigte sie sich wieder. »Kinder bringen Segen«, behauptete sie, irgendein Sprichwort dahinmetzelnd. Und geriet in freudige Erregung über ihr erstes Enkelkind.

Er war ein so süßes Baby, mein David, mein Dovie, mein *Männlein*. Er klinkte sich an meine Brust und trank, als berge meine Brustwarze die ganze Welt und als sei er fest entschlossen, sie zu verschlingen. An jenem Abend aber kamen die Kosaken, und wir versteckten uns in Malkas Scheune. Ich wußte, daß mein Leben, das von Mama, das Leben meiner Schwester Tanja, meiner Cousine Bella und meines kleinen Bruders Leonid davon abhingen, daß absolute Stille herrschte. Als daher mein kleiner Liebling Dovie zu weinen begann, zog ich meine Brust heraus und stopfte sie ihm in den Mund, bis ich hörte, daß er trank, trank, trank und still war.

Mein Herz hämmerte wie eine Trommel, der Atem stockte mir fast vor Angst, im Mund spürte ich den metallischen Geschmack des Entsetzens, als tränke ich aus einem rostigen

Becher, der in eine kalte, klare Quelle getaucht worden war. Aus tiefstem Herzen betete ich für das Leben all dieser Menschen (meins und seins eingeschlossen), und eine Weile muß Gott mich gehört haben, denn der Säugling trank und trank, und ich hörte nichts als das Klopfen meines eigenen Herzens.

Dann aber begann der kleine Winzling zu wimmern und sich zu winden. Er wollte senkrecht gehalten werden. Er wollte aufstoßen können. Ich wußte nicht recht, ob ich das tun konnte, ohne uns alle zu verraten. Ich biß auf meine Zunge, hob ihn behutsam an meine Schulter, tätschelte ihm den kleinen Rücken und hielt ihn so, bis aus den Tiefen seines Körperchens eine dicke Luftblase emporstieg und er mir saure Milch über Brust und Schulter spie.

Die Kosaken unter uns waren damit beschäftigt, herumzustapfen und mit ihren Bajonetten oder Säbeln oder was immer sie bei sich trugen in den Heuballen herumzustochern, doch als das Baby zu wimmern begann, hielten sie inne und lauschten gespannt. Es gab keinen Laut außer dem wischenden Geräusch, das ihre Stiefel machten, wenn sie das Heu beiseite traten. Ich preßte das Baby so fest an meine Brust, als wäre ich ein Revolvermann in einem jener Stummfilme, die es gab, als ich damals nach Amerika kam, ein Cowboy, der sich zum Shoot-out bereitmacht. Als das Baby wieder zu trinken begann, ließ ich ganz langsam die Luft in meine Lungen zurückkehren und spürte, wie sie sich unter dem saugenden Mund des Babys entfalteten. Als der Kleine ruhiger wurde und einzuschlafen schien, fiel mir das wegen des Lärms und des Geschreis unter uns nicht weiter auf. Die Kosaken hatten ein Kalb gefangen, das sie jetzt mit ihren gräßlichen Waffen bearbeiteten, so daß es panische Tierlaute ausstieß, fast wie die Laute eines Kindes – eines Kindes, das nie wieder an einer Brust trinken würde. Erst als die Kosaken zu ihrem nächsten Massaker davongaloppiert waren, wurde mir klar, daß mein Kleiner nicht mehr atmete.

Später saß ich zwei Wochen lang benommen herum; ich aß nicht, ich schlief nicht, ich starrte ins Leere, ohne etwas zu sehen. Ich konnte weder weinen noch schreien, ja nicht einmal sprechen. Mama, die mir Suppe brachte, erklärte mir, daß viele Mütter, welche die Kraft gehabt hätten, ihre Babies zu töten, abermals geboren und abermals geliebt hätten, und ihre Mutter hätte nicht weniger als drei Frauen gekannt, die ihren Babies in der gleichen Situation den Mund zugehalten hätten. Eines sei gestorben. Eines sei sein Leben lang seltsam geblieben. Und eines hätte gehumpelt wie ein Idiot.

Das machte es für mich aber nur schlimmer statt besser. Ich hatte nicht die Willenskraft zu sagen: »Mama, ich habe ihn nicht erstickt. Ich habe ihn nur gestillt.« In Wirklichkeit kann ich mich aber nicht an jede Bewegung erinnern, die ich in jener dunklen Scheune gemacht habe, wo die Ratten hin und her huschten und die Kosaken herumstapften, und an meine entsetzliche Angst, mein kleiner Dovie könnte noch einmal zu weinen anfangen und uns alle damit zum Tode verurteilen.

Was uns nicht umbringt, macht uns stärker lautet ein Spruch. Und der Verlust meines erstgeborenen Engels machte mir tatsächlich klar, wie hart es in der Welt zugeht und daß das Leben kein Zuckerlecken ist.

Aber immer, wenn ich ihn am dringendsten brauche, kommt mein Dovie zu mir zurück: als erwachsener Mann

mit engelsgleichen, tintenblauen Babyaugen und Vollbart. Warum er vor mir ins Jenseits gehen mußte, werde ich niemals verstehen, doch irgendwie scheint er ein Bote zu sein. Er wacht über mein Leben.

»Er ist ein Engel«, hatte Mama gesagt, »und wir sind am Leben.«

Ich haßte sie, weil sie glaubte, ich hätte ihn getötet, aber vielleicht glaubte ich das ja auch selbst. Das werde ich aber erst erfahren, wenn ich meinen Sohn im Jenseits wiedersehe.

Es war aber nicht nur Davids Tod, der mich veranlaßte, nach Amerika auszuwandern. Bis eine Frau den ihr vorgezeichneten Weg erkennt, braucht sie mindestens drei Männer.

Eine Woche später kamen die Kosaken wieder, brannten die *schul* mit allen, die darin waren, nieder – dabei starb auch mein Zwillingsbruder Jussel, er ruhe in Frieden, und mein Vater seligen Angedenkens. Jussel verfügte bereits über das kostbare Billett für die Reise nach Amerika. Trotz ihres Kummers – und obwohl es verboten war – steckte Mama mich in die Kleider meines Bruders und befahl mir, nach Amerika zu gehen. So eine Frau war meine Mama! Natürlich sollte ich sie alle so bald wie möglich ins Goldene Land nachholen.

»Jetzt bist du der Mann in der Familie«, sagte sie und gab mir dadurch für den Rest meines Lebens ihre Absolution.

Der Tod kann sich als Schub von Courage erweisen, als Anstoß für eine Reise, vor der man sich fürchtet. Der Tod kann bewirken, daß man all seinen restlichen Mut zusammennimmt. Und es war die Gewalt dieser drei Tode, die mir über die gefürchtete Grenze half, quer über den dunklen

Kontinent – zu Fuß, durch Heuhaufen voll sauggieriger Insekten, durch Mahlzeiten aus saurem schwarzem Brot, durch erniedrigende Durchsuchungen und seekranke Nächte, die sich unendlich fortzusetzen schienen.

Es war Dovies Tod – wie auch der meines Bruders und meines Vaters –, der mich übers Meer bis in eine Kellerwohnung in einem New York ohne Himmel trieb, unmittelbar rechts neben einem Kohlenkeller, wo das Schaufeln und Herumschieben der Kohlen die Geräusche der Grillen in sternklaren Nächten ersetzte.

Alle Geschichten, die jemals erzählt wurden, sind die Geschichten von Familien – beginnend mit Adam und Eva. Wenn ich an meine Tochter denke, an ihre Kinder und daran, wie sie leben, wird mir klar, daß kein noch so bemühtes Einfühlungsvermögen ihnen nahebringen kann, wie dicht am Abgrund wir auf dieser Reise gelebt haben, auf dieser Überfahrt, in dieser kohlenschwarzen Wohnung halb unter der Erde. Meine Kinder leben in Malibu, Aspen, Beverly Hills, Venice, Greenwich, in der Schweiz – es gibt nichts, was zu gut für sie wäre. Zinssätze sind es, worüber sie sich Sorgen machen, Bauvorhaben und Endschnitt. Sie sammeln Erstausgaben, englisches Silber, Polopferde, zeitgenössische Kunst. Sie horten wuchtig-schwere Dinge, die bei einem Pogrom nicht mitgenommen werden können. Dies ist ein Zeichen dafür, daß sie sich sicher fühlen. Sie erwarten nicht, daß Juden in Greenwich, Connecticut, genauso eingesperrt werden könnten wie im Warschauer Ghetto. Sie erwarten nicht, über die Rockies gejagt zu werden wie weiland über die Pyrenäen. Sie sind selbstzufrieden, fühlen sich sicher;

ihre Probleme haben mit ihren Seelen zu tun. Es ist mein Verdienst, daß sie so geworden sind. Ich habe es geschafft, daß sie sich sicher fühlen – ich mit meiner Unsicherheit. Aber vielleicht war es ja auch Dovie; vielleicht ist er der Schutzengel der ganzen Familie.

1 SARAS GESCHICHTE

2005

Eltern können ihrem Kind eine Mitgift auf den Lebensweg mitgeben, nicht aber das Glück.
JIDDISCHES SPRICHWORT

Der Council on Jewish History in New York City (abgekürzt CJH) residiert in einer Kalksteinvilla, die ursprünglich im Stil der letzten Jahrhundertwende für irgendeinen Raubritter als Imitation irgendeines großen europäischen Gebäudes errichtet wurde. Reihenweise umzirkeln Kamm- und Nautilusmuscheln den Fries des Erdgeschosses. Bronzedelphine tanzen Quadrille im Springbrunnen des Innenhofs, der für Wohltätigkeitsveranstaltungen, Cocktailparties und gelegentliche, ergebnislose Zusammenkünfte der festen Mitarbeiter benutzt wird. Das Rosenfenster einer säkularisierten gotischen Kathedrale bildet das Mittelstück des Oberlichts in der Bibliothek, während bunte Glasdarstellungen von Adam, Noah, Moses, Maimonides, Spinoza, Einstein und Freud – nirgendwo eine Frau in Sicht – die Kuppel flankieren und der Decke die gewünschte jüdische Patina verleihen. Rings an den getäfelten Wänden der Bibliothek erscheint, in hebräischen Schriftzeichen geschnitzt, das Motto *Wissen ist Macht*, und potentielle Spender, denen die große Führung durch dieses *Sanctum Sanctorum* gewährt wird, fühlen sich häufig zu einer Bemerkung über die nahezu priesterliche Atmosphäre des Raumes bemüßigt. Damit meinen sie, daß die Bibliothek ein düster dräuender Raum ist, dessen drückende Atmosphäre nur durch Balken aus farbigem Licht erleichtert wird, Hinweise auf die göttliche Gegenwart des unnennbaren Ewigen.

Ein *Aron*, eine Arche, aus einer kleinen Synagoge von Ferrara, die später von Mussolinis Schwarzhemden zerstört wurde, war dem CJH zum Glück im Jahre 1928 von einem dankbaren Ferrareser Juden, der in den Roaring Twenties als Grundstücksmakler in New York sein Glück gemacht hatte, vermacht worden. Sie steht heute noch an der Rückwand des Lesesaals, wo sie zur Präsentation der unbezahlbaren Sammlung von silbernen *Thora*-Kronen, *Kidesch*-Kelchen und gehämmerten, silbernen *Menoren* benutzt wird, die dem CJH von anderen Wohltätern gespendet wurden (die zweifellos des Glaubens waren, ein Geschenk an den CJH ziehe den sofortigen Einlaß in den rätselhaften Himmel der Juden nach sich). So ein Ort ist der CJH – das älteste jüdische Forschungsinstitut von New York und das mit dem höchsten Prestige.

Der Tag, an dem Sara zum erstenmal in diesem eindrucksvollen Bauwerk herumgeführt wurde, war ein strahlender Apriltag, an dem der Innenhof in ein Meer von Kirschblüten getaucht war, aus Japan importiert von einem gartenbaubegeisterten Warburg – oder war es ein Rothschild? (Selbst später, nachdem sie mehrere Monate lang in der Bibliothek geschuftet hatte, konnte Sara sich nicht genau erinnern.) Der Himmel schimmerte in jenem grandiosen Côte-d'Azur-Blau, das er in New York gelegentlich an Frühlingstagen annimmt, und in den blütenschweren Bäumen sangen die

Vögel. Der mittelalterliche Kräutergarten, in einem Muster aus achtzehn aromatischen Kräutern angelegt, welches das Leben – oder, auf hebräisch, *chai* – symbolisieren sollte, war im Begriff, aus seiner Winterstarre zu erwachen.

Sara folgte Lisette de Hirsch, der Entwicklungsdirektorin des CJH, einer energischen, aber modisch ausgehungerten, weißhaarigen, blauäugigen Frau Ende der Fünfzig, die schwarze Chanel-Kostüme mit Goldknöpfen liebte, leuchtendfarbige Seidentücher mit jeder Menge Sonnen und Monden sowie flache Schuhe, handgearbeitet von einem venezianischen Schuhmacher, der auch die Tänzer des Fenice und der Scala belieferte. Sie war eine alte Familienfreundin von Saras Nichtganz-Stiefmutter Sandrine, die Sara immer wieder ermuntert hatte, sich wegen eines Jobs an sie zu wenden.

Lisette de Hirsch brauchte das Geld nicht, das sie in ihrer Position verdiente. Ihr Ehemann stammte aus einer uralten jüdischen Familie, die ihr Vermögen bei jedem Boom seit dem Bürgerkrieg vervierfacht und das Kapital durch jede Flaute gerettet hatte, selbst durch die Große Depression. Sara war nicht so glücklich dran. Sie war noch nicht einmal dreißig – mit einer dichten Mähne hübsch gewellter kastanienbrauner Haare, einer üppigen, jedoch irgendwie auch schmal taillierten Figur, grünen Augen mit gelben Flecken, die eben noch an Topase erinnerten und dann wieder an Smaragde, einer aristokratischen Adlernase wie eine italienische, von Bronzino gemalte Renaissanceschönheit, vollen scharlachroten Lippen, deren Lippenstift sie vor Nervosität immer wieder herunterkaute –, aber sie brauchte den Job, um den sie sich bewarb, dringend. Am Neujahrstag hatte sie ihrem Ehemann den Stuhl vor die Tür gesetzt, weil sie entdeckt hatte, daß er sich in seine zweiundzwanzigjährige Assistentin Stoddard (genannt Stoddi) von Meissen vergafft hatte, diese Nazi*schickse* aus dem Reich des Teufels. Also blieb Sara allein mit ihrer sechsjährigen Tochter Dove, für deren Unterhalt sie sorgen mußte, mit einer dicken Hypothek auf eine Eigentumswohnung auf der West Side und keinem Penny Alimente. Lloyd hatte inzwischen seinen Doktor in Geschichte gemacht, während Sara, obwohl sie für alle drei den Lebensunterhalt bezahlte, den ihren erst annähernd fertig hatte – nur die Dissertation fehlte noch. Sie hatten beide Stipendien für das Studium, aber da waren die Unkosten für die Babysitter, die Vorschule und die anderen unerwarteten Ausgaben für Kinder zu bezahlen, so daß Saras geringe Ersparnisse, als Lloyd in die Fänge dieser Stoddi fiel, schon lange aufgebraucht waren. Lloyd hatte ursprünglich versprochen, für Sara und Dove zu sorgen, während Sara an ihrer Dissertation arbeitete. Aber bevor es so weit kam, war die Prinzessin von Meissen in Lloyds Seminar über Jüdische Geschichte an der Columbia University gekommen, um jenen Sirenengesang von Jugend und Schicksentum anzustimmen, mit dem jüdische Männer von ihren jüdischen Frauen fortgelockt wurden, in denen die Ehemänner immer stärker das Ebenbild ihrer Mütter und Großmütter sahen. Inzwischen gab Lloyd andeutungsweise zu verstehen, daß er zu ihr zurückkehren wolle, aber Sara war plötzlich nicht mehr so sicher, daß sie ihn tatsächlich wollte. Mit der Zeit hatte sie gelernt, ihr unabhängiges Leben – anstrengend oder nicht – zu genießen.

»Ein erstaunliches Gebäude«, sagte Sara und hoffte, sich damit bei Lisette de Hirsch beliebt zu machen, die während des Rundgangs vor Stolz regelrecht glühte.

Insgeheim hielt Sara das Gebäude für ziemlich überkandidelt, ein Mischmasch von Architekturstilen und alles nicht von bestem Geschmack. Die Bibliothek mit ihrer grellbunten Arche und dem unbezahlbaren Silber (alles verziert mit Namensplaketten der Spender, die fast so groß waren wie die Objekte selbst) war vollgestopft mit ledergebundenen Folianten, die in dunklen Bücherschränken standen, von denen sich einer drehen ließ, so daß er eine Wendeltreppe freigab, die zu verschiedenen Etagen mit weiteren Bücherregalen und einem geheimen Konferenzzimmer mit einem runden Konferenztisch führte, das in das Urgestein von Manhattan gehauen war. Niemand weiß, ob jener Vanderbilt, der dieses Haus etwa um 1905 errichten ließ, sich ein Versteck für den Ersten Weltkrieg bauen wollte oder ob der Raum ursprünglich als Weinkeller gedacht war. Die darauffolgenden Eigentümer hatten ihn zu einem unterirdischen Speise- oder Konferenzsaal umgebaut, mit einem Speiseaufzug, der in die Küche im Erdgeschoß hinaufführte.

Lisette öffnete eine getäfelte Tür, drückte auf einen Knopf, und dann surrten Kabel, während der Speiseaufzug abwärts lief. Er war mit kreisrunden Vertiefungen für Weinkaraffen, Geschirrgestellen für das Porzellan und einer flachen Mulde für den Transport größerer Speisemengen ausgerüstet.

Voll Stolz zeigte Lisette Sara diese Einrichtung.

»Personalprobleme kannte man damals nicht«, sagte sie, ohne zu ahnen, wie sehr sie der Karikatur einer steinreichen Lady glich.

»Ein Butler wartete hier, um die Speisen vorzulegen und zu servieren, und zwei Küchenmädchen schickten sie nach unten, nachdem der Koch sie ein letztes Mal abgeschmeckt hatte. Einige Speisekarten aus jenen Tagen existieren noch heute. Man war damals stark auf Mahlzeiten mit sieben Gängen fixiert, von der Suppe bis zu den Süßspeisen.«

Sara lachte eine Note verständnisinniger als nötig. Schließlich gehörte diese Frau zu den drei Personen, die darüber entscheiden würden, ob sie gesalbt werden sollte oder nicht. Sie wollte sich die Chance, das Stipendium zu bekommen, nicht selbst verderben.

Vorerst würde sie vergessen müssen, daß ihr Ehemann vermutlich glaubte, diese Nazi-Hexe aus der Teufelsküche zu lieben, daß ihre Tochter wieder das Bett näßte, seit ihr Daddy ausgezogen war, und eine Therapie bei einer Kinderpsychiaterin brauchte, die für eine »Stunde« von fünfundvierzig Minuten die exorbitante Summe von dreihundert Dollar verlangte. Sie hatte keine wohlhabenden Verwandten, die ihr aushelfen konnten, und war jetzt schon mit der Miete sowie Doves Schulgeld im Rückstand.

Sara wußte, daß sie für das Bonbon, als feste Mitarbeiterin beim CJH angestellt zu werden, in die engere Wahl kam, und hütete sich, diesen Vorteil durch ihren gewohnten ironischen Trotz aufs Spiel zu setzen. Im Augenblick konnte sie sich weder Trotz noch Ironie leisten. Schließlich mußte sie ein Kind versorgen.

»Was für eine Zeit muß das gewesen sein!« rief Sara so einschmeichelnd aus, wie es ihr möglich war. »Damals, als es noch keine Einkommensteuer gab, in der Zeit von Edith Wharton und Emma Goldman, in jenen Tagen ...«

»Edith Wharton soll hier in diesem Raum gespeist haben«, fiel ihr Lisette ins Wort, und ihre Kostümknöpfe glänzten noch heller als sonst.

»Offenbar hat es hier ein literarisches Dinner gegeben, und Henry James war auch zu Gast. Das war natürlich, bevor sie beide New York verließen und nach Europa gingen.«

»Es wäre mir eine Ehre, in einem solchen Haus zu arbeiten«, stieß Sara hervor, während sie sich fragte, ob sie nicht ein wenig zu dick auftrug.

Lisettes Augen hinter der teuren Omabrille mit Goldrand leuchteten auf.

»Ich wünschte, andere junge Leute würden ebenfalls so denken«, sagte Lisette. »Nach dem Holocaust *muß* die jüdische Geschichte bewahrt werden! Das war niemals so wichtig wie heute. Seit wann interessieren Sie sich für jüdische Geschichte?«

»Als meine Mutter im letzten Jahr starb, wollte ich unbedingt alles über unsere Familie erfahren, und da bin ich natürlich hier gelandet. Es heißt nämlich, daß meine Urgroßmutter, von der ich den Vornamen habe, ihre Erinnerungen im Rahmen eines Projekts für mündliche Geschichtsüberlieferung auf Band gesprochen habe. Das soll unmittelbar vor oder nach meiner Geburt gewesen sein, aber offenbar weiß keiner, wo diese Tonbänder geblieben sind. Sie könnten sogar hier im Archiv lagern.«

Lisette sah sie verständnislos an. Ihre Domäne war das Spendensammeln, nicht aber die Frage, wie das Geld verwendet wurde.

»Mein Interesse an der Geschichte der Juden ist immer heftiger geworden«, fuhr Sara hastig fort. »Vor allem an den Geschichten der Frauen in den Familien ... Ich möchte diese Frauen unbedingt vor dem Vergessen bewahren ...«

Jetzt machte Lisette den Eindruck, als würde sie vor Genugtuung platzen. Das Gefühl sagte Sara, daß sie den Job hatte – und damit das Geld, das ihr das Leben retten würde.

Sie folgte Lisette zu den im Dämmerlicht wartenden Bücherregalen zurück (die unter jener Art wissenschaftlicher Forschung ächzten, die Sara für ihre Doktorarbeit brauchte); dann sah sie zu, wie Lisette eine große Lederkassette herauszog und den mit Muschelschalen beklebten Deckel hob. Die Kassette war angefüllt mit Fotografien aus der Zeit der Jahrhundertwende, Fotos von würdig-ernsten Frauen, viele davon mit Nickelbrillen, Frauen, die Mieder, Humpelröcke und Federhüte trugen.

»Wir haben vor, unser Fotoarchiv zu computerisieren«, sagte Lisette, »und das würde eine Ihrer ersten Herausforderungen sein.« (Lisette gehörte zu den Menschen, die Ausdrücke wie »Herausforderung« gewohnheitsmäßig verwendeten.)

Lisette schloß den Kasten mit den alten Fotos und trug ihn zu einer Lesenische in den Regalreihen, wo sie ihn mit einem Plumps absetzte, abermals öffnete und die Fotos eins nach dem anderen herausholte. Einige waren mit einer altmodischen Handschrift datiert, andere waren undatiert. Viele waren mit den Namen der Fotografen in Odessa, Nowgorod, Kischinew, Warschau, Wilna, Hamburg, London und New York gestempelt.

Plötzlich hielt Lisette das Foto einer Frau mit dunklem Hut und riesigen, hellen, leuchtenden Augen hoch.

»Die sieht genauso aus wie Sie!« rief sie erregt. »Stellen Sie sich die Kleidung modern vor, denken Sie sich den Hut weg, und fassen Sie ihre Haare zusammen.«

Sara nahm das verblaßte, sepiafarbene Foto in die Hand

und betrachtete es eingehend. Die Ähnlichkeit war nicht zu übersehen – es sei denn, ihre Verzweiflung machte sie überempfänglich für Lisettes Äußerungen.

Neugierig drehte sie das Foto um. Auf der Rückseite prangte der Stempel *American Studio, Odessa and Novgorod,* und darunter, mit blassem Bleistift zuerst auf hebräisch, dann auf englisch geschrieben und von der Zeit fast ausgelöscht: *Sarah S. 1905.*

Als Sara durch den blühenden Central Park zu ihrer Wohnung zurückkehrte, kam sie sich fast wie eine Betrügerin vor. Ihr Verhältnis zu ihren jüdischen Wurzeln war viel ambivalenter, als sie vorgab. Erstens hatte sie zwar geargwöhnt, daß sie Jüdin war, es aber erst endgültig erfahren, als sie im Alter von vierzehn Jahren zu ihrer Mutter zog, der legendären Folksängerin Sally Sky. Und dann hatte sie manchmal das Gefühl, die Juden seien an all ihren Leiden selber schuld, weil sie so verdammt fest darauf beharrten, auserwählt, etwas Besonderes, anderen überlegen zu sein. Aufgewachsen war sie weitgehend in Montana bei einem dichtenden Vater, der überzeugt war, Angeln und Religion seien ein und dasselbe, und später in Europa bei einer geschiedenen Mutter, die nur in den Tempeln der Anonymen Alkoholiker und des Zimmerservice betete und dann starb, lange bevor Sara auf diesen Verlust vorbereitet war, so daß die meisten Mutter-Tochter-Probleme unbewältigt blieben. Selbst wenn ihre Mutter und ihr Vater da waren, hatte Sara sich oft wie ein Waisenkind gefühlt. Beide Eltern waren so ungeheuer egozentrisch! Als typische Produkte der sechziger Jahre waren sie überzeugt, ihre eigene Selbstverwirklichung sei das einzig Wesentliche. Sie liebten Sara. Natürlich liebten sie sie. Aber sie waren immer so sehr mit ihren eigenen Dramen beschäftigt, daß die Liebe zu der gemeinsamen Tochter in ihrem Leben kaum an erster Stelle zu stehen schien. Für Sara sah das jedenfalls so aus.

Ham Wyndham, Saras Vater, war ständig damit beschäftigt, sich selbst als Thoreau von Bear Creek in Montana neu zu erfinden. Und Saras Mutter war – jedenfalls bevor sie starb – ständig damit beschäftigt, dafür zu büßen, daß sie eine der berühmtesten Sängerinnen ihrer Generation geworden war. Sally Sky war hin- und hergerissen zwischen der Flucht vor ihrer Berühmtheit und der heimlichen Sehnsucht danach – wie sie auch zwischen Nüchternheit und Trunkenheit wechselte, zwischen Zölibat und Promiskuität, zwischen Sparsamkeit und Verschwendungssucht. Sie *liebte* Sara, schrieb Songs für Sara, überschüttete Sara mit Geschenken, Süßigkeiten, allem, was für Geld zu kaufen war – aber sie war selbst noch viel zu kindlich, um Sara Stabilität geben zu können. Auf der Suche nach dieser schwer faßbaren Ware hatte Sara früh geheiratet. Und nun, da ihre Suche sich als illusorisch erwiesen hatte, fühlte sie sich hilflos – verbissen unabhängig in der einen, verängstigt in der nächsten Minute. Wenn sie nur einen Anker finden könnte, irgendeine Identität, die ihr über die Krise der Scheidung, die unmittelbar bevorzustehen schien, hinweghelfen würde! Wenn nur jemand eine Flaschenpost hinterlassen hätte, irgendeinen heiligen Text, der ihr die Kraft verlieh, die sie brauchte, um durchzuhalten!

An der Columbia University hatte sie bei einem Professor studiert, der behauptete, daß »Ahnenkult die einzig wahre

Religion« sei. Der Stammbaum, pflegte er zu sagen, sei die früheste Möglichkeit gewesen, historische Informationen zu organisieren, und der Grund dafür, daß die Genesis eine so große Menge Genealogie enthielt, sei der, daß die Menschen der Frühzeit dadurch ihre Identität feststellten und stolz darauf waren.

Sara hatte schon immer instinktiv das Gefühl gehabt, daß er recht hatte – obwohl ihre eigenen Vorfahren in Nebel gehüllt waren wie die Götter, die auf wolkenumwogten Berggipfeln wohnten. Aber sie war auch nicht ganz sicher, ob ihr eine Welt gefiel, in der die ethnische Identität wichtiger war als alles andere. Sie war nicht sicher, ob das nicht nur zu immer mehr von jenen Stammesfehden führte, die das Jahrtausend bisher gekennzeichnet hatten.

Sara erreichte ihre Wohnungstür gerade rechtzeitig, um das Telefon klingeln zu hören. Es war Lisette de Hirsch.

»Ich gratuliere unserer neuen festen Mitarbeiterin!« jubelte sie.

»Wie in aller Welt...? Ich dachte, Sie müßten erst mit dem Vorstand und den anderen Direktoren sprechen.«

»Ich *bin* der Vorstand«, entgegnete Lisette. »Und der einzige Direktor, der zählt.«

»Das ist mir klar«, sagte Sara.

»Wir möchten, daß Sie so bald wie möglich anfangen«, fuhr Lisette fort, das »wir« benutzend, um die Fiktion der Mehrzahl hinter ihrer autokratischen Entscheidung aufrechtzuerhalten.

»Wie bald?« fragte Sara, ein eiskaltes Messer der Angst im Herzen. Wenn sie den Posten als feste Mitarbeiterin annahm, würde sie dann auch Zeit genug haben, ihre Doktorarbeit zu beenden, oder würde man tausend andere Aufträge für sie haben? Gewiß, die Bibliothek des Council würde ihr zur Verfügung stehen, aber würde sie die Zeit finden, sie für ihre eigenen Recherchen zu nutzen? Sie konnte schon immer sehr schlecht nein sagen, besonders zu Autoritätspersonen, und das konnte ihre Fortschritte sehr stark behindern, doch sie versuchte sich selbst vom Gegenteil zu überzeugen und gab – mit zwiespältigen Gefühlen – ihre Zustimmung.

Nachdem sie Dove an jenem Abend zu Bett gebracht hatte, stand Sara immer wieder das Bild jener Frau aus dem frühen zwanzigsten Jahrhundert vor Augen. Normalerweise blickte sie auf Menschen, die nach ihren Wurzeln suchten, mit einer gewissen Verachtung herab, weil sie meinte, sie wollten ihre Sentimentalität mit Geschichte – oder wenigstens Soziologie – bemänteln.

Jedesmal, wenn ein Freund oder eine Freundin von ihr eine Pilgerreise nach Wilna, Prag oder das East End von London machte, warf sie ihnen vor, ihren »Jurzeln« – das war ihre Abkürzung für jüdische Wurzeln – nachzuspüren. Aber ein Foto vermag zu faszinieren, wie es nur wenige andere Dinge können. Es war da etwas, in diesem Gesicht – Trotz, vermischt mit einer unleugbaren Schönheit –, was Sara das Gefühl verlieh, sie betrachte ihr eigenes Spiegelbild. Damals, in jener entschwundenen Welt der Bowlerhüte, Humpelröcke, Sägespäne-Saloons, Freudenhäuser, klappernden Straßenbahnwagen und nagelneuen Subways, hatte es eine Frau gegeben, die ihre Zwillingsschwester sein konnte.

Was hatte jene Sarah nach Amerika geführt? War sie allein gekommen? Hatte sie Erfolg gehabt, oder war sie untergegangen? Hatte sie eine Dynastie gegründet, oder war sie auf dem Friedhof der Namenlosen zu Staub geworden? Wo war der Rest ihrer Geschichte? Würde sich daraus Saras eigene voraussehen lassen?

2   Sarah im Goldenen Land
1906

Es lebt sich nicht so gut mit Geld,
Wie es sich ohne schlecht lebt.
        Jiddisches Sprichwort

Es begann auf dem Schiff – mein amerikanisches Leben, meine ich. Das Schiff hieß *Goldener Stern*, sein Heimathafen war Hamburg, und von außen sah es aus wie ein schwimmender Palast mit Lichterketten. Innen aber stieg man eine leiterähnliche Treppe bis in den tiefsten Bauch hinab, vorbei an halbnackten, kohlegeschwärzten Dämonen mit verzerrten Gesichtern, die einen glutheißen Ofen mit schwarzen Klumpen fütterten, und entdeckte dann ein stinkendes Zwischendeck, gefüllt mit dichtgedrängten Schlafkojen, dem Dröhnen von Ventilatoren und dem Gestank seekranker Menschen.

Selbst wenn ich jetzt die Augen schließe, kann ich noch die Dunkelheit in diesem Zwischendeck sehen, das Knarzen der Schiffswände hören und den Affenhausgeruch der eng aufeinanderhockenden armen Leute riechen. Es ist der Fluch und der Segen meines Lebens, einen besseren Geruchssinn zu besitzen als andere Menschen.

»Ich rieche, darum bin ich«, habe ich immer zu meiner Tochter Salome gesagt, zu Miss Klugscheißer, der Avantgardeschriftstellerin. Und sie entgegnete dann prompt: »Du *atmest*, Mama, darum bist du. Sonst hört es sich an, als ob du stinkst.«

»Entschuldige meinen Greenhorn-Akzent, *dollink*«, sagte ich daraufhin. »Für mich klingt es richtig, wenn ich sage: *Ich rieche, darum bin ich.* Es ist ein *double entendre, nu?*« Und Salome hob verzweifelt die Hände und rief: »MAMA!«

»Na und? Deine Mutter ist ein Greenhorn. Gewöhn dich nur dran«, sagte ich, in Wirklichkeit aber machte mich das wütend. Wozu sind Töchter denn sonst da, wenn nicht, um ihre Mütter wütend zu machen?

Aber zurück zum Schiff: Da sitze ich also, im Zwischendeck bei diesen übelriechenden Leuten. So oft ich nur konnte, floh ich hinaus, wanderte auf den Decks umher, betrachtete das Meer, skizzierte in meinem Notizbuch alles, was ich sah. Anfangs trug ich mein leuchtend rotes Haar unter der Mütze meines Zwillingsbruders versteckt, dann aber ließ ich es herunter und gestattet mir wieder, ein Mädchen zu sein. Schließlich fand ich einen Weg durch eine der Schiffsküchen, wo das Zwischendeck in die zweite Klasse überging, und stieß plötzlich auf einen geheimen Winkel, wo die zweite Klasse dorthin führte, wo die »Salonklasse« begann. Alle Warnschilder ignorierend, öffnete ich die unversperrten Türen, denn nach allem, was ich erlebt hatte, vermochte kein Verbot mich zurückzuhalten. Bei einem dieser Spaziergänge begegnete ich einem jungen Mann mit erschrockenen blauen Augen, blaßbraunem, in der Mitte gescheiteltem Haar, steifem Kragen und weich fließender Seidenkrawatte. Ich fand, daß er ein freundliches Gesicht hatte. (Später erkannte ich, daß es eher weich war.) Er stellte sich mir als Sim Coppley vor.

»*How do?*« fragte ich ihn, damals vermutlich der einzige englische Ausdruck, den ich kannte. Dann bedeutete ich ihm, sich hinzusetzen, und fertigte an Ort und Stelle eine Bleistiftskizze von ihm an. Innerhalb von fünf Minuten hatte ich ein recht ähnliches Bild gezeichnet – eine gewisse Ähnlichkeit gelang mir immer –, und er war verblüfft. Ich riß das Blatt heraus, knickste vor ihm und überreichte ihm das Porträt. Dann lief ich davon.

Im Zwischendeck fragte ich mich dann erstaunt, was in aller Welt nur in mich gefahren sei. Hatte ich so große Angst davor, mit einem Amerikaner Freundschaft zu schließen? Mr. Coppley schien doch sehr nett zu sein. Warum reagierte ich so verängstigt? »Die ganze Welt liegt auf der Zungenspitze«, hätte Mama gesagt. (Nur hätte sie es natürlich auf jiddisch gesagt: *Af der schpiz zung ligt di ganze welt.*) Vermochte man sich nicht auszudrücken, war die ganze Welt verloren. Schämte ich mich so sehr meiner Unkenntnis der englischen Sprache, daß ich nur noch davonlaufen konnte? Genau!

Während der folgenden beiden Tage suchte ich überall nach dem blauäugigen Mr. Coppley, konnte ihn aber nirgendwo finden. Verzweiflung! Abscheu vor mir selbst! Ich machte mir Vorwürfe, weil ich so feige war.

Und dann sah ich ihn plötzlich im Zwischendeck herumschlendern. Dabei machte er sich in einem Büchlein Notizen und blieb stehen, um einer jungen Frau mit Kind Fragen zu stellen. Schmerzhafte Eifersucht stellte sich ein! Mr. Coppley sprach Jiddisch mit dieser Kuh! Und sie spreizte sich und flirtete und zeigte lächelnd ihre schlechten Zähne. In diesem Moment begann ihr Baby – mein Retter! – zu plärren! »Wenn dos masl kumt, schtelt im a schtul«, flüsterte Mama mir ins Ohr. (Wenn das Glück kommt, zieh ihm einen Stuhl herbei.) Die Kuh legte den Säugling an die Brust – aber nicht, ohne dem gutgekleideten Amerikaner zu zeigen, wie prall diese Brust war.

»Verzeihung«, sagte ich, während ich zu ihm hinübereilte. »Kum mit mir!« Am Arm zerrte ich ihn an die Decksreling, wohin uns meine Rivalin nicht folgen konnte.

»Kunst du mir lernen Englisch?« stieß ich hervor. Warum ich dachte, daß dieser Mann mir Englisch beibringen wollen könnte, weiß ich nicht, aber er hatte etwas Schulmeisterliches an sich. Und tatsächlich, ich hatte ihn richtig eingeschätzt! Bei meinem Vorschlag leuchteten seine azurblauen Augen begeistert auf.

»*Mit geschmak!*« antwortete Mr. Coppley auf jiddisch.

Ich dankte Gott für diesen glücklichen Zufall und Mama für ihren guten Rat.

Heute ist mir klar, daß Sim Coppley sich auf den ersten Blick in mich verliebt haben mußte. (»Es gibt drei Dinge, die man nicht verbergen kann: Liebe, den Husten und Armut«, hat Mama immer gesagt.) Aber vielleicht war es auch die Wirkung meiner Zeichnerei, die mir stets Türen geöffnet hat, die mir sonst verschlossen geblieben wären. Außerdem fühlte sich Sim von allem angezogen, was exotisch war, er war ein zwanghafter Wohltäter. Er schreibe ein Buch über – wie er es ausdrückte – die »Hebräische Einwanderung«, sagte er. Ich war sein Forschungsobjekt, und er wurde mein Lehrer. Keine dieser Begegnungen beruht auf Zufall. *Beschert*, wie wir auf jiddisch sagen.

Bald fand ich heraus, daß Sim der Sproß einer berühmten

New Yorker Familie war – ein »Astorbilt« wurde dieser Menschenschlag in New York genannt, wie ich später erfuhr –, dem die ewige Runde der Debütantinnenbälle, Dinnerparties und Wochenenden in Landhäusern in den Berkshires nicht mehr zusagte und der statt dessen versuchte, seinen Reichtum für andere Anliegen einzusetzen. Also adoptierte er mich als seinen guten Zweck – was ich später hassen lernte. Zu jener Zeit aber war er mein Wohltäter, und ich empfand nichts anderes als reine Dankbarkeit für ihn.

Über das, was er in Europa getrieben hatte, ließ er sich mir gegenüber niemals klar aus. Ein Fluchtversuch vor irgend etwas oder irgend jemandem, dachte ich mir. Warum sonst würde man das Goldene Land verlassen wollen?

Wer einem eine Sprache schenkt, der schenkt einem auch ein Fenster zur Welt. Sim Coppley war dazu erzogen worden, seine Gefühle zu vertuschen, seine Sehnsüchte zu verstecken, unter einem intellektuellen Mantel zu verbergen. (Das war zweifellos der Grund, warum er sich so zu mir hingezogen fühlte.) Vieles von dem, was er mir während der restlichen Seereise vermittelte, hatte den einzigen Zweck, die Luft mit Nichtigkeiten zu füllen, die als Ersatz für echte Verständigung dienten.

»Schönes Wetter, nicht wahr?« sagte er zum Beispiel in seiner Rolle als Pädagoge. Der Wind heulte, der Regen troff aus den tiefhängenden grauen Wolken. Der anthrazitfarbene Nordatlantik war aufgewühlt und voll weißer Schaumkronen.

»*Meschuggener!*« Schließlich fand ich den Mut, ihn so zu nennen. Und dann fand ich auch die Worte. »Wenn der Regen *schönes Wetter* ist, bin ich die Zarin von Rußland.«

»Sophia«, sagte er – denn er hatte mir vorgeschlagen, mich statt Sarah Sophia zu nennen –, »wir reden hier nicht über das, worüber wir zu reden scheinen. Wir füllen lediglich die leere Luft mit Wörtern, die uns in geselliger Freundlichkeit verbinden.«

»Puh!« fuhr ich ihn an. »Wer braucht Wörter, wenn man sich nichts mitzuteilen hat?«

»Sehr gut«, lobte Sim den Satz, den ich gebildet hatte. (Ich selbst fand ihn ebenfalls recht gut.) »Doch in guter Gesellschaft dürfen Sie die Menschen auch dann nicht mit Schimpfwörtern belegen, wenn Sie der Meinung sind, sie hätten sie verdient.«

»Sie sind *meschugge!* – Und dies ist wohl kaum das, was ich mir unter guter Gesellschaft vorstelle!«

Sim lachte und lachte. Er war, glaube ich, in mich verliebt, denn ich konnte ihn immer zum Lachen bringen. Von da an war *meschugge* sein jiddisches Lieblingswort. Und er wollte immer wieder hören, wie ich es aussprach. Natürlich sprach er es wie ein goi aus: meh-schugga. Darüber mußte wiederum ich lachen.

»*Meschugge* ist ...« Ich machte das Zeichen für weiches Gehirn. »Gehirn wie Rührei«, sagte ich.

»Wie Eier?« fragte mich Sim.

»Eier, nachdem man sie zerschlagen hat«, gab ich zurück.

»Ach, Sophia«, sagte Sim in seinem schönsten Schulmeisterton, »eine kultivierte Konversation führen bedeutet, *niemals* eine Bemerkung über den Geisteszustand des Gesprächspartners machen.« Und nun lachten und lachten wir alle beide. Immerhin begriff ich, daß dies seine *eigentliche* Lektion war und daß sie etwas enthielt, das *kein* Witz war.

Meine Spaziergänge oder Lektionen auf dem Deck mit Sim, unsere vornehmen Tees in seiner Suite der Salonklasse ... Die Rückkehr zum Zwischendeck im Schiffsbauch war ein sehr weiter Weg, der Sprung über mehrere Generationen hinweg, den ich auf einer einzigen Überfahrt zu verwirklichen suchte. Das wußte ich und spürte daher gelegentlich Gewissensbisse wegen des Glücks, das mir beschieden war. Warum war *ich* noch am Leben, während Jussel tot war? (Der eine Zwilling begleitet den anderen stets wie ein Schatten.) Warum war *ich* noch am Leben, während Papa und Dovie tot waren? Doch dann fiel mir ein, was Mama mir beim Abschied gesagt hatte: »*A mensch tracht un got lacht.*« (Der Mensch plagt sich, und Gott lacht.) Da beschloß ich, das schlechte Gewissen zu verbannen. Das ganze Leben ist ein Tanz auf dem Grab. Die einzige Möglichkeit für eine Frau, vorwärtszukommen, erkannte ich schon damals, ist es, ihre Begabungen zu zeigen und niemals zu fürchten, zu anständig zu sein. Anständig sein ist der Fluch des weiblichen Teils unserer Spezies. Selbst Männer kriegen anständige Mädchen satt. Und anständige Mädchen kriegen sich selber so furchtbar satt! Ich würde mich an einem anderen Maßstab messen müssen als an der Anständigkeit. Aber was sollte das sein? Daß Amerika und Rußland zwei verschiedene Planeten waren, nicht nur zwei verschiedene Länder, war mir jetzt schon klar. Dabei war ich noch nicht mal in Amerika angekommen! Dennoch konnte ich erkennen, daß man zurückblieb, wenn man sich zu sehr an die Vergangenheit klammerte.

Solange ich ein Stück Kohlestift in der Hand hatte und zeichnen konnte, litt ich nicht unter moralischen Skrupeln.

Ich spürte vielmehr, daß all diese Todesfälle genauso *beschert* waren wie meine Reise. Die Idee des Schicksals wirkt immer seltsam tröstlich. »Selbst um Pech zu haben, braucht man Glück«, pflegte Mama immer zu sagen. *(Zum schlimasl darf men ojch hobn masl.)*

Die Ankunft auf Ellis Island – der Insel der Tränen – war genauso schlimm, wie alle es gesagt hatten. Das Nacktsein, die Kleider in einem Beutel tragend, der Geruch nach Desinfektionsmitteln, die Augenuntersuchung, das Warten, das Warten. Manche Leute wurden mit Kreide auf der Schulter gekennzeichnet und wie ein Gepäckstück beiseite gestellt. »H« bedeutete Herzschwäche, »F« stand für verdächtigen Hautausschlag, »E« bedeutete schwache Augen – und mit so einem Kreidezeichen auf der Schulter wurde man in einen Drahtkäfig gesteckt wie ein Tier. Ich blieb davon verschont. Manche Kinder wurden während der Überfahrt krank und kamen nur nach Ellis Island, um dort zu sterben. Die Mütter sahen zu, wie die kleinen Leichen in Tücher gehüllt und im Goldenen Land begraben wurden. Ich war froh, daß ich mein Baby in der alten Heimat beerdigt hatte und – bis auf meine Erinnerungen – unbelastet hergekommen war. Die wogen schwer genug.

Auch auf dem Schiff starben Menschen und erhielten ein Seemannsgrab. Eine junge Frau versuchte ihrer toten Mutter nachzuspringen. Das Aufklatschen eines Leichnams auf dem Wasser ist ein Geräusch, das man niemals vergißt.

Die Wahrheit ist, daß ich auf Ellis Island keinen einzigen sah, der den Boden küßte. Die meisten wirkten verloren, verwirrt, unsicher, ob sie nicht doch lieber zu den Sorgen zurückkehren sollten, die ihnen vertraut waren. Einige von den Leuten, die wegen einer Augenkrankheit zurückgeschickt wurden, wirkten tatsächlich *erleichtert*. (Kein Mensch spricht jemals von den Menschen, die zurückgeschickt wurden.) Wenigstens blieben sie von den Scharen der Haie und *schtarkes* verschont, die in Castle Garden auf die Einwanderer warteten, wenn sie an Land kamen. Zuhälter, Sweatshop-Besitzer, Polizisten und Puffmütter – sie alle stürzten sich auf die Arglosen.

Ich lache noch immer, wenn ich an die Händler mit ihren Kartons voll Wecker denke! Der Wecker war das Symbol Amerikas – eines Landes, in dem das Ticken der Uhr vom Klingeln der Kassen übertönt wurde. Oder machten sie beide das gleiche Geräusch? Für mich schon. *Zeit ist Geld* lautete das Motto des Goldenen Landes. Ich hielt das schon damals für dumm. Zeit ist nicht Geld; Zeit ist unbezahlbar. Nirgendwo in meinem Leben habe ich Menschen gesehen, die sich so schnell bewegten. Man hat vielleicht den Eindruck, daß die alten Stummfilme aus Spaß so schnell laufen gelassen wurden. Keineswegs! Die Menschen liefen wirklich so! Das Amerika aus Charlie Chaplins Zeit war das Land des *Zeit ist Geld*. Das Land der Dollar.

Wo war ich? Ellis Island. Um die Einwanderer ranken sich so viele Mythen, weil Amerika den Mythos der armseligen Massen *brauchte*, die freie Luft atmen wollten. In Wirklichkeit waren diese Schiffe mit allen Spielarten der Menschheit angefüllt – mit Schwindlern und Arglosen, Rebellen und Lämmern, Huren und Jungfrauen –, und die gleiche Mischung erwartete diese Menschen auch an Land. Später konnte man seinen in Amerika geborenen Kindern etwas vorschwindeln, damit sie den Eindruck hatten, alle Einwanderer seien Heilige gewesen. Weit gefehlt!

Sim war zusammen mit den anderen Passagieren der Salonklasse bereits mit einem kleinen Boot an Land gebracht worden. Unser Abschied war melancholisch ausgefallen. Würde ich ihn je wiedersehen? O ja, er hatte mir eine Adresse in der Madison Avenue gegeben – solange ich auf der Lower East Side wohnte, dachte ich, das würde *Medicine Avenue* ausgesprochen – und mich gebeten, mich bei ihm zu melden, sobald ich mich ein wenig eingelebt hatte. (Ich hatte so getan, als wimmele es in Amerika nur so von reichen Verwandten, die sich um mich kümmern würden – kein Mensch mag einen *schleper*.) Aber ich wußte schon, daß ich zu schüchtern sein würde, um mich bei ihm zu melden. Ich hatte all meine *chuzpe* schon auf dem Schiff verausgabt. Also wußte ich nicht, ob ich ihn je wieder zu Gesicht bekommen würde. Vielleicht kommt seine ganze Freundlichkeit ja nur daher, daß er sich an Bord sehr einsam gefühlt hat, dachte ich mir und fühlte mich unendlich verlassen, als er mir von dem kleinen Boot aus zum Abschied mit einem Taschentuch zuwinkte, während er »Sophia, Sophia« rief, ja nahezu sang, und mir eine Kußhand zuwarf.

Wer ist Sophia? fragte ich mich, ohne auf den Namen zu reagieren. Dann aber fiel mir ein, daß ich es war – der neue Mensch, der ich in Amerika werden sollte.

Ich wurde natürlich zu einer Verwandten geschickt, einer Tonne von Frau mit schiefer Perücke, zahlreichen Kinnen und ebenso vielen Geschwulsten, die sich als meine Tante

Chaya bezeichnete und mich immer nur, wie es die Greenhorns taten, *Sura* nannte. Sie war es, die mir in einem Keller neben dem Kohlenverschlag ein steinhartes Bett vermietete, in einem Raum, den ich mit drei anderen Mieterinnen teilte. Chaya leitete einen »Sweater« – das heißt einen Sweatshop, ein elendes Loch, in dem frisch aus Rußland eingetroffene junge Mädchen für ein paar Pennies pro Stück Kniehosen nähten.

»Schlaf schneller, wir brauchen die Kissen«, lautete eines von Mamas Lieblingssprichwörtern – *(Schlof gicher, me darfn de kischn)* –, und »Tante« Chaya nahm es wörtlich, indem sie die Untermieterinnen, die in verschiedenen Schichten arbeiteten, im selben Keller rotieren ließ, so daß sechs Mädchen nur drei Betten brauchten. Das Bettzeug roch nach fremden Achselhöhlen oder Monatsblutungen. Wanzen waren unsere ständigen Begleiter; sie platzten fast vom Blut der Einwanderermädchen. Außerdem gab es Flöhe und Kakerlaken. Und Ratten, so groß wie Schoßhunde. Schon bei dem Gedanken daran muß ich mich schütteln. Und ich war fest entschlossen, so schnell wie möglich da rauszukommen.

Wessen Verwandte ist Chaya überhaupt? fragte ich mich. Ich hatte nichts weiter als einen schmutzigen Zettel mit ihrem Namen drauf, aber ich fragte mich trotzdem, ob sich Mama nicht vielleicht geirrt hatte, denn Chaya behandelte mich überhaupt nicht wie eine Verwandte.

Möchten Sie etwas über die anderen Jobs hören, die sie für uns fand? Zerschlissene Kragen wenden und wieder annähen, armselige Kleidung für armselige Menschen. Knöpfe annähen, Knopflöcher sticken, waschen, bügeln, bis uns der Dampf in die glühenden Gesichter stieg. Und immer quälte mich der bedrückende Gedanke an das Geld, das meine Reise gekostet hatte – umgerechnet fünfundzwanzig Dollar für die kostbare Schiffskarte sowie ein paar Kopeken, um die Grenzposten zu bestechen, und weitere Kopeken für den vollgestopften Zug nach Hamburg.

Wie sollte ich das meiner Familie zurückzahlen, indem ich sie einen nach dem anderen übers Meer holte? Durch Kragenwenden würde ich das nicht schaffen, auch nicht durch Mützennähen mit zwanzig anderen Mädchen zusammen in einer verschlossenen Fabrik, nicht mal, indem ich hübsche Chiffon-Abendkleider in Frühlingsfarben an einer Schneiderpuppe drapierte, mit der ich sprach, als sei sie Mama, während ich den Chiffon mit meinen Tränen näßte. Mit meinen winzigen, perfekten Stichen würde ich sie nicht alle über den großen Teich bringen können. Ich mußte eine andere Möglichkeit finden.

Und dann, an einem Sonntag im Frühling, hatte ich einen freien Tag und ging inmitten eines anschwellenden Stroms von Menschen die Rivington Street entlang. Die Leute schoben und stießen einander, diskutierten in einer bunten Mischung von Sprachen. Kleine Jungen stahlen Äpfel und Birnen von den Schubkarren. Kleine Mädchen tanzten fröhlich im Kreis Reigen um den Leierkastenmann. Betrunkene kippten Bier. Babies brüllten an den Fenstern der heruntergekommenen Mietshäuser. Dicke, rotgesichtige Mütter beugten sich heraus, um die Menschen auf der Straße zu beobachten – ihre einzige Unterhaltung, Zerstreuung, Freude. Die Feuerleitern waren mit Federbetten, zerrissenen Laken, zerfetzten Wolldecken garniert. Die Dächer wimmelten von flatternder Wäsche, Tauben, heranwachsenden Jungen bei ihrem gefährlichen Spiel. Doch plötzlich wurde mein Blick magisch von einem offenen Fenster zu ebener Erde angezogen, und wie in Trance ging ich hinüber.

Ein nacktes Mädchen – rosig, mollig, mit großen Brüsten – lag auf einem niedrigen Holzpodest, das sich in der Mitte des Raums befand, in einem Nest aus Stoffbahnen, während sie von einer großen Anzahl von Männern gezeichnet wurde. Ein anderer Mann hielt eine goldene Stoppuhr in der Hand; er hatte vorquellende Augen und einen buschigen Bart. Seine Augenbrauen glichen schwarzen Raupen, die auf seiner Stirn auf- und abstiegen, als besäßen sie einen eigenen Willen. Statt einer *kipa* trug er ein besticktes Barett. Ungefähr alle fünf Minuten klatschte er in die Hände, und das Mädchen veränderte seine Pose.

Die anderen Männer, die das Mädchen zeichneten, waren jung, alt, dünn, dick. Einige zeichneten wie die Wilden, andere langsam und ungeschickt. Einer dieser Bummler beschwerte sich: »Nicht so schnell, Levitsky!«, denn er war noch nicht mit der letzten Pose fertig. »Raus!« schrie Levitsky und setzte den *nebbich* von Künstler kurzerhand auf die Straße. Wieder veränderte das Mädchen die Pose, und als ich sah, daß die Tür offenstand, ging ich hinein.

»Darf ich zusehen?« fragte ich höflich mit meinem starken Akzent.

Levitsky – der Mann mit der Stoppuhr und den komischen Augenbrauen – antwortete mir sofort auf jiddisch: »Ein hübsches Gesicht ist die halbe Mitgift.« Ein Sprichwort, das meine Mama immer benutzte. Dann setzte er auf englisch hinzu: »Wie kann ich einer solchen Schönheit etwas abschlagen?« Sein Akzent war sehr stark und erinnerte an Rußland.

Während mehrerer Zyklen von Posen blieb ich still da stehen und sah zu. Jetzt lag unsere Odaliske auf dem Rücken, dann wieder auf dem Bauch, jetzt stand sie, dann saß sie mit übergeschlagenen Beinen inmitten der Falten ihrer Stoffbahnen. Die Fettrollen ihres Körpers faszinierten mich so sehr, daß ich nicht aufhören konnte, sie anzustarren.

Levitsky kam zu mir herüber und legte mir den Arm um die Schultern. Ich zuckte zusammen.

»Sind Sie auch Künstlerin?« fragte er mich.

»Retuscheurin«, antwortete ich. »Aber wie die hier kann ich schon lange zeichnen.«

Er musterte mich skeptisch, als glaube er nicht, daß ein junges Mädchen zeichnen könnte. Dann gab er mir ein Brett, auf dem ein Blatt Papier befestigt war, und seinen Kohlestift.

»Zeichnen Sie!« befahl er mir. Und ich zeichnete. Ich hatte zwar noch nie einen nackten Menschen gemalt, aber die Kunst des Zeichnens war mir in die Wiege gelegt worden. Wieso sollte eine Nackte sich von den anderen Dingen unterscheiden, die ich bisher skizziert hatte: Häuser, Tiere, Porträts? Levitsky hielt die Luft an, als er zusah, wie ich die liegende Nackte zeichnete. Dann veränderte sie ihre Pose, und er gab mir ein neues Blatt Papier. Also zeichnete ich auch die nächste Pose.

»Verdammt!« sagte Levitsky auf englisch. »Sie sind besser als meine anderen Sklaven.«

»Sklaven?« fragte ich ihn.

»Sklaven, die schnell zeichnen können!« antwortete Levitsky barsch. »Köpfe, Hände, Beine, Füße, Schuhe, Hüte. Wenn Sie mich fragen – wenn Sie schnell genug arbeiten, könnten Sie an den Katalogen eine Menge verdienen. Aber Sie müssen schuften. Diese *schmegeges*« – seine Geste erfaßte die zeichnenden Idioten – »würden nur allzu gern meine Sklaven sein, aber sie sind nicht gut genug. Ich habe die Aufträge – mehr, als ich bewältigen kann –, aber ich brauche Hände, die sie ausführen. Wenn ich ganz allein zeichnete, könnte ich nicht genug verdienen, um mir einen Pißpott zu kaufen, geschweige denn das, was mir so vorschwebt...«

»Und was schwebt Ihnen vor?« fragte ich ihn.

»Das sag ich doch keinem Mädchen, das ich eben erst kennengelernt habe«, gab er ziemlich grob zurück.

»Ich bitte um Verzeihung«, sagte ich, »aber wenn Ihnen eine fleißige Frau mit einem guten Kopf fürs Geschäft hilft, könnten Sie, *eppis*, sogar Millionär werden.«

Woher ich die *chuzpe* nahm, weiß ich nicht, aber Levitsky war pikiert über meine Unverschämtheit, wie es unverschämte Menschen häufig sind.

»So nu?« fragte ich ihn.

So kam es, daß ich den Kohlenkeller verlassen konnte, um für Levitsky zu arbeiten.

Am ersten Abend, den ich in seinem Atelier verbrachte, tranken wir Tee mit Pflaumenmus, aßen Walnüsse (die wir mit den Zähnen knackten) und redeten auf jiddisch wie zwei Häftlinge, die in Einzelhaft gesessen haben. Immer nur reden, reden, reden! Es wärmte mir das Herz. Levitsky war der größte Schwadroneur, den ich jemals kennengelernt hatte, und ich hatte ein paar Meister dieser Gattung kennengelernt.

Dann zeigte er mir seine Zeichnungen. Er war ein wahres

Füllhorn von Ideen, seine Zeichnungen riefen mir die alte Heimat in Erinnerung und weckten die Sehnsucht nach Mama. (In jenen Tagen weckte *alles* die Sehnsucht nach Mama in mir. Wenn ich im *Forverts* die jiddischen Dichter las, mußte ich weinen.) Nicht nur Levitskys Arbeiten machten mich heimwehkrank, sondern auch die Art, wie er redete. Und sein *Geruch*. Er roch wie mein verstorbener Papa. In seinen Zeichnungen stellte er turmhohe Wohnbauten dar, Züge, die auf einer einzigen Schiene durch die Luft sausten, seltsame Flugmaschinen, die die Menschen sich auf den Rücken schnallen konnten. Und unter all dem lag ein trauriges, kleines Dorf mit windschiefen Hütten rings um morastige Teiche, halbverhungerten Ziegen und Kindern mit riesigen Augenhöhlen. Es hätte Sukovoly sein können.

Sein Meisterstück war das riesige Ölgemälde von Himmel und Hölle, an dem er arbeitete. Der Himmel bestand ganz aus rosigen, sahnigen Wolken, umfaßt von den Armen eines rotwangigen, weißbärtigen Gottes, dessen Körper ebenfalls aus Wattewolken zu bestehen schien. Sein Blick schien einem überall zu folgen, wohin man sich im Zimmer bewegte. Und unterhalb Seines Reiches begann die Hölle: Dämonen, die an Miethäusern emporkletterten, an wimmelnden Sommerdächern hingen, an Feuerleitern, an schwankenden Straßenbahnen, die Spaziergänger auf der Straße ansprangen und sie durch schmale Schächte in ein dunkleres Reich hinabzogen – ins Reich der Abwässer und entfleischten Menschen, die auf dem, was von ihren Knien übriggeblieben war, umherkrochen und heulend um Gnade winselten. Er hatte die gesamte Lower East Side in eine Vision der Hölle verwandelt!

»Ein Michelangelo könnte ich sein«, behauptete er nicht ohne Bitterkeit. »Aber so kann man in Amerika nicht reich werden. Wenn man reich werden will, muß man das Fett von den Knochen der anderen schöpfen, muß man seine Hände vervielfältigen und sein Herz verlieren. Nach meiner Meinung muß man eben ein Boss sein. Und ein Boss kann niemals ein Künstler sein. Wenn der Messias nach Amerika kommt, sollte er in einem privaten Salonwagen der Eisenbahn kommen, wie Mr. Frick oder Mr. Rockefeller! Wer würde sich sonst anhören, was er zu sagen hat? Kein einziger! Amerika hört nur auf das, was die Reichen zu sagen haben. Und wenn man in Amerika reich werden will, muß man andere Menschen benutzen, als seien sie Tiere, Lastesel. Die Hände und das Herz machen keinen in Amerika reich, das ist die reine Wahrheit!«

Ich ahnte, daß diese Bitterkeit so etwas wie eine Verdrängungstaktik war, als trage er tief innen die Angst mit sich herum, nicht gut genug zu sein, oder die Furcht, durch sein Malen und Zeichnen *dybbuks* zu wecken und den Allmächtigen zu beleidigen. Wenn ein Jude in jenen Tagen malte, hieß das, daß er rebellisch war. Bücher erlaubte man uns – Bücher beteten wir an –, Bilder dagegen hatten immer einen Beigeschmack des Teufels für uns. Ein Jude, der malte, war stets zerrissen, ob es nun Chagall oder Pascin war oder andere, die ich später kennenlernte. Aber ich hielt den Mund. Ich brauchte den Job, den ich so kühn gefordert hatte, und hütete mich, mir selbst die Chance zu verbauen.

Besser, Levitskys Sklavin zu sein als Chayas. Besser, Levitskys Sklavin zu sein als eine Nachtpflanze oder eine Asphalt-Orchidee. Besser Levitskys Sklavin als eine weiße Sklavin in einem Bordell. Die Straßen der Lower East Side waren angefüllt mit netten jüdischen Mädchen, die sich den Lebensunterhalt in Rückenlage verdienten. In ihren leichten, bunten Kimonos schlenderten sie durch die Straßen, zeigten potentiellen Freiern ein Stückchen Busen oder machten ihnen lüsterne Angebote. Sie lebten – wenn man das als Leben bezeichnen kann – in Schaufenstern, in Mietshäusern, in Schuppen hinter Mietshäusern und verlangten fünfzig Cent pro Nacht in einer Zeit, in der man sich für einen Penny etwas kaufen konnte: eine Limonade etwa, einen Hot dog oder Halva mit Puderzucker. Ihre Zuhälter waren nicht weniger unverschämt als sie. Einige von ihnen wurden später Songschreiber, Second-Avenue-Produzenten oder noch später Hollywood-Agenten. Ein Mann, der sich darauf versteht, sich für das bezahlen zu lassen, was ein Mädchen mit einem anderen Mann im Bett treibt, versteht es auch, sich für *alles* bezahlen zu lassen. Auf jiddisch bezeichnen wir einen solchen Menschen als *drejer*, Gauner. Wie Shakespeare schon sagte, *chuzpe* ist alles. Auf der Lower East Side war *chuzpe* Essen, Trinken und ein Dach über dem Kopf.

Sobald ich begann, bei Levitsky zu arbeiten, hatte ich keine Zeit mehr, wegen der Familie, die ich zurückgelassen hatte, Trübsal zu blasen – weder wegen der Lebenden, noch wegen der Toten. Jetzt rotierte ich mit doppelter Geschwindigkeit wie die Heldinnen im Kino. Levitsky war ein grausamer Sklaventreiber, der seine Geister-Maler zu immer gewaltigeren Höhen der Produktivität peitschte. Anfangs mußte er das Geschäft mit den Katalogen erobern, dann war er von der Idee besessen, bewegte Zeichnungen herzustellen, und saß

Tag und Nacht am Tisch, um zwanzig bis dreißig Bilder desselben Pferdes zu zeichnen, dessen Beinstellung jedoch bei jeder Zeichnung ein wenig anders war. Diese Bilder nähte er zu einem Heftchen zusammen und blätterte die Seiten durch, bis sich das Pferd zu bewegen schien. Dabei war er so vertieft, daß ich es nicht wagte, ihm etwas zu bringen, nicht mal ein Plätzchen oder ein Glas Tee.

Manchmal zeigte er mir, was er da trieb. Und manchmal, wenn ich stärkeres Interesse erkennen ließ, zeichnete er zweideutige Frauengestalten, wiederum mit leicht unterschiedlichen Bewegungen von Armen und Beinen, und blätterte darin, bis ich errötete. Dann lachte er dröhnend vor Vergnügen darüber, daß er meiner vermeintlichen Unschuld einen Schock versetzt hatte.

Was diesen Zustand betraf, so war ich unschuldig und auch wieder nicht. Ich war es nicht, weil ich ein Kind zur Welt gebracht, ich war es, weil ich niemals die Liebe eines Mannes kennengelernt hatte. Vielleicht war das der Grund dafür, daß mir der Entschluß so leicht fiel, mit Levitsky, wenn ich schon für ihn arbeitete, auch zu schlafen. Es hat keinen Zweck, sich zu zieren, sagte ich mir. Männer sind Männer, und wenn man den *schabbes* in Amerika nicht feiern kann – damals war der Sonnabend in Amerika ein Arbeitstag –, kann man auch gleich alle anderen Illusionen über Tugendhaftigkeit aufgeben. Aber Levitsky war ein seltsamer Mann. Er *ließ* mich nicht zu sich ins Bett, sondern sagte (auf jiddisch), *wenn der Schwanz aufsteht, liegt der Verstand darnieder,* und als Hilfe sei ich ihm lieber denn als Vergnügen. Manchmal strich er mir übers Haar oder legte mir den Arm um die Schultern, doch das war alles. Auch zu den Huren ging er nicht. Er spie vor ihnen aus, wenn sie ihm auf der Straße über den Weg liefen, und sagte: »Geht in die *mikwe*.« Oder: »*Schand! Schand!*«

»Du bist ein hübscher kleiner Käfer«, pflegte er zu mir zu sagen, »aber geh bitte in dein eigenes Bett.«

Ich gehorchte und dachte mir im stillen, er sei der sonderbarste Kauz, dem ich jemals begegnet war.

»Lieber eine ehrliche Ohrfeige als ein falscher Kuß«, hätte Mama gesagt.

Ach, *mamenju*! Wo bist du? Ich hatte das Gefühl, meine Mama jetzt mehr denn jemals zu brauchen. Jede Minute eines jeden Tages trug ich meine kleine Mama im Kopf und im Herzen mit mir herum. Manchmal sprach ich sogar mit ihr, als sei sie mit mir im selben Raum.

»Was ist los mit Levitsky, Mama?« fragte ich sie. Und: »Werde ich jemals den *schajgess* vom Schiff wiedersehen?« Und: »Wird er mich ebenfalls zurückweisen?« Denn ich wußte damals kaum, wie anziehend die Männer mich fanden. Wie ein Leckerbissen wirkte ich auf sie. Aber ich hatte noch nicht entdeckt, welch eine Macht mir das verlieh.

Ehrlich gesagt, ging mir der *schajgess* vom Schiff ebensowenig aus dem Kopf wie Mama. Immer wieder hörte ich sie auf jiddisch sagen: *Drai sachn ken men nischt bahaltn: liebe, husten und armut.* Diese hellblauen Augen hatten mir seine Liebe so unverkennbar verraten, wie der Husten eines Lungenkranken den Tod ankündigt.

Ich spreche von meinem ersten Jahr in Amerika, als alles frisch und neu war und einen Lichtschein um sich trug wie der Ring um den Mond an einem eisigen Winterabend.

Denn einem Fremden, der allein in der Fremde wandelt, dringt alles, was normal ist, ins Herz. Jeder Polizist ist beängstigend. Jede Begegnung kann das eigene Leben zum Guten oder zum Schlechten wenden. Jeder Mensch, den man kennenlernt, ist eine Tür zum Trost oder zur Katastrophe.

Als kleines Mädchen hatte ich immer Angst vor dem Außenklo bei uns im Hinterhof. Wenn ich mitten in der Nacht dorthin mußte, bildete ich mir ein, daß unsichtbare Dämonen aus der stinkenden Grube unter dem Loch heraufsteigen und mich in ihr höllisches Reich hinabziehen würden. Manchmal benutzte ich den Nachttopf oder hielt die ganze Nacht lang alles zurück, warf mich immer wieder herum und konnte nicht schlafen, bis es endlich Morgen wurde. Doch wenn meine *kischkes* krank waren, blieb mir nichts anderes übrig, als mich auf Zehenspitzen zum Höllentor des Außenklos zu schleichen. Welch schreckliche Angst stand ich aus, wenn ich mich in die Kälte hinausstahl, meinen kleinen *tuches* über den Eingang zur Unterwelt hängte, während die Dämonen Gott weiß was für gräßliche Torturen für sein süßes, rosiges Fleisch vorbereiteten!

Ganz allein in Amerika zu sein, das war ein bißchen so, wie in Sukovoly bei Nacht zum Außenklo zu müssen. Kein Wunder, daß Levitsky Mutter, Vater, Bruder, Tröster für mich wurde. Ich klammerte mich an ihn, wie ich mich an meine Mutter klammerte, hätte sie mit mir zusammen die dräuenden Gefahren des Außenklos bestanden (was sie so gut wie niemals tat). Wenn du im Verlauf dieser Geschichte fragst, warum ich bei einem Mann blieb, dem die Bestätigung seiner Männlichkeit so unwichtig war, denk an die Geschichte vom Außenklo. Ich blieb bei ihm, weil er im Dunkel der Nacht bei mir blieb, wenn unter dem Klo die *dybbuks* heulten.

Wie aber erging es inzwischen Sim? Das erfuhr ich erst viel später. Als Sim aus Europa zu seiner Wohnung an der Straße zurückkehrte, die für mich die *Medicine* Avenue war (ich fragte mich, ob dort nur Ärzte und Apotheker wohnten), merkte er, daß er wie besessen und ganz und gar von seinen Träumen in Anspruch genommen war – den Träumen von der Göttin, die er auf dem Schiff kennengelernt hatte. Der *Göttin!* Das muß wohl ich gewesen sein! Ich schien so ganz anders zu sein als die Frauen, die er in New York kenne, sagte er. Ich sei so lebendig, während sie wie wandelnde Leichen wirkten. Ohne mich auf englisch gewandt ausdrücken zu können, hätte ich ihm mehr gesagt als jede andere Frau, die er jemals gekannt habe. Behauptete er jedenfalls.

Wie würde *er* dastehen, des Lebens beraubt, das ihm vertraut war, und kopfüber in eine ganz neue Welt, in diese wimmelnde Metropole geworfen? Nicht besonders gut, argwöhnte er. In ihm steckte eine schwarze Melancholie, die von Unordnung, Unsicherheit, dem Durchbrechen der Routine ausgelöst wurde. Selbst seine Sprünge in den Abgrund folgten einem gewissen Schema. Und nun drohte ihn eine herabsteigende Göttin mitten ins Chaos zu stürzen!

»Wenn es einem Menschen bestimmt ist zu ertrinken, wird er sogar in einem Löffel Wasser ertrinken«, pflegte Mama zu sagen. War ich dazu bestimmt, Sims Löffel voll Wasser zu sein?

Levitsky hatte anscheinend keine fleischlichen Gelüste, Sim aber war daran gewöhnt, die seinen mit eiserner Hand zu beherrschen. Nur er selbst wußte, wieviel es ihn kostete, das zu schaffen. Seine Mutter war überzeugt, er werde letztlich Lucretia Weathersby heiraten, seine Cousine. Was die einschüchternde Mrs. Coppley jedoch nicht wußte, war, daß Sim sich nach jeder ausgedehnten Audienz bei der blaustrümpfigen Lucretia, ob im Stadthaus der Familie an der Fifth Avenue oder in ihrem imitierten toskanischen *Castello* der Familie in den Berkshires (*Fontana di Luna* lautete der prätentiöse Name der Villa), stehenden Fußes in ein bekanntes Bordell im Rotlichtbezirk begab, um einen Tag und eine Nacht in den Armen der jüngsten Kindfrau zu verbringen, die ihm die Madame, eine gewisse Mrs. Rottenberg, besorgen konnte. Nach der Orgie verschloß er die Erinnerung an diese schuldbeladenen Stunden in der Geheimkammer seines Gedächtnisses und warf den Schlüssel weg.

Lucretia war clever, war weiß Gott reich. Nach einem Spaziergang mit ihr auf der Fifth Avenue oder über die Rasenflächen ihres Landsitzes litt Sim so stark unter Atemnot, als läge er im Sterben. Wie er argwöhnte, ging es Lucretia mit ihm genauso, doch da sie eine Frau war und heiraten *mußte*, um ihrer Mutter zu entkommen und in die Welt zu gelangen, hatte Lucretia sich Sim als das geringste aller erdenklichen Übel gegriffen. Schließlich war er ein Bücherwurm wie sie, liebte er Hunde, liebte er Katzen, liebte er Pferde. Von all diesen Leidenschaften für Tiere abgesehen, war Lucretia jedoch ein scheinbar körperloser Geist. Sim dagegen besaß einen Körper – nur daß es ihm immer wieder gelang, das Fleisch zwischen seinen Ausflügen zu Mrs. Rottenbergs Haus zu vergessen. Jetzt aber war sein Körper ununterbrochen lebendig.

Ich spreche natürlich von Dingen, die Sim mir erzählte, als ich schon so lange in Amerika weilte, daß ich durch nichts mehr zu schockieren war. Später berichtete er mir, daß er sich, während er Lucretia besuchte und ihr zusah, wie sie aus einer englischen Silberkanne Tee einschenkte, einbildete, er säße »der Göttin vom Schiff« gegenüber. Er stellte sich vor, ich holte meine Brüste oben aus dem Korsett und spielte mit den braunen Spitzen, bis sie steif wurden. Er stellte sich vor, wie ich mir den Unterrock über den Kopf hochschlug und ihn, Sim, einlud, in meinen feuchten, warmen Mittelpunkt einzudringen.

»Warum siehst du plötzlich so seltsam aus?« hatte Lucretia zu Sim gesagt. »Was ist los?«

Sim drängte es unwiderstehlich, Lucretia zu sagen, woran er dachte, dann aber hätte er sich wohl oder übel die Kugel geben müssen.

»Was machen deine Recherchen über die Hebräer?« fragte ihn Lucretia.

»Die sind weitaus faszinierender und vielfältiger, als ich es mir vorgestellt hatte«, antwortete Sim.

Lucretia saß am Teetisch und starrte mit ihren blauen in Sims nicht weniger blaue Augen. Ihr Busen war, selbst wenn er vom Korsett hochgedrückt wurde, fast nicht vorhanden. Sie stampfte mit dem Fuß in der zierlichen schwarzen Chevrotstiefelette mit den lakritzschwarzen Knöpfen auf.

»Wenn du das nächstemal ins Getto gehst, Sim, möchte ich, daß du mich mitnimmst. Ich *muß* dein heißgeliebtes *Kike Town* sehen!« (Obwohl sich Lucretias Antisemitismus letztlich als ihre herausragende Leidenschaft entpuppen sollte, wurden Ausdrücke wie *Kike Town*, also etwa »Jiddenstadt«, in jenen Tagen von allen benutzt, als besäßen sie keine negative Bedeutung. Wir Juden waren erst zu kurze Zeit im Land, um empfindlich auf Schimpfwörter zu reagieren. Dasselbe galt für die anderen Einwanderer, die die Asphaltgrenzen von Downtown New York zu sprengen drohten. Wops, Chinks, Guineas – wie konnten sie es wagen, sich zu beschweren? Beschwerde führen ist ein Privileg der Gesicherten.)

Sim fand Lucretias Begehren, das Getto zu besichtigen, total verrückt, denn er konnte sich seine Cousine Lucretia nicht außerhalb ihrer gewohnten Umgebung vorstellen, in der die Möbel passend zu den Vorhängen bezogen waren.

»Wenn ich ein Mann wäre«, sagte Lucretia, »würde ich allein gehen.«

»Zum Glück, meine liebe Lucretia, ist es mir unmöglich, mir dich als Mann vorzustellen.«

Wieder stampfte sie mit ihrem Lakritzfuß auf. »Ich *hasse* es, ein Mädchen zu sein«, erklärte sie.

»Das kann nicht dein Ernst sein«, gab Sim zurück.

»Natürlich ist das mein Ernst«, sagte Lucretia. »Und dir würde es genauso gehen. Allein die Kleider würden dich verrückt machen! Wenn ich ein Mann wäre, könnte ich überall hingehen – *Kike Town, Nigger Town, Wop Town, Pigtail Town* –, und du würdest mich begleiten!«

»Aber Lucretia! Derartige Ausdrücke gehören sich nicht für eine Lady!«

»Ich will aber keine Lady sein!« sagte Lucretia. »Ich habe lange genug eine Lady sein müssen!«

Als Sim auf der Suche nach der Frau, die er auf dem Schiff kennengelernt hatte, die bevölkerten Straßen der

Lower East Side durchstreifte, mußte er an dieses seltsame Gespräch denken. (Ich hatte mich nicht bei ihm gemeldet.) »*Kreplach,* die du im Traum siehst, sind keine *kreplach*«, pflegte meine Mutter zu sagen, und für mich war Sim ein im Traum gesehener *kreplach*. Er war nicht zum Essen. In Wahrheit erwartete ich gar nicht, daß Sim sich als Mensch aus Fleisch und Blut entpuppte. Ich muß schon damals geahnt haben, daß er sein Luxusleben brauchte: die Sonnenstrahlen, die in der *Fontana di Luna* auf die Seidenkissen fielen, die gotischen Fenster und Renaissancespringbrunnen, die aus einem ganz anderen Europa geraubt worden waren als dem meinen, die Gärten, die dem Frankreich des achtzehnten oder dem England des sechzehnten Jahrhunderts nachempfunden waren. Aber ich konnte natürlich nicht ahnen, daß er sich noch weit mehr von den kräftigen Gerüchen meiner Downtown-Straßen angeregt fühlte, dem Schweiß der Straßenverkäuferinnen mit ihrem wogenden Busen, dem Duft nach Pickles und Räucherfisch, nach Knishes und Plinsen, nach Bier, Ale und starken Zigarren. Den Schubkarren, die überquollen von Tomaten und den blind starrenden Fischen; dicken Fässern, gefüllt mit Salzgurken, schaumig gebrauten Getränken, aus Fässern gezapft, Männern mit Hut und struppigem Bart, die ununterbrochen stritten und diskutierten, Frauen mit Kopftüchern, halbnackten Kindern, die im Rutgers Square Park spielten und zu ihren Kleiderhäufchen hasteten, sobald der Schmiere stehende Junge flüsterte: »Schnell weg – die Cops!« Das alles waren die Eindrücke und Geräusche, die Sim mit einer Erregung erfüllten, die er in den sauberen Vierteln seiner Uptown-Welt nicht fand.

Manchmal war er so verhext von diesem Getto, daß er

Gefahr lief, von einem schwankenden Pferdewagen überfahren zu werden. Auf der Hester, der Ludlow oder der Orchard Street oder dem East Broadway geriet er geradezu in Trance und sagte sich, er werde niemals ein adäquates Buch über die »Hebräer« (wie *er* uns nannte) schreiben können, wenn er sich da unten nicht eine Wohnung miete, um Tag und Nacht inmitten der Mietshäuser und Schubkarren zu leben. Besonders fasziniert war Sim davon, daß in drückend heißen Sommernächten ganze Familien ihre dumpfen, flurlosen Wohnungen den Kakerlaken, Ratten und Wanzen überließen und unter freiem Himmel schliefen. Auf den Dächern wimmelte es in solchen Nächten von Menschen. Und zuweilen schlich sich Sim auf Zehenspitzen von einem Dach zum anderen, blickte sinnend auf die schlafenden Einwanderinnen hinab und suchte überall nach seiner Sophia.

Aber die Göttin vom Schiff war nirgends zu finden. Gewiß, Frauen, die rassig waren und attraktiv, genauso vollbusig und lebendig wie sie, fand er genug, doch ihren Augen fehlte (wie er später erklärte) diese gewisse Lebendigkeit.

»Mister!« ertönte eines Tages der Ruf eines Hausierers mit einem ganzen Turm von Melonen auf dem Kopf. Der Mann kam näher, packte Sim bei den Revers und zerrte ihn in die Finsternis seines höhlenartigen Standes an der Mauer: »Sie brauchen Anzug? Mantel? Neue Schuhe?« Eifrig wühlte der Mann in einer erstaunlichen Menge unterschiedlicher Waren; dann kam er wieder angesprungen, riß Sim den Mantel von den Schultern und ersetzte ihn durch einen eigenen Vorschlag, einen schweren Tweedmantel, der für die Hitze viel zu warm war.

»Nu?« fragte ihn der Straßenhändler. »Nu, nu, nu?« Dabei

hob er ihm eine zersprungene Spiegelscherbe vor die Nase. Sim war offenbar so verdutzt über die Tatsache, daß er unverhofft in seinen Träumereien unterbrochen wurde, daß er das gewichtige Stück, das ihm der Mann aufgedrängt hatte, erwarb, ohne auch nur ein bißchen zu handeln.

Darüber war der Händler verwundert, vielleicht sogar enttäuscht. Immer wieder legte er zusätzliche Waren »gratis und franko« drauf, um den Handel zu versüßen.

»Ich suche eine Frau«, sagte Sim Coppley, und sofort eilte der Mann mit den schiefen Zähnen, als wolle er beweisen, daß er in seiner Fähigkeit, menschliche Bedürfnisse zu befriedigen, nicht zu übertreffen war, eine enge Treppe im Hintergrund seiner verstaubten Höhle hinauf und holte ein schmutziges Mädchen mit fiebrig brennenden schwarzen Augen, verdreckter Schürze und einem Kranz zotteliger Haare herbei. Das Mädchen begann jämmerlich zu wimmern und entblößte dabei gelbliche Zähne.

Entsetzt darüber, daß sogar dieser abstoßende Hausierer seine Wünsche erriet (jedenfalls bildete er sich das mit seinen Gewissensbissen ein), machte Sim kehrt und lief davon; sowohl seine Dollar als auch das Häufchen der ihm aufgedrängten Kleidungsstücke vergessend, rannte er die Straße entlang und schlängelte sich durch die zahlreichen Schubkarren. Erst auf der Flucht merkte er plötzlich, daß er noch immer den schweren Tweedmantel des Händlers trug, während er seinen eigenen maßgefertigten Londoner Überzieher zurückgelassen hatte.

Wenige Tage später schrieb Sim einen Brief an die *Bintel Brief* genannte Kolumne der jiddischen Zeitung:

Sehr geehrter Herr Redakteur:

Ich hoffe sehr, Sie können mir einen Rat geben, obwohl ich ein goi bin, der Jiddisch nur aus Büchern und Lexika gelernt hat statt auf den Knien seiner Mutter.

Als ich vor einigen Monaten mit einem Schiff namens Goldener Stern *aus Europa zurückkehrte, lernte ich an Bord eine Hebräerin aus dem Zwischendeck kennen, deren Lebhaftigkeit und Intelligenz mich faszinierten. Ich half ihr beim Erlernen der englischen Sprache, während sie von mir ein Porträt zeichnete, das ich wie einen Schatz hüte. Nun aber ist sie für immer aus meinem Leben verschwunden.*

Sagen Sie mir, sehr geehrter Herr Redakteur, wie ich sie wiederfinden kann. Oder ist es verrückt von mir, daß ich beabsichtige, sie zu meiner Frau zu machen? Ich kann sie einfach nicht vergessen.

Ich weiß, daß sie arm ist, aber wie der Dichter sagt: Ein hübsches Gesicht ist die halbe Mitgift. Bitte, raten Sie einem verzweifelten Leser!

Ein Uptown-Mann, dessen Herz downtown schlägt.

ANTWORT:

Leider können wir dem Briefschreiber in dieser Angelegenheit keinen Rat geben. Manche Mischehen sind glücklich, andere nicht. Auch scheint der Briefschreiber die Gefühle der Frau nicht zu berücksichtigen. Der Rat an den Briefschreiber lautet also: Respektieren Sie die Meinung der jungen Frau.

Wir drucken diesen Brief in der Hoffnung, daß die Dame sich mit ihm in Verbindung setzt – falls sie dies wünscht. Sollte sie sich nicht bei ihm melden, raten wir dem Briefschreiber, die Angelegenheit auf sich beruhen zu lassen.

3 SARAH
Jentl im Zeitalter der Unschuld
1906

Dunkelheit, die alte Mutter, hat meine
East Side nicht vergessen.
MICHAEL GOLD

Als ich den Brief im *Forverts* las, riß ich ihn sofort heraus und versteckte ihn, damit Levitsky ihn nicht entdeckte, in meinem Korsett. Irgendwie wußte ich, daß er trotz seiner Zurückhaltung in Sachen Sex über die Existenz eines Mitbewerbers um meine Gunst nicht gerade glücklich sein würde. Er mochte sich fürchten, mit mir zu schlafen, aber das hieß nicht, daß er nicht besitzergreifend war. Bei den Territorialkämpfen der Männer geht es nicht um Sex, eine weit stärkere Triebkraft ist der Besitzerinstinkt. Levitsky hatte mir ein besseres Leben ermöglicht, und ich beabsichtigte nicht, dieses Leben aufzugeben.

Es ging dabei nicht nur um die Arbeit, sondern auch um die neu entdeckten Möglichkeiten der Unterhaltung. Glücklich, eine hübsche Frau am Arm zu haben, ging er mit mir ins Jiddische Theater, damit die Leute dachten, wir seien ein Paar. Anfangs beteiligte ich mich nur allzugern an dieser Verschwörung. Mit dem Geld, das ich bei der Arbeit für die Kataloge verdiente, konnte ich mir neue Kleider leisten, und das Theater war der Ort, an dem ich sie so richtig vorzeigen konnte. Anschließend machten wir dann die Runde im Yiddish Rialto auf der Second Avenue, und Levitsky strahlte vor *naches*, wenn sich das ganze Theater-Pack lüstern den Hals nach mir verrenkte.

Welche Mythen ranken sich um das Jiddische Theater! Man könnte meinen, es sei das alte Globe und jeder Bühnenautor sei Shakespeare. Genau wie Hollywood, dessen Geburtshelfer es im Grunde war, machte das Jiddische Theater ständig Zugeständnisse an seine Zuschauer. Jeder gierte nach dem billigen Gelächter, den Krokodilstränen – und das Publikum war begeistert. Die Zuschauer machten weit mehr Lärm als die Schauspieler. Aber die jiddischen Dramatiker kupferten bei den besten ab – bei Shakespeare, Ibsen, Tschechow. Bei einer Aufführung war Hamlet ein Rabbinerstudent, der bei seiner Heimkehr feststellen muß, daß sein Onkel, der alte Rabbi, seine Mutter geheiratet und seinen Vater ermordet hat – zweifellos mit einer vergifteten *matze*. Welch ein *geschrej* es da gab!

Dann gab es da noch das jüdische Puppenhaus. In der jiddischen Version hieß Nora Minna und nahm einen gutaussehenden jungen Anarchisten mit Schlafzimmeraugen bei sich auf, der sie und ihre Tochter sofort über die Frauenemanzipation aufklärte, vor allem jedoch über den Achtstundentag. Nachdem er ihr Gehirn solchermaßen renoviert hatte, begann der Untermieter auch jene Partien zu renovieren, die der Venus heilig waren, während der alte Papa betete, sich auf einem Auge blind stellte und weiterhin alle Rechnungen bezahlte. Und während Ibsen in seinem Grab rotierte.

Ganz ähnlich wie im heutigen Show Business, wenn man es recht bedenkt. Mein Enkel Lorenzo – Gott steh ihm bei –

hat soeben ein Gay Musical mit dem Titel *Hamlet* produziert, in dem Hamlet und Horatio ein Liebespaar sind und Rosenkrantz und Guildenstern ein Badehaus in Wittenberg führen, während Ophelia und Gertrude sich im Thronsaal hinter dem Wandbehang vergnügen, wo sie Claudius und Polonius vorfinden, die dort demselben Lustgewinn frönen. Anfangs scheute er sich, mich einzuladen, weil er fürchtete, ich wäre schockiert. Schockiert! Ich! In jüngeren Jahren hab' ich so manches gesehen und getan, bei dem ihm die Haare zu Berge stehen würden – wenn er überhaupt welche hätte.

Lorenzo – von deinem Onkel Lorenzo brauche ich *dir* kaum etwas zu erzählen. Von meiner lieben Tochter Salome bis zum Gehtnichtmehr verwöhnt, wähnte er sich selbst einen Produzenten – eine Bezeichnung, die sich, begabt oder nicht, praktisch jeder zulegen kann. Mein innigster Wunsch für Lorenzo ist, daß er endlich zur Vernunft kommt. Er sollte aufhören, Shakespeare umzuschreiben, und sich einen Job suchen. Das möchte ich erleben!

Genau wie Lorenzo waren auch die Anarchisten der Lower East Side davon überzeugt, daß sie den Sex erfunden hatten. Aber New York war schon Sodom und Gomorrha gewesen, *bevor* sie von Bord ihres Schiffes gingen. Außer dem Tenderloin, dem Vergnügungsviertel, und dem holländischen Dorf, der Bowery mit ihren verwanzten Häusern und irischen Kneipen, gab es dort Straßenmädchen und Tippelbrüder, singende Kellner, die nebenbei Zuhälter waren, und ihre Mädchen – viele davon nette jüdische Mädchen –, die im Tenderloin begannen, allmählich zur Fourteenth Street und zur Bowery abdrifteten, bis sie auf der letzten Station, dem Friedhof der Namenlosen, landeten. Die ganze East

Side war ein Rotlichtviertel, als ich dort ankam, und ein Haus war nicht unbedingt auch ein Heim.

Ich mag eine jiddische Mama sein, aber ich bin eine jiddische Mama, der nichts Menschliches fremd ist! Ich kenne Paare, die mit der Mätresse des Ehemanns glücklich waren, und Paare, die sich den männlichen Untermieter ins Ehebett holten. Damals geschah das im Namen des Anarchismus und der freien Liebe. Später geschah es im Namen des Kommunismus. Die Intelligenzija liebt es, immer wieder einen intellektuellen Grund für das *schtupn* zu finden, soviel steht fest. Wie immer aber die Ausrede lautet, *schtupn* bleibt *schtupn*. Es ist der Rhythmus, der die Welt um ihre alte, rostige Achse dreht. Moralisten mögen marschieren, Gesetze erlassen, den Juden die Schuld daran geben, und dennoch wird es nie abgeschafft werden. Was mich aus irgendeinem Grund – wer kennt sich aus, in den Abwegen der uralten weiblichen Gedankengänge? – an die Sklaverei erinnert.

Als ich nach Amerika kam, war das Thema Sklaverei in aller Munde. (Schwarze Sklaverei galt als Selbstverständlichkeit). Havelock Ellis und Emma Goldman regten sich ganz furchtbar über das auf, was sie als den Skandal der weißen Sklaverei bezeichneten. Politiker rügten sie öffentlich, um gewählt zu werden. Die Mädchen auf Ellis Island erzählten sich flüsternd davon – halb voll Angst, halb von einem angenehmen Kitzel erfüllt. Es hieß sogar, daß ein paar Mädchen, die wir tatsächlich *kannten*, von Bordellen angeworben und gezwungen wurden, dort zu bleiben, bis sie ihre Passage zurückgezahlt hatten oder – viel wahrscheinlicher – sich eine schlimme Krankheit zuzogen und starben. Sie hielten nie länger als zwei bis drei Jahre aus, hieß es. Syphilis war die Geißel des Gettos.

Ich aber wußte damals schon: Wäre ich je von einem dieser Sklavenhalter unter Vertrag genommen worden, ich hätte ihm ein Schnippchen geschlagen. Irgendwie. Ich hatte schon zuviel erlebt, um mich vor einem Penny-Luden zu fürchten, wenn du den Ausdruck entschuldigst. Ich wußte, daß ich nur noch am Leben war, weil Gott einen knallharten Handel mit mir abgeschlossen hatte. Ich verdankte mein Leben den Leichen von Kindern, und Dovie war das erste von ihnen. Außerdem wurde ich von einem Phantomzwilling begleitet und mußte beides sein, Mädchen und Junge.

Wir alle verdanken unser Leben den Leichen von Kindern, aber wir denken lieber nicht daran. Ich erinnere mich an ein weinendes Kind, das durch das Eis brach, als wir *fussgejer* die frosterstarrte deutsche Grenze überquerten. Trotz des Gejammers der Mutter wurde das Eiskind in seinem kalten blauen Kokon zurückgelassen. Wenn man so etwas gehört und gesehen hat, gibt man entweder auf und stirbt, oder man wird zum Kämpfer.

Ich nahm den Zeitungsausschnitt aus dem *Forverts* aus meinem Mieder und beschloß, dafür zu sorgen, daß sich Levitsky und Coppley nicht über den Weg liefen. Levitsky war mein Impresario, und er war eifersüchtig. Coppley würde ihn nur noch eifersüchtiger machen. So weit kannte ich die Männer inzwischen. Es würde zwar eine Zeit kommen, da ich diese Eifersucht zu meinem Vorteil ausnutzen könnte. Doch dieser Zeitpunkt lag noch in weiter Ferne.

Mittlerweile zeichnete ich. Zeichnete Hüte und Schuhe, Unterröcke und Korsetts, Geldgürtel und Hosenträger. Zeichnete Overalls und Arbeitsstiefel, Hemden und Westen, Jacken, Hosen und Humpelröcke. Je wertvoller ich war, je schneller und besser ich zeichnete, desto besitzergreifender wurde Levitsky.

Aber ich lernte, mit ihm umzugehen – lernte Zuckerbrot und Zungen-Peitsche zu gebrauchen, zu schmeicheln und zu verführen, zu necken und zu verspotten, bis ich von ihm bekam, was ich wollte. Mein einziges Ziel war es in jenen Tagen, genug zu verdienen, um meine Familie aus dem Land der Pogrome herüberholen zu können. Zu diesem Zweck sparte ich mein Geld auf einer jüdischen Bank (die im Krisenjahr 1907 bankrott ging – eine Geschichte für einen weiteren Regenabend).

Wir waren eine seltsame Familie, Levitsky, ich und die paar weiteren Katalogzeichner, die in Levitskys Mietwohnung in der Rivington Street mit uns zusammen arbeiteten.

Wir hatten Zeichentische und hohe Hocker, und manchmal wurden die Korsetts, die Hemden, Blusen und Jacken ausgestopft oder auf Schneiderpuppen drapiert.

Da unsere Wohnung im Erdgeschoß lag und da wir stets reichlich zu essen und zu trinken hatten, kamen obdachlose Straßenkinder, die überall und nirgends wohnten, scharenweise zu uns ins Atelier und bettelten um Reste. Einem dieser Straßenkinder, das mir besonders am Herzen lag, gab ich hinter Levitskys Rücken zu essen. Der Junge hieß Tyke, wie er behauptete; er verkaufte Zeitungen, fegte die Straße und mochte wohl auch ein Taschendieb sein. Wo er schlief, wußte niemand. Diese obdachlosen Jungen schliefen in den Gassen hinter den irischen Bars, auf den Treppen der Weinkeller und überall, wo es eben ging, bis der Schnee kam und die Kälte sie vertrieb. Was sie dann machten, weiß Gott allein. Obwohl Tyke ein halber Schwarzer war, sah er für mich so aus wie der Sohn, den ich verloren hatte, und ich freute mich jedesmal, wenn ich ihn sah.

Eines Tages gab ich ihm eine kleine Zeichnung, die ich von mir selbst angefertigt hatte, und bat ihn, sie zu Sim Coppleys Adresse zu bringen und dort in den Briefkasten zu stecken. Ich hatte weder meinen Namen noch meine Anschrift draufgeschrieben. Ich wollte Sim nur Appetit machen. Aber Sim hat den Jungen offenbar erwischt und mit Schokolade bestochen, bis er ihm meinen Aufenthaltsort verriet.

Am nächsten Tag schon – wer kam da zur Tür unseres ebenerdigen Ateliers hereingeschlendert? Sim Coppley höchstpersönlich!

Vor dem Hocker, auf dem ich saß und zeichnete, fiel er auf die Knie. »Deine Augen sind wie Tauben«, zitierte er das Hohelied.

»Und Ihr Kopf ist dumm!« zitierte ich mich selbst.

Es war mein Glück, daß Levitsky fortgegangen war, um Zeichnungen abzuliefern, als Coppley kam, aber mir hämmerte das Herz in der Brust.

»Sie dürfen nie wieder hierherkommen!« warnte ich ihn. »Mein Boss wird mich feuern.«

»Sie brauchen keinen Boss, Sie brauchen einen Ehemann«, widersprach Coppley.

»Ein Ehemann *ist* ein Boss!« sagte ich, meine – oder Levitskys – anarchistische Ideen verkündend. »Die Ehe ist eine Form der weißen Sklaverei!« (Ich hatte begonnen, radikale Vorlesungen zu besuchen, und dort dieses und ähnliches aufgeschnappt. Erst sechs Monate in Amerika, und schon war ich eine Emma Goldman für Arme!)

»Wenn Sie meine Frau wären, Sophia, würde ich Ihnen alles schenken, was Sie brauchen, sogar die Freiheit.«
»Die Freiheit kann man nicht *schenken*!« sagte ich streng. »Wenn Sie meinen, Sie könnten sie mir schenken, beweist das nur, daß Sie nicht wissen, was Freiheit ist. Außerdem bin ich für Sie ja doch fast eine Fremde!«
»Wir sind zusammen übers Meer gefahren«, sagte Sim, wie benommen vor Begehren. Dann fiel sein Blick auf eine Schale mit Obst auf dem Tisch, und er seufzte: »Tröste mich mit Äpfeln! Ich bin schwach vor Liebe.«
In diesem Moment kam Levitsky herein, im Mund seine stinkigste Zigarre.
»Pfui!« sagte ich. Coppley hatte trotz seiner Schwärmerei die Geistesgegenwart, zu sagen: »Ich bin ein großer Bewunderer der Arbeiten dieser Lady und möchte Ihnen ein Geschäft vorschlagen.«
Das Wort »Geschäft« war unfehlbar dazu angetan, Levitskys Interesse zu erregen. Geschäfte waren seine Religion. Ich fuhr eiskalt fort, ein Korsett zu zeichnen, als könne ich damit Sims vorlaute Zunge zügeln. Levitsky und Coppley zogen sich in eine Ecke zurück, um mit dem Schachern zu beginnen. Ich hörte, wie sie mit erhobenen Stimmen feilschten. Schließlich schüttelten sie sich die Hand.
Dann kam Coppley zu meinem Zeichenhocker und sagte: »Ich freue mich darauf, Sie in diesem Land willkommen heißen zu dürfen, Madame.«
Damit verabschiedete er sich.
Als Sim gegangen war, zeigte Levitsky sich freudig erregt.
»Er will uns fünfzig Dollar bezahlen, damit du von einer Gesellschaft auf dem Land Bilder zeichnest. Dazu werden

wir noch an diesem Wochenende mit einem privaten Salonwagen der Eisenbahn hinausfahren!«

»Eine volle Tasche heilt die Kranken«, hätte Mama dazu gesagt.

Fünfzig Dollar waren zu jener Zeit ein Vermögen. Meine Reise übers Meer hatte mich fünfundzwanzig gekostet. Jetzt sollte ich einen weit größeren Ozean bis in die Welt der reichen *gojim* überqueren. Und die wollten mich dafür bezahlen! Nicht zu fassen!

Clever von Sim, dachte ich. Er hatte auf den ersten Blick erkannt, daß Levitskys Herz in seiner Brieftasche schlug.

Es war an einem Freitagabend, als wir die infernalische Stadt mit dem privaten Salonwagen verließen, einem Paradies aus *marron glacé*-farbenen Samtsofas, poliertem Messing, geschliffenen Spiegeln und samtenen Ohrensesseln, die tiefer waren als ein Mutterleib. Ein ebenholzschwarzer Butler kümmerte sich um unser Wohlbefinden und erfüllte uns jeden Wunsch. Zuerst brachte er uns Cordial und Wasser, dann deckte er zum Dinner einen Tisch mit feinstem Leinen und frischen Blumen. Anschließend servierte er uns Speisen, von denen ich bis dahin nur in Büchern gelesen hatte: Schildkrötensuppe, Jakobsmuscheln in Sahne, Coq au vin, Zitronentörtchen, französischen Käse, Kaffee, Orangen in Likör und halbbittere Schokolade – alles mit den dazu passenden Weinen.

Innerhalb weniger Stunden war ich so beschwipst, daß ich in meinen Sessel sank und schlief. Als ich erwachte, waren wir in einen süß duftenden Bahnhof auf dem Land eingelaufen, wo der Sommerabend von Grillen und Sternen belebt war.

Wir wurden von einem Kutscher abgeholt, der eine einspännige Chaise fuhr. Das Fahrzeug schwankte und holperte über die zerfurchten Straßen und trug uns innerhalb weniger Minuten zu einem großen Haus mit einer runden, baumgesäumten Einfahrt, das der Kutscher als Cottage bezeichnete. Dort wurden wir der Obhut einer Haushälterin anvertraut, die uns in benachbarten Zimmern mit riesigen Himmelbetten, polierten Gläsern, Samtchaiselongues und quastengeschmückten Sofas unterbrachte. In beiden Räumen standen blühende Zweige in chinesischen Vasen. In jedem Kamin brannte ein Feuer aus Apfelholz, das die Luft mit seinem Duft erfüllte.

An jenem Abend schlief ich ein, während ich in das flackernde Feuer starrte, und wußte, daß ich Mama dies alles genausowenig erklären konnte wie viele andere Dinge, die ich in Amerika bisher gesehen und erlebt hatte.

»Verzeih mir, *mamele*«, flüsterte ich beim Einschlafen. »Ich wollte nicht vor dir herreisen, aber das Schicksal hat mich mit dieser Rollstraße beschenkt.«

Und dann glaubte ich zu hören, wie Mama sagte: *Kajne hor.* (Möge kein böser Blick auf dich fallen.)

Manchmal, wenn er morgens erwachte, bekam Sim Coppley keine Luft. Er rang um Atem, bis seine Lungen pfiffen und keuchten. Das Gefühl des Erstickens war so echt, daß er sich in seiner Panik zuweilen einnäßte wie ein Gehenkter kurz vor dem Tod. Er sprang aus dem Bett und hüpfte im Zimmer umher, als könne er so mehr Luft in die Lungen saugen. Ein Gurgeln in der Kehle und schreckliche Atemnot verrieten ihm, daß er Gefahr lief, in den eigenen Sekreten zu ertrinken. Er hustete, um den Schleim loszuwerden, verstärkte dadurch aber nur seine Panik. Es gab immer einen Moment, an dem er fest überzeugt war, daß er den Anfall nicht überleben werde. Dann gelangte auf wunderbare Art und Weise wieder Luft in seine Atemwege, und er wußte, daß er noch einmal verschont worden war. Wenn er diese Anfälle bekam, hatte Sim irgendwie das Gefühl, für seine Völlerei bestraft zu werden und den Tod verdient zu haben. Und war jedesmal erstaunt, wenn er nicht starb.

An jenem Morgen, an dem er mich in der *Fontana di Luna*, dem Palazzo von Lucretias Familie, empfangen sollte, hatte er offenbar einen seiner schlimmsten Anfälle. Er durchschwitzte sein Nachthemd vorn und hinten, näßte den Teppich, lag unerklärlicherweise auf einmal auf den Knien wie ein Hund und hustete, spuckte und keuchte. Wenn sie mich so sehen könnte, dachte er, würde sie mich verabscheuen.

»Schwächling, Schwächling, Schwächling!« schalt er sich, als er wieder zu Stimme kam. Sein Vater hatte ihn wegen seines asthmatischen Keuchens verachtet, und sein Kindermädchen hatte diese Anfälle, als Sim noch klein war, vor seinem Vater geheimhalten müssen. Die Tatsache, daß er noch immer von ihnen heimgesucht wurde, schien ihm der Beweis für seine Unwürdigkeit zu sein. Dabei hatte er das Gefühl, daß ich seine Lungen mit Luft füllen konnte.

Als ich im Cottage erwachte, strömte Sonnenschein zum Fenster herein, während ich von den Rudimenten eines Traums beunruhigt wurde. In diesem Traum sollten Sim Coppley und ich den Präsidenten von Amerika kennenlernen, doch als ich auf meine Schuhe hinunterblickte, sah ich, daß weder sie noch meine Strümpfe ein passendes Paar bildeten. Ein Schuh hatte einen Riemen über dem Spann, der andere nicht. Ein Strumpf war braun, der andere grün. Wie kann ich so dem Präsidenten gegenübertreten? fragte ich Sim bestürzt. Dann fiel mir jedoch ein, was Mama dazu gesagt hätte: »Selbst die Träume eines Propheten müssen nicht immer prophetisch sein.«

Es klopfte an meiner Zimmertür: Ein Zimmermädchen mit Spitzenhäubchen brachte mir das Frühstück ans Bett.

Beim ersten Blick auf das Frühstückstablett löste sich der Traum von den zwei verschiedenen Schuhen in Luft auf. Das weiße Leinen, das Silberbesteck, der Korb mit den heißen Brötchen, der Tee in Porzellantassen, so dünn wie Eierschalen, der kleine Topf mit bernsteingelbem Honig, die frische Landbutter, die braun gesprenkelten Landeier in ihren Eierbechern, die Würstchen unter ihrer silbernen *chupe*. So gebannt war ich, daß ich mich nicht einmal fragte, ob die Würstchen *trajfe* waren! Und daneben lag, sauber gefaltet, der *Berkshire County Eagle*.

Ich staune immer noch darüber, in einer Welt zu leben, in der manche Menschen Mülleimer durchwühlen müssen, um sich etwas Eßbares zu suchen, während andere von silbernen Tabletts essen. Als ich auf Ellis Island zum erstenmal Weißbrot bekam, wirkte das auf mich wie Kuchen. Essen die Amerikaner das jeden Tag? fragte ich mich. Aber mein erstes Frühstückstablett in der *Fontana di Luna* war ein absolutes Wunder: ein eigenes, kleines Universum aus Silber, Porzellan und sahnigem Leinen. Wieviel Mühe war allein auf dieses Frühstück verwendet worden! Wie viele Köche und Handwerker hatten arbeiten müssen, um dieses Mahl zu einem Kunstwerk zu gestalten! Obwohl ich an die Brüderlichkeit aller Menschen (damals war von Frauen noch nicht die Rede) glaubte, wußte ich sofort, daß ich mich im Handumdrehen an so ein Frühstück im Bett gewöhnen konnte!

Aus diesem Stoff sind Erinnerungen gemacht. Das erste Frühstückstablett, die Kreidebuchstaben auf den Schultern der Abgewiesenen auf Ellis Island, der private Salonwagen, der Traum von den zwei verschiedenen Schuhen.

Um etwa ein Jahrhundert in der Zeit zurückzugehen – du wirst mich nicht dazu bringen, dir zu sagen, wie alt ich bin! – und jene erste Zeit wieder zurückzuholen fällt mir nicht leicht, aber es sind immer die Gerüche und die Gegenstände, die mich zurückführen.

Was mir von jenem Wochenende in Erinnerung geblieben ist: die Ladies, die mit ihren pastellfarbenen Kleidern und Sonnenschirmen auf dem Rasen der *Fontana di Luna* Croquet spielten, die getäfelte Bibliothek mit ihren Tausenden von Lederfolianten, der Bogengang aus weißen Rosen, die zu einem lebenden, flatternden, von Bienen summenden Baldachin getrimmt worden waren.

Zu jener Zeit war es das schlimmste auf der Welt, ein Greenhorn zu sein – *greener*, sagten wir auf der East Side. Verlegen wegen meines Akzents, unsicher im Gebrauch der verschiedenen Gabeln, versteckte ich mich hinter meinem Skizzenbuch und sprach sowenig wie nur möglich. Es hätte ja sein können, daß ich ein Wort nicht richtig aussprach!

Als Sim am Morgen kam, um mich abzuholen, nachdem er zunächst die Zofen geschickt hatte, um mir neue Kleider zu verpassen – eine hochgeschlossene Leinenbluse mit Keulenärmeln, einen blau-grün-karierten Rock mit passendem Jäckchen, einen wunderschönen grünen Hut mit Papageienfedern und einem üppigen, gefältelten grünen Schleier –, fand er mich damit beschäftigt, meine hochgeknöpften Stiefeletten mit dem Langettenrand aus grünem Wildleder zu bewundern.

»Ach, was habe ich nur geträumt!« sagte ich.

»*Ich* habe von *Ihnen* geträumt«, entgegnete er. »Die ganze Nacht.«

»Und was habe ich in Ihren Träumen getragen?« fragte ich ihn.

»Gar nichts.« Sim lief so rosa an wie ein Marzipanschweinchen und begann vor Nervosität zu husten.

Er brachte mir Pastellfarben, Papier und eine kunstvolle französische Klappstaffelei, die man entfalten und auf dem Rasen aufstellen konnte. Sogar einen eigenen Sonnenschirm besaß sie, der mich vor der Sonne schützte. Diese praktische Klappstaffelei trug er, während er mich auf dem Grundstück herumführte und mir die Schönheiten der Landschaft von Berkshire zeigte.

Das Cottage war riesig – fünfzig Zimmer oder mehr – und lag strahlend weiß auf einer Hügelkuppe. Mit seinen Giebelfenstern, den zahlreichen Schornsteinen und dem terrassierten italienischen Garten, den Springbrunnen mit Pferden, die aus dem Wasser aufstiegen, und den Sonnenuhren wirkte es wie ein Ort der Verzauberung – ungefähr so, wie ich mir Versailles vorstellte, das ich auf Bildern gesehen hatte. Meine Aufgabe war es, dieses Wochenende mit dem Zeichenstift festzuhalten. Das Haus, die Gartenanlagen, vor allem aber die Gäste – alles und jedes sollte ich zu Papier bringen.

Niemals werde ich vergessen, wie Levitsky uns auf den Fersen blieb und uns aus einiger Entfernung beobachtete, als argwöhne er, daß Sim mich ihm einfach stehlen werde.

Sim kümmerte sich rührend um meine Bedürfnisse, wünschte sich, daß ich am Croquet, am Bogenschießen, an den Lunches, den Tees und den Suppers teilnähme. Da ich aber das Gefühl hatte, mich unter diesen Stutzern, Dandies und Ladies zum Narren zu machen – was wußte ich, aus Sukovoly oder selbst aus Odessa, denn schon vom Bogenschießen? –, gab ich vor, der Sport störe mich nur bei der Arbeit und ich zöge es vor, ganz in Ruhe zeichnen zu dürfen. Gewissenhaft ordnete ich meine Stifte, Farben und Pastelle und vertiefte mich in das sahnig-weiße Zeichenpapier.

Sosehr mich die purpurroten Hügelkuppen auch beeindruckten, die tiefblauen Seen, die sanft abfallenden Rasenflächen, so grün wie das Wildleder meiner Stiefeletten – weitaus stärker beeindruckt war ich von den Damen, die einer ganz anderen Rasse anzugehören schienen als alle, die ich jemals kennengelernt hatte. So schlank, daß sie ihre Figur bestimmt nicht nur den Korsetts verdankten! Eine von ihnen bekundete besonderes Interesse an mir.

»Darf ich vorstellen? Miss Lucretia Weathersby«, sagte Sim, der mit einer mageren, fast verkniffenen Dame zu meiner Staffelei herüberkam – einer Lady mit einem riesigen weißen Strohhut, von dem ein Taubenpaar aufzufliegen schien, während glitzernde Hutbänder in der Brise flatterten. Diese Miss Lucretia hatte Augen, die so hart waren wie Krähenschnäbel, und kleine Fältchen an den grausamen Winkeln ihres Mundes.

»Zeig uns deine Verführerin der Mietskasernen, Sim!«

sagte sie mit bitterem Auflachen. Dann kam sie herbeigetrippelt, um sich mit mir bekannt machen zu lassen, während ich neben meiner Staffelei im Schatten ihres seidenen Sonnenschirms stand.

Sie streckte mir die knochige Hand entgegen. Als ich sie ergriff, merkte ich, daß die Hand eiskalt war. Sie taxierte mich, wie ein Pfandleiher eine gestohlene Taschenuhr taxiert.

»Aber Sim«, sagte sie tadelnd und ließ sich nicht einmal herbei, auch nur ein einziges Wort an mich zu richten, »du hast mir verschwiegen, daß dein kleiner hebräischer Schützling darüber hinaus ein äußerst appetitlicher Käfer ist!«

Schweißtropfen traten mir auf die Stirn, meine Wangen brannten heiß. Ich haßte sie vom ersten Augenblick an und hätte sie das auch merken lassen, wäre nicht Levitsky herzugetreten, um sich ihr ebenfalls vorstellen zu lassen.

»Madame«, sagte er, »gestatten Sie der Lady, Sie in diesem bezaubernden Hut zu zeichnen!« Dann holte er aus einem nahe gelegenen Pavillon einen Korbsessel und stellte ihn für Lucretia auf den smaragdgrünen Rasen.

Sie arrangierte ihre leichentuchweißen Röcke und kreuzte die knochigen Fesseln. Dabei durchbohrte sie mich mit ihrem Vogelblick.

Einen Moment erwog ich, sie als den Raubvogel abzubilden, der sie zu sein schien. Dann riß ich mich zusammen und brachte tatsächlich ein Bild von ihr zustande, aber ein geschmeicheltes Bild, auf dem ich die Schärfe, die ich in ihr entdeckte, unauffällig abgemildert hatte. Sim stand hinter mir und sah zu, während Levitsky für Lucretia den Clown machte. Er spielte auf abstoßende Art und Weise den Bühnenjuden, und sie schluckte das!

»Ihr Leute seid ja sooo begabt«, hörte ich sie sagen. Und Levitsky spielte mit ihren *gojischen* Gefühlen wie ein schmierenkomödiantischer Shylock. Sie würde ihm *ihr* Pfund Fleisch geben – wenn sie nur eins gehabt hätte! Inzwischen wich Sim nicht von meiner Seite.

Am Ende des Nachmittags hatte ich mehrere Damen gezeichnet, die alle in bewundernde Ahs und Ohs über die kleinen Pastellskizzen ausbrachen. Einige begannen mit Levitsky über richtige große Porträts zu verhandeln, die ich von ihnen anfertigen sollte. Aber sosehr ich Lucretia auch geschmeichelt hatte – sie betrachtete mich immer noch mit argwöhnischem Blick. Sie hatte in mir die Rivalin erkannt und ich in ihr eindeutig die Feindin.

Wenn ich daran denke, wie ich Lucretia (die inzwischen schon lange tot ist) damals sah, kommt sie mir wie die fleischgewordene Bosheit vor. Aber vergiß bitte nicht, daß ich sie nicht nur durch meine eigenen, sondern auch durch Sims Augen sah, der sie irgendwie mit seiner herrischen Mutter verwechselte. Sim war durch Ketten an Lucretia gefesselt, die in der Kindheit geschmiedet worden waren, und je grausamer sie zu ihm war, desto fester fühlte er sich an sie gebunden. Schmerz bindet zuweilen sicherer als Freude.

Man hat mich gebeten, dir alles zu berichten, woran ich mich erinnere – vielleicht weil man vermutet, daß mein hohes Alter mir irgendwie Weisheit verleiht, oder vielleicht auch, weil ich inzwischen so alt bin, daß meine Erinnerungen Museumsstücke sind. Die Jugend muß daran glauben, daß die Alten etwas wissen. Sonst scheint das Leben allzusehr vom Zufall regiert, allzusehr von Chaos erfüllt zu sein.

Also diktiere ich meine Geschichte deiner Mutter, denn ich möchte dir etwas geben, das Wert besitzt, und das Leben besitzt stets größeren Wert als *Dinge*. Wenn du alt genug bist, um dies zu lesen, bin ich vielleicht gar nicht mehr da. Also ist dies mein Testament für dich, Saritschka, mein geistiger Letzter Wille. »Eine Autobiographie schreiben und einen geistigen Letzten Willen hinterlassen ist praktisch ein und dasselbe«, sagte der große Scholem Alechem. Was tut's also, daß ich nicht schreibe, sondern rede. Ich stelle mir vor, daß du mir zuhörst, *majn lebn, majne neschoma, majne libe*.

Du bist in der Generation geboren, deren Eltern sich alle scheiden ließen, als ihr noch sehr jung wart, also bedeutet euch Beständigkeit vielleicht sogar noch mehr als anderen Generationen. Die Klasse des Jahres 2000! Wer hätte je gedacht, daß wir ein solches Jahr erleben würden! Und wer hätte gedacht, daß wir eine Generation wie die eure haben würden, die so ungeheuer zynisch über die Liebe, den Sex, die Politik denkt. Vielleicht habt ihr ja nur auf die Überzeugung eurer Eltern reagiert, daß ein Tropfen LSD in der Wasserversorgung der Welt den Frieden bringen würde. Bei solchen Eltern ist es kein Wunder, da ihr verunsichert seid.

Während ich hier sitze und in diese Maschine diktiere, gehen meine Gedanken spazieren. Malen ist tatsächlich viel einfacher für mich als schreiben – oder sogar diktieren. Während ich spreche, sehe ich alles in Bildern vor mir. Ich wünschte, ich könnte diese Geschichte malen. Aber mein Thema ist die Zeit, und die Zeit fordert die Erzählung. Das bin ich: eine uralte Erzählerin.

Ich betrachte mich heute nie mehr im Spiegel, weil ich nicht mehr der Mensch bin, an den ich mich erinnere. Es verwirrt mich, die alte Schachtel im Spiegel zu sehen. Ich möchte mich lieber an mich erinnern, wie ich damals war – mit genauso kastanienbraunen Haaren und genauso schön, wie du es heute bist. Ich möchte lieber dich ansehen und in dir mich selbst erkennen.

Da du mir bis hierher gefolgt bist, wirst du dich vermutlich fragen, wieviel von allem wirklich wahr ist. Ich kann nur sagen, es ist so wahr wie meine Erinnerung, und die Erinnerung ist eine notorische Betrügerin. Mama pflegte immer zu sagen: *Ojf a majsse fregt men nischt kajn kasche* (Bei Geschichten stellt man keine Fragen). Wie alle Dokumente eines Lebens, ist es eine Art Flaschenpost, die ins Wasser geworfen wurde, um vielleicht von einem zukünftigen Überlebenden der Havarie des Lebens gefunden zu werden. Ich hoffe, daß du diese zukünftige Überlebende bist.

Die Zeit hat ihren eigenen Sog. Die meisten von uns leben ihr Leben lang in der Vergangenheit, und wenn wir dem Tod ins Auge sehen, kapitulieren wir und sind nicht überrascht, daß wir zu unseren verlorenen Lieben gehen. Ich habe festgestellt, daß Rußland für mich immer wirklicher wird, je älter ich werde, obwohl ich dort nur siebzehn Jahre gelebt habe. Aber ich weiß, daß es ein imaginäres Rußland ist, das nicht mehr existiert, möglicherweise nie existiert hat. Dennoch habe ich in diesen letzten Jahren meines Lebens dort gelebt. Und oft sehe ich mich umgeben von Verwandten, die längst verstorben sind. Das schlimmste am Altsein ist, daß das Telefon nutzlos ist, weil man die Menschen, an die man am häufigsten denkt, nicht anrufen kann. Im Himmel gibt es kein Telefon! (Obwohl jener andere Ort vermutlich verkabelt ist!)

Ich versuche mich an all die Dinge zu erinnern, die meine

Mutter mir gesagt hat, damit ich sie an dich weitergeben kann. »Man kann seine Zweifel an der Liebe haben, am Haß aber ist kein Zweifel möglich«, zitiere ich sie.

»Schon wieder ein pessimistisches Sprichwort!« höre ich dich sagen. »Hat deine Mutter denn nie etwas Optimistisches gesagt?«

»Für sie war das optimistisch«, antworte ich.

Weißt du, Jiddisch, das waren nicht einfach Wörter, das war eine *Lebenseinstellung.* Es war süß und sauer. Es war ein Achselzucken und ein Kuß. Es war Demut und Trotz, alles in einem. *Ein Wurm im Meerrettich glaubt, er hat ein süßes Leben,* pflegte Mama zu sagen. *Wenn Gott es will, kann man sogar mit einem Besenstiel schießen,* lautete ein anderes Lieblingswort von ihr.

Was ich mir für dich wünsche, mein Liebling, wäre, daß alle Besenstiele in deinem Leben sich in Zauberstäbe verwandeln und daß du stets vom Meerrettich in den Honig kommst, weil du weißt, was Süße ist, und genug empfindliche Geschmacksknospen hast, um diesen Geschmack genießen zu können.

Es war eine Welt der Außenklos, der irischen Cops, der Walfischbein-Korsetts, der Hantel-Wohnungen in den schäbigen Mietshäusern und der vornehmen Art-nouveau-(oder Brownstone-)Villen; aber die Kümmernisse und das Herzeleid waren die gleichen. Die panische Angst davor, bankrott zu gehen, das Hämmern des Herzens, wenn die Liebe anklopft, die Hoffnungslosigkeit der Alten und die Überheblichkeit der Jungen – alles das gleiche.

Die Menschen haben schließlich kein sehr variantenreiches Repertoire. Seit über hundert Jahren sagen sie, daß neue Maschinen die Schöpfung verändern werden, aber ich habe erkannt, daß die Menschen die gleichen blieben, vom Pferdewagen bis zum Automobil, von der ratternden Eisenbahn bis zu Überschalljets, vom Außenklo bis zu rauschenden Innentoiletten.

Nach dem Wochenende in der *Fontana di Luna* beschloß Levitsky, daß mit den Porträts der Reichen mehr Geld zu machen sei als mit den Illustrationen für Kataloge. Also begann er sich nach einem angemessenen Atelier für mich umzusehen.

Er fand eins in der Nähe des Union Square in einem düsteren Brownstone-Haus mit einer breiten Vortreppe und einem Salon mit Glasrückwand, durch die man den nördlichen Himmel sah.

Wir möblierten den Raum mit Dingen, die wir für Luxus hielten: einer mit Orientteppichen bedeckten Chaiselongue, einer auf kugelrunden Füßen montierten Plattform für die Modelle, türkischen Laternen und einer türkischen Ecke, bestickten Schals auf dem runden Tisch, Gipsabbildungen von Michelangelos David und Berninis Daphne, die in einen Lorbeerbaum verwandelt wurde.

Dann trafen meine Modelle ein, zwitschernd und aufgeregt, weil sie die Kleider ablegen und in ein Kostüm schlüpfen mußten – denn einige wollten nicht so gemalt werden, wie sie waren, sondern wie sie gern sein wollten: als Julia, Portia, Ophelia. Viele Frauen aber bevorzugten auch die eigenen prächtigen Ballroben und standen neben mir, um zu sehen, ob ich auch gewissenhaft jede einzelne Perle mit einem Lichtpunkt hervorhob.

Ein Porträt zu malen ist eine gute Gelegenheit, sich anzuhören, wie die Modelle ihre Seele preisgeben. Je schweigsamer ich war, desto mehr redeten meine Kundinnen. Sie begannen damit, voll Stolz auf ihren Reichtum und ihre Position hinzuweisen, und legten letztlich alle Tiefen ihrer geheimen Wünsche offen. Und ich malte – die grünlichen Schatten, die eine Nase definieren, den gelben Schimmer quer über eine Stirn, den keilförmigen schokoladenbraunen Schatten unter einer Lippe. Der Porträtmaler weiß, daß Gottes Kinder allesamt vielfarbig sind.

Den ganzen Tag hörte ich zu, wie meine Modelle prahlten und mir von Bällen und Einladungen erzählten, von Verlöbnissen, die aufgelöst oder erträumt, von großen Europareisen, die geplant oder abgesagt wurden.

Sie sprachen mit mir, als würde ich sie verstehen, und genau das war schon sehr bald der Fall. Ich erkannte, daß Geld kein Leid verhindern, keine Krankheiten heilen und daß der Mensch, der vor einer Staffelei steht und malt, genauso glücklich sein kann wie ein Mensch, der seine Kleider in Paris nach Maß schneidern läßt oder Bälle für vierhundert Gäste gibt. Wie meine Mama immer zu sagen pflegte: »Auch im rotbackigsten Apfel kann sich ein Wurm verstecken.«

Gegen Abend verschwanden dann die Modelle aus Uptown, und es erschienen die reich behaarten Downtown-Anarchisten, um zu diskutieren und zu essen, zu essen und zu diskutieren.

Wir tranken den Tee nach russischer Art – mit Marmelade,

Sliwowitz und Wodka, Räucherfisch und Schwarzbrot und, wenn wir genügend Geld hatten, mit schwarzem Kaviar.

Die Downtown-Welt war nur auf eines versessen: die menschliche Rasse zu verbessern. Sie glaubten wirklich, wenn die Menschheit nur ihre Ideen übernähme, würde sie gerettet werden. Dies war der grundlegende Unterschied zwischen damals und heute: Die Intellektuellen glaubten wirklich, daß eine bessere Welt bevorstand. Auf der alten Lower East Side vermehrten sich die Utopien wie tuberkulöse Kinder. Das Kapital sei schlecht, hieß es, die Menschen aber seien im Grunde gut. Daraus folgerten viele von ihnen, daß die Abschaffung des Kapitals die Welt verändern und das Paradies zurückbringen würde. Betrunkene Anarchisten sprachen davon, welche Kapitalisten sie gern erschießen würden. Diskutierten über Waffen. Machten sich über meine Porträts der reichen Damen lustig (die für den Sliwowitz und den Räucherlachs bezahlten). Ich machte mich ebenfalls über sie lustig, bezeichnete meine feinen Damen als hochnäsige *schicksen* und meine feinen Herren als *schejgetzes* mit Uhrketten. Ich spie auf die Quelle meines Wohlstands – nur um zu beweisen, daß er mich nicht verändert hatte. Daß ich immer noch Sarah aus Sukovoly war, ganz gleich, wie gut ich Englisch gelernt hatte, wie viele reiche Kundinnen ich hatte, wieviel Geld ich sparte oder meiner Mama nach Hause schickte.

Meine Uptown-Modelle *mochten* die Welt so, wie sie war – bis auf eines: Sie veränderte sich zu schnell. Zu viele »neue Leute« mit Geld, zu viele »Ausländer«, zu viele Anarchisten, Gewerkschafter, Unruhestifter. In der Mitte zwischen zwei Welten lauschte ich den tiefsten Geheimnissen einer jeden. Manchmal wünschte ich, den armen Anarchisten erzählen zu können, wie unglücklich die Reichen, oder den Reichen, wie zornig die Anarchisten waren.

Aber es war meine Rolle, mir alles anzuhören und den Mund zu halten. Jeder war auf dem Sprung zur Flucht. Die Uptown-Leute versuchten, der Kritik ihrer eigenen Familien zu entfliehen, während die Downtown-Leute nur daran dachten, ihre Pennies zusammenzuhalten, damit sie ihre Familie wieder zusammenholen konnten. Jedermann war unzufrieden, aber aus entgegengesetzten Gründen.

Levitsky und ich seien ein Liebespaar, vermuteten die Anarchisten in unserem Kreis, und ich glaube, das war Levitsky gar nicht so unangenehm. Er wollte mich auf einer hohen Kante in Sicherheit wissen, aber er wollte nicht mit mir zusammen hinaufklettern.

Eines Abends, als wir allein waren, fragte ich ihn danach.

»Warum läßt du unsere Freunde in dem Glauben, wir seien ein Liebespaar?«

Levitsky strich sich den buschigen Bart.

»Tue ich das?«

»Das weißt du genau«, gab ich zurück. »Es hält die Männer davon ab, mir den Hof zu machen.«

»Du sollst malen, nicht dir den Hof machen lassen«, erklärte Levitsky feierlich. »Jedes dumme Huhn kann Küken machen. Aber nicht jeder kann so malen wie du.«

»Und was ist mit mir als Frau?« Unwillkürlich hob ich die Stimme.

»Als Frau wirst du geheiratet und lebendig begraben«, sagte Levitsky. »Was glaubst du, warum die Männer auf Knien dafür danken, daß sie keine Frauen sind? Mit deiner Malerei wirst du ein Vermögen verdienen.«

»Du hast Angst vor mir«, stellte ich fest.

Levitsky warf mir einen haßerfüllten Blick zu. Da wußte ich, daß ich recht hatte.

Nicht, daß wir es nicht versucht hätten. Als er mich eines Tages im Atelier umarmte, spürte ich die unverkennbare Härte in seiner Hose, die mir verriet, daß er mir gegenüber nicht so gleichgültig war, wie er immer tat. Besessen vom *dybbuk* der Herrschsucht, war ich so wild auf ihn, daß ich ihn zum Podium für die Modelle zerrte. Dort öffnete ich seine Knöpfe, schob ihm meine Brüste in den Mund und suchte zwischen seinen Hemdzipfeln nach seinem Juwel – kaum größer als eine Feldmaus. Versuchsweise hob es sein Köpfchen, schien auf der Suche nach Lust zu pulsieren und zog sich gleich wieder zurück. Weder Zunge noch weiche, feuchte Lippen vermochten ihm Leben und Mut einzuhauchen, und hätte es in mir Zuflucht gesucht, ich hätte weniger als nichts gefühlt.

Frustriert vergoß ich bittere Tränen – denn was kann es für eine Frau Schlimmeres geben, als einen Eroberer vor sich zu haben, der sie eigentlich unterwerfen sollte, statt dessen aber sich selbst unterwirft? Ganz krank war ich vor abgrundtiefer Enttäuschung. Hier war ein Mann, der meinem Herzen in jeder Hinsicht nahestand, nur nicht darin, was Ehemann und Ehefrau miteinander teilen. Ich barg mein Haupt in den Knöpfen seines Hosenschlitzes und weinte.

In jener Nacht kam Dovie zurück. »Ein nicht gedeuteter Traum ist wie ein ungelesener Brief«, pflegte Mama zu sagen. In meinen Träumen war Dovie erwachsen und näherte sich mir wie ein Liebender.

»Du bist mein Sohn«, warnte ich ihn und wehrte ihn ab, doch er schien bereit, den Moralkodex zu ignorieren. Dann war er plötzlich wieder ein Säugling, doch mit dem Penis eines Mannes. Er war größer als Lev Levitskys und weitaus beharrlicher. Ich erwachte mit einem Gefühl der Furcht und bösen Vorahnung. Mit Sicherheit würde etwas Schreckliches geschehen.

Es war eine Zeit pathetischen Überschwangs. Wir hatten eine Anarchistenfreundin, die davon träumte, im Namen der Arbeiter von Amerika John D. Rockefeller zu ermorden. Sie war eine kleine, hübsche Frau und trug eine Pistole mit Perlmuttgriff bei sich, die wie ein Spielzeug wirkte.

Als sie Rockefellers Büro betrat, erklärte sie seinem elegant gekleideten Sekretär, daß sie im Namen der Arbeiter, der Gewerkschaft und des Achtstundentags gekommen sei; der Sekretär gab Rockefeller ein verabredetes Zeichen, durch eine andere Tür zu verschwinden. Dann warf er Zelluloid-Vatermörder, Hosenträger, Gamaschen und Schuhe ab und unterwarf sie sich an Ort und Stelle auf seinem schweren Zylinderschreibtisch. In dem Gefühl, eine Heldin der Revolution zu sein, erhob sich unsere zerzauste Freundin nach der Vergewaltigung, schwenkte ihre lächerliche Pistole und erklärte: »Sagen Sie Mr. Rockefeller, wenn er nicht aufhört, die Minenarbeiter auszuhungern, werde ich den Inhalt dieser Pistole in ihn hineinpumpen.«

»Ich werde es Mr. Rockefeller ausrichten, Miss«, sagte der aalglatte Sekretär und brachte meine Freundin zu der schweren, geschnitzten Tür.

Später, auf einem meiner Anarchistenabende, prahlte sie

mit ihrer Tat und zeigte uns stolz die Abdrücke oder vielmehr blauen Flecken, die das fabelhafte Möbel auf ihrem Rücken hinterlassen hatte. Auf die Vergewaltigung war sie sogar stolz, weil sie sich einbildete, die Wollust des Sekretärs werde ihr abermals Zutritt zu Mr. Rockefellers *Sanctum Sanctorum* verschaffen. Das nächste Mal werde sie ihn töten und somit die Welt retten! Das waren Zeiten, mein Kind!

An diesem Abend stand die Frage zur Diskussion, ob Sex von Nutzen für die Revolution sein könne. Für sie bestimmt, denn die Rockefeller-Geschichte schien zu beweisen, daß er es sein *konnte*.

»Ich wette, deine Modelle könnten unserer Sache ebenfalls nützlich sein«, sagte einer von Levitskys Kumpanen, ein lebhafter, kleiner Mann mit Schnauzbart und Russenbluse, der Aaron Plotnik hieß.

»Sieh dich vor!« warnte Levitsky Plotnik.

Es war alles eine Farce. Er war genauso wie alle anderen von der Idee besessen, die Geschichte mit einer Pistole zu ändern. Mehr noch, vielleicht – weil seine eigene Kanone so nutzlos war. Er las Bücher über heldenhafte Attentate und verfolgte gierig sämtliche Meldungen über die Anarchisten im In- und Ausland.

Ich habe immer versucht, nicht mehr an die Massaker zu denken, die der Grund für meine Auswanderung nach Amerika waren, an die kleinen Leichname, die nach dem Pogrom in der *schul* aufgebahrt lagen, die toten Väter, die weinenden Mütter. Gewöhnlich war ich so sehr mit meiner Arbeit beschäftigt, daß ich dafür keine Zeit hatte. Doch wenn ich von

Dovie träumte, kam die ganze Vergangenheit wieder über mich hereingestürzt – der säuerliche Geruch Rußlands, die Angst, die Zeit in Odessa, als der Fotograf im Dunkeln zu meinem schmalen Lager kam.

Wenn man naiv ist und nichts Böses ahnt, fällt es nicht leicht, sich gegen das Böse zu schützen.

Normalerweise fiel ich ins Bett, so müde war ich davon, den ganzen Tag lang Fotos zu retuschieren. Meine Hände und Füße waren stets taub vor Kälte, und mein *tuches* war taub vom langen Sitzen. Wenn dann der große Bär mit seinem Wodkaatem zu meiner Pritsche kam, war alles, was ich fühlte, anfangs Schwere und Wärme und anschließend Angst vor Schelte. Schließlich war er mein Lehrherr.

Eine grobe Hand tastete zwischen meinen Lumpen herum. Sandpapierhaut und ein stinkender Mund, der »Du brauchst keine Angst zu haben« murmelte. Während ich tat, als schliefe ich, weil ich so furchtbare Angst davor hatte, mich zu wehren, und weil ich betete, daß Mama – die Hunderte von Meilen entfernt von mir war – mir zu Hilfe kommen möge. Und es ist seltsam: Ich schämte mich für das, was mit mir geschah, als sei es meine Schuld und nicht die seine! Sogar nachdem es vorüber war, war ich mir nicht sicher, was eigentlich geschehen war. Im wahrsten Sinne des Wortes außer mir, glaubte ich, daß mir die Jungfräulichkeit nicht genommen worden sei. So daß ich in Dovie, als er kam, den Messias sah und mich an ihm freute, als sei er mir von Gott gesandt.

Begleitet von meinen Geistern, kam ich nach Amerika. Sie waren stets bei mir, egal ob ich nun malte oder betete. Dovie, mein Vater, mein Bruder – während mein Pinsel seine trockenen Geräusche auf der Leinwand machte, scharten sie sich um mich wie Cherubim.

Ich hatte entdeckt, daß die meisten Einwanderer *in der fremd*, der unbekannten Welt, immer wieder von der armseligen Heimat träumten, die sie hinter sich gelassen hatten, während die Yankees von Europa träumten, als werde der alte Kontinent sie kultivieren und vollkommene Menschen aus ihnen machen. Jene, die es sich leisten konnten, schickten per Schiff die Hälfte von Europas Bric-à-brac nach Hause. Genau diese Beute hatte ich in der *Fontana di Luna* gesehen: Buntglasfenster aus Frankreich, Altarstücke aus Italien, Statuen aus Griechenland – das gesamte Meublement Europas, über den Ozean verfrachtet, um die Amerikaner zu kultivieren. Es klappte nicht. Die Amerikaner ermordeten einander weit öfter als die Europäer – vor allem in der Wildnis der Lower East Side.

»Ich träume davon, meine geliebte Tochter noch einmal zu sehen, bevor ich sterbe«, schreibt meine Mutter mir inmitten von Klatsch über Menschen, die ich fast vergessen habe. Jedermann träumt. Wann werden wir endlich alle erwachen?

Wenn ich keine Modelle hatte, nahm ich meinen Skizzenblock samt Kohlestift und streifte mit Sim als Fremdenführer durch die ärmsten Viertel von New York: Jewtown, Chinatown, die Findlingskrankenhäuser, die Mietskasernen, die baufälligen Häuser in den Hinterhöfen und die verzweifelt armen Kinder, die in den Hintergassen schliefen; die polnisch-jüdischen Familien, die von Salzgurken und Schwarzbrot lebten, die irischen Cops, die die barfüßigen Gassenjungen mit ihren Gummiknüppeln bearbeiteten, weil sie Äpfel gestohlen hatten, die Italiener, die Tomaten in Suppendosen zogen, und die Chinesen, die ihren Schmerz in Opiumhöhlen zu dämpfen suchten. Ich zeichnete die Sweatshops (denen ich selbst erst vor kurzem entronnen war), während Sim die blassen jungen Mädchen, die sich mit ihrer Tuberkulose die Lunge aus dem Leib husteten, die abgemagerten acht- oder neunjährigen Jungen, die vorgaben, älter zu sein, wenn die Inspektoren kamen, nach ihrem Leben befragte.

Die Armut in New York strafte all jene Lügen, die es für das Goldene Land hielten. (Meine Mama hatte zu Hause in Sukovoly eine Freundin, die immer sagte: »Die Leute behaupten, in Amerika sei der Zucker nicht süß.« An dunklen Tagen war ich versucht, ihr darin zuzustimmen. Aber in dieser Richtung lauerte der Wahnsinn. Das einzige, was unser Volk seit sechstausend Jahren am Leben erhält, ist die Hoffnung. Wenn wir die Hoffnung verlieren, verurteilen wir uns selbst als Juden. Die Hoffnung ist unser Brot, die Hoffnung ist unser Honig, die Hoffnung ist unsere Möglichkeit zu überleben.)

Es gab schäbige Unterkünfte mit Hängematten, wo die Ausgestoßenen der Stadt für ein paar Cent übernachten konnten, aber noch schlimmer waren die Straßen, auf denen viele Arme lebten, wenn man das überhaupt als leben bezeichnen konnte. Darunter gab es Kinder, deren Leben barmherzigerweise nur kurz währte, denn entweder starben sie als Säuglinge an Unterkühlung, gingen durch die Vernachlässigung in den Waisenhäusern zugrunde oder kamen mit acht oder neun Jahren auf der Straße ums Leben, nachdem sie irgendeinem Boss geholfen hatten, Reichtümer zu scheffeln.

Meine Skizzen dieser Welt schickte ich unter dem Namen »Sol« an den *Forverts* und signierte sie mit einer Sonne. Alle vermuteten in dem Künstler einen Mann – denn welche Frau würde es wagen, sich selbst als Sonne darzustellen? Außerdem waren sie stets von Texten von »Sim« begleitet.

Nach einer Weile wurden meine Skizzen zum Tagesgespräch. Genau wie seine Texte. Manche Leute beschwerten sich, Sim und Sol seien Nestbeschmutzer, andere erklärten, wir stellten auf ehrliche Weise die dringende Notwendigkeit von Reformen dar.

Aber »Sol«, der Gettozeichner, führte ein anderes Leben als Sarah Solomon, die begehrte Porträtmalerin.

Levitsky haßte diese Ausflüge ins Getto, sah sich aber nicht in der Lage, sie zu verbieten, da Sim schließlich meine andere Karriere in Gang gebracht hatte.

Wenn ich als »Sol« zeichnete, fühlte ich mich durch und durch befreit. Es war die Freiheit von der Maske, die Tatsache, daß ich meinen Namen nicht unter diese Zeichnungen setzen mußte und daher die ganze Grausamkeit der Stadt abbilden konnte, wie ich sie sah: die Waisenkinder, die Sweatshop-Mädchen, die Zeitungsjungen, die tuberkulösen Streuner, die rumdurchtränkten Bettler, die Gangster mit ihren flachen, weichen Filzhüten, die Kinder, die auf dem Sägemehlboden der Bars schliefen.

Amerika war angeblich das Land, wo an Wochenenden *challah* serviert wurde, wo die Arbeiter, mit Säcken voll Gold beladen, von der Fabrik zur Bank gingen, wo Greenhorn-Mädchen Federhüte trugen wie Herzoginnen. Als ich diese

Skizzen zu zeichnen begann und einige davon zusammen mit dem Geld, das ich verdiente, nach Hause schickte, war meine Mama außer sich vor Empörung. Sie wollte nicht hören, daß Amerika nicht vollkommen sei, und warf mir Undankbarkeit gegenüber dem neuen Land vor. Ich schüttete Sim mein Herz über dieses Thema aus.

»Du nimmst ihr die Träume«, sagte er. »So etwas können die Menschen nicht verzeihen. Das weiß ich, weil du mir meine ebenfalls nimmst.«

»Aber Sim!« fuhr ich auf. »Willst du dein Leben lang ein Ausgestoßener sein? Heirate mich, und du verlierst die Welt.«

»Das würde ich von Herzen gern«, versicherte er mir. »Sonst würde ich allzu früh in meinen Sarg kriechen, und Lucretia würde mich über den Styx rudern.«

Levitsky mißbilligte zwar meine Ausflüge mit Sim, aber er duldete sie. Er war stets auf der Suche nach neuen Möglichkeiten, Geld zu verdienen, und muß wohl gedacht haben, daß Sim ihm weitere Türen öffnen würde. Ich wollte Levitsky bei Laune halten. Er war wichtig für meine Arbeit. Außerdem war er ein *landsman*. Wir hatten dieselbe Art zu sprechen, dieselbe Art zu denken, dieselbe Art, die Welt zu sehen.

Levitsky (wie ich ihn ausschließlich nannte) war ein großer Mann mit graumeliertem schwarzem Bart und großen dunklen Augen sowie diesen dicken, raupenähnlichen Brauen. Sein rundlicher Bauch ließ ihn älter aussehen, als er war, und er war mindestens zehn Jahre älter als ich. Sein größter Vorteil war die offene, selbstverständliche Art, wie er mit Fremden umging, sein Witz und seine gewandte Ausdrucksweise. Er war der geborene Verkäufer, der den Arglosen mit cleveren Worten einwickelte und ihn seines Sparwillens beraubte, bevor er wußte, wie ihm geschah.

»Jeder Dummkopf kann ein Bild malen«, pflegte er zu sagen, »um ein Bild zu *verkaufen*, muß man dagegen ein Genie sein.«

Ich glaubte ihm aufs Wort – und brauchte sehr lange, bis ich erkannte, daß es *mein* Anteil an unserer Partnerschaft war, den er verleumdete.

Eines Tages sollte ich mich mit Sim zu einem unserer Ausflüge unten in der Orchard Street treffen, aber er kam nicht. Ich wartete auf ihn, kaufte mir einen Penny-Kaffee bei einem Straßenverkäufer und spähte erwartungsvoll die Straße entlang. Sim aber kam immer noch nicht.

»Ich weiß, wo er ist«, sagte plötzlich ein Stimmchen.

Ich fuhr herum. Es war Tyke, der Straßenjunge, der mir gefolgt war und nun ein Trinkgeld, etwas zu essen, einen Botengang, eine Mutter, eine Freundin, irgend etwas erwartete.

»Folgen Sie mir«, sagte er.

Er führte mich die Orchard Street entlang, in jenen Tagen ein lärmender Markt wie in der alten Heimat, fast unpassierbar vor lauter Schubkarren, Pferdewagen, Jungen, die ganze Türme von Kleidungsstücken mit Preisschildern balancierten, tanzenden Straßen-*schpilern* mit fliegenden Zöpfen, die wie gebannt dem Leierkastenmann folgten, Marktfrauen, die Körbe und Fässer schleppten. Die Orchard kreuzte sich mit Straßen wie etwa der Hester und der Delancey Street, allesamt gesäumt von elenden Mietshäusern, deren Dächer und Feuerleitern an heißen Sommerabenden ebenso von Menschen wimmelten wie ihre überfüllten Wohnungen.

Tyke führte mich in eines dieser altersschwachen Mietshäuser an der Delancey Street. Die Stiegen waren finster und mit Unrat übersät, hungrige Katzen streunten durch die Korridore und rümpften ihre sauberen Katzennäschen über den fauligen Müll. Der Gestank war zum Übelwerden. Im obersten Stock waren einige Türen durch Vorhänge ersetzt worden.

Wir betraten ein verdunkeltes Zimmer, das mit Sitzkissen und Opiumpfeifen ausgestattet war, während abgezehrte Körper nach der Erleichterung gierten, die sie in den Drogen fanden. Wir gingen weiter, tiefer hinein in die Absteige, und als unsere Augen sich an die Dunkelheit gewöhnten, entdeckten wir eine Anzahl winziger Nischen, in denen jeweils ein wartendes Mädchen lag – oder ein Junge (wer konnte das unterscheiden?), der oder die sich wie eine Frau geschminkt hatte und Korsetts, Spitzen und hohe Knöpfstiefel trug.

Sim war damit beschäftigt, eine dieser Kreaturen zu streicheln.

Ich stand da und sah zu, wie Sim die Beine des Kindes teilte. Meine Blicke brannten ihm ein Loch in den Rücken.

Plötzlich wandte er sich um. Er wurde schneeweiß. Und begann krampfartig zu husten.

Ich zog sofort Geld aus der Tasche und gab es dem kleinen Mädchen (ich hatte entschieden, daß es ein Mädchen war). Dann hakte ich Sim unter und nahm ihn mit, in mein Atelier.

Levitsky war nicht da. Für Tyke (der uns nach Hause gefolgt war) holte ich ein paar Pennies heraus und bat ihn, die Haustür zu bewachen. Dann versperrte ich die Tür zu meinem Atelier und führte Sim in die türkische Ecke.

An diesem Punkt geschah es, daß ich in Sims Phantasie Eingang fand und all jene Dinge tat, von denen er träumte, wenn er bei Lucretia in der *Fontana di Luna* sitzen und Tee trinken mußte.

Woher ich seine Phantasien kannte, kann ich nicht sagen, aber sie schossen mir durch den Kopf, als wäre mir alles klar. Ich lockerte mein Korsett, spielte selbst mit meinen Brüsten, zwickte mich in die Brustspitzen, um sie seinen Lippen anschließend wie reife Beeren darzubieten. In einem Wust von Kleidern ließen wir uns auf die kratzige Wolle meiner teppichbedeckten Couch fallen. Während ich mir den Unterrock hoch über den Kopf geschlagen hatte, saugte er mich mit offener Hose langsam aus, als sei ich die einzige Nahrung, die er brauchte. Als das Pulsieren so heftig wurde, daß ich glaubte, schreien zu müssen, drang er in mich ein und preßte seine Härte tief in jenen Garten Eden, von dem ich nicht gewußt hatte, daß er in mir existierte. Ich begann aufzublühen. Jetzt wußte ich, warum ich nach Amerika gekommen war.

Von da an wurde Sim unser Untermieter. Seltsamerweise stellte Levitsky dies niemals in Frage. Nach außen hin wurden die beiden Männer die besten Freunde. Wann immer es ging, schürten Sim und ich das Feuer unserer besessenen Leidenschaft – doch vor Levitsky ließen wir uns nichts davon anmerken. Und dennoch wußte er Bescheid. Ich redete mir ein, es sei ihm ein Trost, als sei er selbst mein Liebhaber, aber da irrte ich mich. Gewiß, Sex ist das Reservat der Teufel und *dybbuks*, doch niemand kann die Gier, einen anderen Menschen zu besitzen, aus seinem Herzen entfernen.

Levitsky schien für Sim das Feld zu räumen und sich damit abzufinden, solange die Leute nur dachten, wir wären alle drei Liebende. Ich sagte mir, es sei, als nehme Sim ihm eine Last ab, als sei diese seltsame *ménage à trois* eine Erfüllung seiner eigenen Sexualität, als sei Sim irgendwie auch sein Liebhaber. In Wirklichkeit *brauchte* ich den Glauben daran, daß sich die beiden Männer in mich teilten und schließlich enge Freunde wurden. Da Emma Goldman mein großes Vorbild war – »Wenn ich nicht dazu tanzen kann, ist es nicht meine Revolution«, lautete ihr Credo – und da sie mit Sicherheit weit mehr Liebhaber hatte als ich, hatte ich das Gefühl, einfach nur ihrem Beispiel zu folgen.

»Eine wiederholte Sünde wirkt, als sei sie erlaubt«, hätte meine Mama gesagt. Aber ich schrieb ihr nichts davon, obwohl ich ihr weiterhin jede Woche Geld schickte.

»Man kann nicht mit einem Hintern auf zwei Pferden reiten«, hätte sie mich auch noch gewarnt oder auch: »Man kann nicht mit einem Hintern auf zwei Hochzeiten tanzen.« (Ihre Sprichwörter veränderten sich je nach dem Beweis, den sie damit führen wollte, oder aber die Erinnerung, die so wunderbar redigiert, hat sie umgeschrieben.)

Levitsky, Sim und ich lebten scheinbar wie drei Genossen, die alles miteinander teilten, bis aufs Bett. Wenn sich gelegentlich ein Konflikt ergab, diskutierten wir unsere revolutionären Prinzipien und widmeten uns der Aufgabe, die Eifersucht zu überwinden.

Gewiß, Levitsky war immer häufiger abwesend, aber Sim

und ich waren von unserer Leidenschaft so berauscht, daß wir das kaum noch wahrnahmen. Von dem Moment an, da wir erwachten, suchten wir nach einer Gelegenheit, in der wir Fleisch mit Fleisch verschmelzen konnten – als sei es nur diese Verschmelzung, die uns bewies, daß wir am Leben waren. Wenn unsere Körper sich aneinander schmiegten, waren wir für die Welt verloren, und es war genau wie im Märchenland, wenn man in eine verbotene Frucht beißt. Denn das war ein Teil der Faszination. Noch heute sehe ich, wenn ich die Augen schließe, seine pergamentbleiche Haut mit den blauen Adern neben meiner honigfarbenen Nacktheit liegen.

Sim wollte, daß wir mit unserer Liebe nach Europa flohen. Seine Familie würde ihn mit aller Gewalt zurückholen wollen, sobald sie von seinem Verrat erfuhr, das war ihm klar. Aber wie konnte ich nach Europa gehen und in meiner Liebe untertauchen, wenn ich doch geschworen hatte, meine Familie ins Goldene Land nachzuholen und sie im Lauf der nächsten paar Monate hier eintreffen sollte? Außerdem, wie konnte ich einen *goi* heiraten – sosehr ich ihn auch liebte? Wie ein Sklave hatte ich geschuftet, um sie alle herüberzuholen. Wie konnte ich jetzt meine Familie und mich selbst verraten? Das war das Dilemma, in dem wir gefangen waren. Wir zögerten – und waren verloren. Für Sim war Europa ein Ausweg, für mich hieß es Pogrome und Herzeleid.

In diesem Zustand schwebten wir dahin – beide weder willens, den anderen aufzugeben, noch in der Lage, sich von ihm zu trennen. Die Ekstase einer verbotenen Liebe erfüllt den Geist und den Verstand, verdrängt jede praktische Überlegung. Unsere Liebe war ein Ort, an dem alle Schranken fielen und alles sperrangelweit offenstand, ein Ort, an dem Milch und Honig flossen. Kein Wunder, daß sich die Menschen so sehr vor der Liebe und der Ekstase fürchten – man kann dafür die Welt verlieren. Aber die Liebe macht, daß man sich so lebendig fühlt, daß man keinen Moment innehält, um sich der eigenen Torheit bewußt zu werden. Man schwebt auf Wolken. Zum erstenmal scheint das eigene Leben Sinn zu haben. Die Liebe mag etwas Alltägliches sein, aber der Liebende ist kein gewöhnlicher Mensch. So oft es die Liebe zuvor schon gegeben haben mag, für den Liebenden ist sie neu.

Dies aber war eine problematische Liebe – eine Liebe, der Mama niemals zugestimmt hätte. Nicht nur war Sim ein *goi*, sondern er war auch einer anderen versprochen. Meine Mama nahm solche Dinge ernst. Der Bruch eines Versprechens war damals noch ein Verbrechen – in Europa ebenso wie in Amerika. Wie tief war ich gesunken, seit ich in Amerika war! Ich arbeitete am Sabbat. Ich schlief mit einem *goi*. Ich lebte wie eine Bigamistin mit zwei Männern. Meine Vorfahren hatten für mich in ihrem Grab *kaddisch* gebetet. Es war leicht, all dies im Namen Emma Goldmans zu rechtfertigen – aber im Dunkel der Nacht fühlte ich mich hundeelend. Ich war überzeugt, mich selbst zur Hölle verdammt zu haben.

Und da wir Menschen selbst es sind, die für uns die Hölle erschaffen, kam die Hölle in Gestalt von Lucretia.

Lucretia begann sich allmählich über Sims ständige Abwesenheit zu wundern. Sie ließ ihn von einem Privatdetektiv beschatten – Frauen wie Lucretia wissen stets, wo man Privatdetektive finden kann. Eines Tages kam sie, das Gesicht grell bemalt und in einem billigen roten Fetzen, weinend in mein Atelier gestürmt. Zum Glück waren Levitsky und Sim ausgegangen. Ich selber war damit beschäftigt, die Leinwand für mein nächstes Porträt vorzubereiten.

»Ich habe *versucht*, zu werden, was er will – aber nicht einmal das kann ich!« plärrte sie. »Keiner wollte mich! Schließlich hat mich ein alter Mann zu sich nach Hause mitgenommen, hat mir Geld in die Hand gedrückt und zu mir gesagt: ›Gib's auf, Mädchen – anschaffen ist nichts für dich.‹ Sogar der wollte mich nicht! Und Sim will mich auch nicht!«

Ich wußte, daß das stimmte, und mir war außerdem klar, daß sie mich beleidigte, indem sie andeutete, Sim Coppley wolle nichts als Sex von mir. Dennoch versuchte ich sie zu trösten.

»Weil Sie, Lucretia«, sagte ich, »stets unglücklich sein werden, wenn Sie für die Männer leben. Sie brauchen eine gute Sache, etwas, wodurch Sie Menschen halten können. Sehen Sie sich die Armut in New York doch an! Denken Sie an die hungernden Kinder! Sie könnten etwas Wichtigeres tun, statt als Straßenmädchen rumzulaufen!«

»Würde Sim mich dann lieben?«

»Sie würden sich selbst lieben lernen.«

Ich servierte ihr Tee und Plätzchen, sagte ihr, sie sei wunderschön in ihrem gräßlichen roten Kleid, und schließlich kehrte ihr bissiger Blick zurück. Lucretia besaß die Seele eines Oberkellners – er liegt einem zu Füßen, oder er geht einem an die Gurgel –, und als sie wieder sie selbst war, kehrte auch ihre Gemeinheit zurück. Ich gab ihr ein paar Kleidungsstücke von mir, die sie anziehen konnte, und sie ging wieder auf die Straße hinaus – nachdem ich ihr versprochen hatte, Sim nicht zu sagen, daß sie bei mir gewesen war. Warum ich dieses Versprechen gehalten habe, ist mir immer noch ein Rätsel.

»Nur ein ehrlicher Mensch macht sich Sorgen über ein Versprechen, das er einem *ganeff* gegeben hat«, pflegte Mama mir immer zu sagen.

Du wunderst dich vermutlich über meine Einfalt. Ich wundere mich selbst darüber. Aber selbst wenn Menschen grausam zu mir waren, habe ich immer versucht, freundlich zu ihnen zu sein, und ich habe es nie bedauert, mich von meinen Feinden niemals zum Schlechten verleiten zu lassen.

Ja, Lucretia tat mir sogar *leid*, da draußen auf den Straßen von Downtown. In jenen Tagen gab es einen Schlager mit dem Text: »Der Himmel helfe den Mädchen, die arbeiten!« Und einen Augenblick lang fühlte ich mich verpflichtet, Lucretia zu beschützen. Vergiß nicht, daß wir in einer Zeit lebten, in der Zigarrenläden zugleich Penny-Bordelle waren, in der Downtown New York berühmt war für seine Freudenhäuser und seine *panel houses* (wo sich Diebe hinter Schiebewänden versteckten, bis die Herren sich ganz ihrem Vergnügen widmeten), in der »Magnetische Wassermassage«, Freak Shows und Vaudeville noch immer das Volk unterhielten und in der das Frauenstimmrecht ein ferner Traum war. Zu jener Zeit lag die Macht einer Frau zum Teil darin, daß sie es verstand, den Männern um den Bart zu gehen, und ein wesentlicher Punkt dabei war es, ihrer Verwandtschaft um den Bart zu gehen. Ist es noch heute. Oder hat sich in weniger als hundert Jahren alles so drastisch verändert, daß du nicht weißt, was ich meine?

Ungefähr einen Monat später schlenderten Sim und ich über den Union Square, als uns der Weg von einer Demonstration versperrt wurde: Jüdische und italienische Bekleidungsarbeiterinnen marschierten für eine *Unione* und den Achtstundentag, und wer marschierte mittendrin mit einem Sandwich-Plakat in Jiddisch und Italienisch? Lucretia! Sie war wie eine Fabrikarbeiterin gekleidet und skandierte aus vollem Hals.

Mein erster Gedanke war, Sim so schnell wie möglich von hier zu entfernen. Aber ich war nicht schnell genug. Er sah sie, begann zu keuchen und zu husten, bis er einen richtigen, schweren Asthmaanfall bekam. Lucretia tat, als habe sie ihn nicht bemerkt. Dennoch merkte ich, daß sie ihn sah und erst einmal abwartete. Da wußte ich, daß sie ihn bekommen würde, und wenn sie ewig warten mußte.

Levitsky hatte mir einen erstklassigen Auftrag verschafft: Ich sollte einen der reichsten Industriebarone porträtieren, einen Mann namens Theophilus Johnson und seine Ehefrau Eliza. Es sollte ein Doppelporträt werden – in voller Größe. Selbst ihre kostbaren Vollblutpferde mit ihren Fohlen sollten im Hintergrund dargestellt werden, wie sie sich auf der Weide tummelten. Natürlich hatte ein Mann wie Mr. Johnson nicht viel Zeit für Trivialitäten wie das Posieren für ein Porträt – deswegen schickte er seine Frau mit Stoffmustern seiner Anzüge, mit seiner goldenen Uhrkette, einer Haarlocke und einem Ganzfoto von ihm und seinen Pferden zu mir. Sogar Skizzen von den Köpfen seiner Pferde schickte er mit. Sobald das Porträt nahezu fertig sei, werde er sich herablassen, für eine Stunde zu mir zu kommen, damit ich letzte Hand an sein Gesicht legen könne.

Die gesamte radikale Lower East Side diskutierte über diesen Auftrag. Es gab sogar einige, die davon flüsterten, Mrs. Johnson zu entführen, um Johnson – einen Erz- und Minenmagnaten – zu zwingen, auf die Forderungen der streikenden Arbeiter einzugehen.

Nach allem, was seine Frau bei den Sitzungen von ihm erzählte, wäre das keine gute Idee gewesen. Wenn man ihr glauben wollte, hätte Johnson keinen Penny Lösegeld für sie bezahlt! Seine Pferde waren allerdings etwas ganz anderes.

O ja, sie schüttete mir ihr ganzes Herz aus, wenn sie mir saß, und ihr Herz war kein besonders schöner Ort. Es war vergiftet von Vernachlässigung. Alles, was sie sich als junges Mädchen erträumt hatte, war ihr als Frau zunichte gemacht worden.

Also setzte ich die Glanzlichter auf ihre Perlen und den Schimmer auf ihre Robe und fügte ihren Ehemann nach einem Foto ein. Sein Gesicht ließ ich vorerst geisterhaft, wenn auch nicht ganz und gar leer.

Dann kam der große Tag, an dem Johnson, begleitet von seinen Leibwächtern, höchstpersönlich im Atelier erscheinen sollte.

Ich war ungeheuer aufgeregt – fast so, als ahnte ich, daß sich mein Leben verändern sollte.

Johnson erschien feierlich, gefahren von einem livrierten Chauffeur in einem luxuriösen Automobil, dessen Messinglampen allein einen Palast erleuchtet hätten. Seine Leibwächter waren ehemalige Cops – Iren, natürlich, wie sie es damals alle waren. Die Straße vor meinem Brownstone-Haus wimmelte von Menschen – einige nur neugierig, andere, um zu betteln –, doch alle wurden von Johnsons Gorillas rüde aus dem Weg geräumt. Levitsky und seine Genossen hielten sich unmittelbar hinter den Polizeisperren auf.

Sim Coppley stand aufmerksam am Bordstein und machte seinen Diener. Er dankte Mr. Johnson sogar dafür, daß er sich die Zeit nahm, mir zu sitzen.

Johnson war ein gewichtiger Mann mit Bauch, gewachstem Kaiser-Wilhelm-Schnauzbart und rotem Gesicht. Aufgebläht von der eigenen Bedeutung.

Als er mir saß, tat er das mit einer Ungeduld, die wohl andeuten sollte, daß er viel zu beschäftigt sei für solche weiblichen Torheiten. Er hustete, unterdrückte mehrmals ein Aufstoßen und ließ tödliche, stinkende, lautlose Furze abgehen. Er diktierte mir, als sei ich seine Sekretärin. Ich haßte den Mann aus vollem Herzen. Alle fünf Minuten kam er zu mir herüber, um nachzusehen, was ich gerade malte.

»Es ist noch zu früh«, wehrte ich ihn ab. »Warten Sie, dann ist es eine schöne Überraschung für Sie.«

Aber er konnte einfach nicht stillsitzen. Seine Knie zuckten, sein Kinn reckte sich, seine Kiefer zermahlten imaginäre Delikatessen. Mit einem Taschentuch schneuzte er sich die Kolbennase, fischte die Popel heraus und untersuchte sie vor meinen Augen. Die Reichen glauben, sie könnten auch in Anwesenheit ihrer Diener alles tun – und für einen Mann wie Johnson war eine Malerin auch nur eine Bedienstete. Ständig sah er auf seine Taschenuhr und redete von einem Termin, der weit wichtiger sei als dies.

Als er schließlich aufbrechen wollte, war ich so erleichtert, daß ich es nicht erwarten konnte, ihn loszuwerden.

Einer von seinen Leibwächtern half ihm in den Biberpelzmantel; ein anderer hielt seine schwarze Melone und den Seidenschal. Seine Frau schwatzte und entschuldigte sich, obwohl es nichts gab, wofür sie sich hätte entschuldigen müssen.

Wir beide begleiteten ihn zur Tür des Ateliers, bis an das türkische Vestibül. Dann schien sich plötzlich alles in Zeitlupe abzuspielen. Er wandte sich in Zeitlupe um und zog den Hut vor seinem Publikum, als sei er ein König, der seine Untertanen grüßt. Dann knallten die Schüsse, und die Menge begann zu brüllen. Als ich oben an die Treppe kam – an jenem Tag wirkte sie auf mich höher als die Stufen eines Aztekentempels –, sah ich einen großen, fetten Mann mit dem Gesicht nach unten auf meiner Vortreppe liegen, während dunkles Blut zähflüssig über die Stufen hinabtropfte. Sim tastete nach dem Puls des Toten. Die Leibwächter hatten zwei italienische Arbeiter gepackt und zeigten ihnen, daß sie die falsche Sorte Amerikaner waren. Levitsky hatte sich in Nichts aufgelöst.

»Für Matzen und Leichentücher ist immer Geld da«, hätte Mama gesagt. Oder: »Für den Tod hat man immer Zeit.« Wie hätte sich Mr. Johnson verhalten, wenn er gewußt hätte, daß seine letzte Tat zu Lebzeiten das Modellsitzen für mich gewesen war?

Nach langen Vernehmungen, Androhung von Deportation und erniedrigenden Durchsuchungen meines Studios wurde ich von jeder Schuld freigesprochen – doch erst nachdem die Presse meinen Ruf ruiniert hatte.

Sim traf es am schlimmsten. Weil er in der jiddischen Presse die Attacken gegen New Yorks Armut und Ungleichheit geritten hatte, wurde er als »Verräter an seiner Klasse«

angeprangert. Die Beweise gegen ihn waren allesamt Indizien, aber Lucretia schwor unter Eid, daß sie gehört habe, wie er den Mord in einem Anarchistencafé plante. Sim hatte ein einziges Mal den Fehler gemacht, ihr anzuvertrauen, er würde lieber sterben als das Leben eines Mitglieds der New Yorker Gesellschaft führen. Diese Erklärung – überall zitiert – war es, die sein Schicksal besiegelte. Sim wurde wegen Beihilfe zum Mord angeklagt.

Levitsky wurde nicht gefunden. Die beiden italienischen Gewerkschafter wurden einer eingehenden Behandlung durch die Polizei unterworfen, bis sie den Mord an Johnson gestanden. Proteste, Gedichte und Flugblätter der Anarchisten konnten nicht verhindern, daß sie zum Tode verurteilt wurden, weil sie das Verbrechen begangen hatten, Ausländer zu sein.

»Amerika ist reich und fett, weil es die Tragödien von Millionen Einwanderern verschlungen hat ...« Wer hat das gesagt? Michael Gold (der später aus dem Goldenen Buch der Dichter gestrichen wurde, weil er Kommunist geworden war). Mike Gold war als Irwin Granich in einem der billigen Mietshäuser auf der Lower East Side geboren worden – zu jener Zeit veränderten alle ihren Namen. Er verliebte sich in den Traum von der Arbeiterrevolution und gab die Literatur für das auf, was er als seine höhere Berufung bezeichnete. Doch was er in *Jews Without Money* geschrieben hatte, traf damals zu und trifft heute noch zu. Die Einwanderer haben sich verändert, doch die Tragödie der Einwanderer ist dieselbe geblieben. Amerikas Schmelztiegel ist ein Kessel voll heißer Tränen. Und selbst die echten Yankees ertrinken zuweilen in diesen Einwanderertränen.

Unnötig zu sagen, daß die Porträtaufträge versiegten. Als meine Mutter, Tanja, Bella und Leonid auf Ellis Island eintrafen (und aussahen wie Greenhorns), war ich gezwungen, mich an die Bilderfälscher zu verkaufen, und wurde Geister-Malerin. Meine Bosse gehörten zu jener Art von Bauernfängern, die sich in Palm Beach, Beverly Hills und an der Fifth Avenue luxuriöse Ateliers einrichteten und sich als Künstler gerierten, während sie die Fronarbeit an hungrige Einwanderer wie mich weiterreichten.

Ich haßte diese Bilderfälscher natürlich, weil sie so hohe Provisionen nahmen, aber ich muß gestehen, daß sie mir das Leben retteten. Zumeist arbeitete ich für einen gewissen Mr. Filet (französisiert ausgesprochen »Fi-leh«, obwohl er als »Feeley« in der irischen County Cork geboren war). Filet hatte einen Burschen namens Mr. Cooney zum Partner – der aus Killarny stammte. Filet und Cooney hatten eine einträgliche Masche laufen. Filet posierte als der Maler – wehender Malerkittel, Barett, zerstreute Miene eines *luftmenschn* –, während Cooney für ihn Manager, Agent, Faktotum und Künstlergattin war. Denn die beiden Herren waren Päderasten, um die kuriose Terminologie jener Zeit zu verwenden. Wir auf der East Side waren derber: *Fejgele* lautete die entsprechende Bezeichnung. Ich wußte davon, wußte aufgrund von Filets wippendem blonden Schnurrbart und der gezierten Art, wie er redete und ging, wußte aufgrund seiner Unterwürfigkeit und Cooneys Zimperlichkeit, daß sie miteinander aßen, miteinander schliefen und miteinander ins Bad gingen und daß die feinen Damen von Palm Beach sich vergebens in die Brust warfen. »So zauberhafte Manieren«, sagten sie von Monsieur Filet. »Soviel

Feingefühl und Takt«, sagten sie von seinem Partner. »Ein so großes Talent«, sagten sie, wenn ich die Porträts malte, die angeblich Filet malte, und Cooney einen Preis forderte, der zehnmal so hoch war wie das, was ich bekam. Dennoch war ich froh über die Aufträge.

Filet und Cooney waren in der gesamten guten Gesellschaft beliebt. Matronen stellten ihnen ihre heiratsfähigen Töchter vor, die sie natürlich niemals heirateten. In Palm Beach hatten sie sich eine mediterrane Villa am Strand gemietet, mit Topfpalmen und einer großen, livrierten Dienerschaft von Lakaien, Zimmermädchen, Wäscherinnen sowie hübschen jungen Stallmeistern und Reitknechten. Ich kam jeweils mit der Bahn im Dunkel der Nacht – Juden waren damals in Palm Beach nicht erwünscht –, wurde wie ein *ganeff* hinter einem Wandschirm versteckt und machte mich daran, das eigentliche Porträt zu malen, während Filet als der Künstler posierte. Er spielte seine Rolle so gut, daß er allmählich selbst daran glaubte. Er redete von den Bildern, als wären es tatsächlich die seinen.

»Alles, was ich über das Malen von Spitzen weiß, habe ich bei Van Dyck gelernt, meine Liebe. Meine leichte Hand beim Drapieren war ein Geschenk von Veronese«, erklärte Filet seinen Modellen. »Rembrandt van Rijn hat mir Lektionen über das Licht erteilt. Und der göttliche Tintoretto unterwies mich im Chiaroscuro. O ja, Cooney *ed io* sind gemeinsam in Italien gewesen – nur *noi due* –, damit ich bei den lieben toten Meistern lernen konnte ... Carpaccio, Raffaelo, Botticelli, Bronzino ...« Hier rollte er das R wie ein Italiener. »Immer wieder kopieren, kopieren, kopieren, bis ich all ihre wunderschönen Tricks gelernt hatte ... Auch meine eigenen Farben herzustellen, habe ich dort gelernt, Kobalt, Ocker, Titanium zum Grundieren der Leinwand, damit sie mindestens tausend Jahre hält; ich mußte untermalen und übermalen, übermalen und untermalen, bis die Farbe sich selbst in Fleisch verwandelt! Ah, diese Magie der Kunst!« So plapperte er weiter und tat dabei, als male er an dem Porträt – betupfte die Leinwand mit dem trockenen Pinsel, reinigte ihn mit theatralischer Geste und warf dann schnell ein Damasttuch über die Staffelei, bevor das Modell aufstehen konnte, um sich die Beine zu vertreten. Inzwischen spähte ich, versteckt hinter einem Wandteppich oder Wandschirm – mit Vögeln verziert, die Mr. Audubon mit Stolz erfüllt hätten –, durch ein mit Löchern versehenes Paar Adleraugen. Und während der gemalte Adler die gemalte Maus täuschte, täuschte Monsieur Filet sein Modell.

Ob diese Täuschung mir Spaß machte? Gewiß, genauso wie das Geld. Später machte mir meine Tochter Salome Vorwürfe, ich hätte »mein Licht unter den Scheffel« gestellt. Doch nach dem Wahnsinn der Gerichtsverhandlung hatte ich wenig Lust auf noch mehr traurige Berühmtheit. Ich wollte einfach genauso verschwinden wie Levitsky. Da *er* nicht mehr zurückzukehren schien, übernahm ich seinen Namen und gab ihn meiner Tochter, damit das schwache Herz meiner Mutter nicht darunter leiden mußte. Für sie war ich eine sitzengelassene Frau. Und was den Freund betraf, den ich allwöchentlich im Gefängnis besuchte – woher sollte Mama wissen, daß er mehr war als ein Kollege und Freund, der im Augenblick schwere Zeiten durchstehen mußte?

Leider fügte es sich zuweilen unglücklich, daß ich ihn zur selben Zeit wie Lucretia besuchte. Ich erinnere mich an einen Tag, an dem wir beide vor dem Gefängnis darauf warteten, daß die Besuchszeit begann. Frech und unverfroren kam Lucretia auf mich zu und erklärte: »Diese Runde werde ich gewinnen.«

»Ich wußte nicht, daß Sie ein Boxer sind, Lucretia«, gab ich zurück.

»Ein Sieger«, zischte Lucretia durch ihre spitzen Zähne.

Wenn Sim zu seiner Feindin überläuft, dachte ich, ist er schwächer, als ich geahnt habe. Ich hatte nicht mit ihrer Zähigkeit und mit Sims Mangel daran gerechnet. Schwache Männer finden stets starke Frauen und umgekehrt. Aber wie konnte Sim überhaupt etwas anderes tun, als seine Verräterin zu verachten? Fühlte er sich wegen seiner Affäre mit mir so abgrundtief schuldig? Der Gedanke, Lucretia könne ihn davon überzeugen, daß ich die Verräterin sei und sie seine Retterin, kam mir keine Sekunde. Aber ich greife vor.

Habe ich vergessen zu erwähnen, daß ich zu der Zeit, als Mama, Leonid, Tanja und Bella auf Ellis Island eintrafen, schon wußte, daß ich schwanger war? Diesmal war mir das ein Trost, denn ich fühlte mich so allein auf der Welt. Ich werde niemals vergessen, wie ich meine Mama, die aussah wie eine alte Frau, von Bord des Schiffs kommen sah. Auf ihrem Mantel trug sie die Reste des Buchstabens H. Wir konnten von Glück sagen, daß man sie trotz ihres schwachen Herzens ins Goldene Land einließ! Mit ihren europäischen Schuhen, dem handgestrickten Schal und den primitiven falschen Zähnen glich sie einem Menschen, den ich sonst kaum gekannt hätte. Aber dann nahm ich sie in die Arme und roch den Duft, der mir sagte, daß ich wieder zu Hause war.

Ich verwandelte mich in ein Arbeitstier. Malen unter falschem Namen wirkt befreiend, weil das Element des eigenen Urteils fehlt, der Wachtposten am Tor, der jegliche Ungezügeltheit, jegliche Brillanz verbietet. Zeitweise malte ich zwei bis drei Porträts pro Woche. Oftmals reiste ich mit den Bilderfälschern, posierte tagsüber als ihre Sekretärin oder Assistentin, um die ganze Nacht hindurch bei elektrischem Licht zu malen, während sie auf die üppigen Parties gingen und dort Aufträge hereinholten.

Als Salome sieben war, kehrte Levitsky zu uns zurück wie ein falscher Fuffziger! Er wußte die Situation sehr schnell auszunutzen, indem er Mama erklärte, wir würden uns noch einmal in der Synagoge trauen lassen, weil wir zunächst nur auf dem Standesamt geheiratet hätten. Er machte aus meiner Salome eine eheliche Tochter.

Ich tauchte in Ehe, Mutterschaft und Arbeit unter. Die Arbeit war meine Droge, mein Schmerzkiller, mein Aphrodisiakum. Mittlerweile verschwendete Levitsky mein Geld, indem er Downtown eine Reihe von Galerien eröffnete, die alle pleite gingen. Ich verankerte mich in den trostspendenden Gewißheiten, die ich aus dem Aufziehen von Leinwänden, dem Farbenmischen und der Genugtuung zog, die es mir tagtäglich bereitete, wenn ich dem Wunder zusah, wie auf der zweidimensionalen Fläche der Leinwand dreidimensionales Leben entstand.

Salome wurde mein Ausgleich für alles, was ich verloren

hatte. Ich umsorgte sie viel zu sehr. Unser Verhältnis war so innig, daß sie einfach davonlaufen *mußte*. Es gibt ein altes Sprichwort, das eine einzige Tochter mit einer Nadel im Herzen vergleicht. Ich kann die Richtigkeit dieses Sprichworts bezeugen.

4 SALOMES GESCHICHTE
Vom Goldenen Land in die Stadt des
Lichts und zurück

1929 und später

> *Wir alle werden nicht auf einmal geboren, sondern*
> *peu à peu – zuerst der Körper, später der Geist.*
> MARY ANTIN

[NOTIZBUCH]

21. Mai 1929
Im Dôme, Paris
Meine Mutter nannte mich Salome nach einem Roman, den eine ihrer Freundinnen von der Lower East Side geschrieben hatte, obwohl wir zu der Zeit, da meine Erinnerung einsetzt, längst schon an den Riverside Drive umgezogen waren: zusammen mit meiner alten Nana, die nie richtig Englisch sprechen lernte, und meiner alten, verhuschten Cousine Bella aus der alten Heimat.

Sie waren schockiert, als ich mit fünfzehn ein *flapper* wurde – ein junges Mädchen der zwanziger Jahre, mit Bubikopf und Hängerkleid, das nichts anbrennen läßt –, mich mit Mädchen herumtrieb, die *speeds* genannt wurden – von der schnellen Truppe –, die die Flüsterkneipen von Greenwich Village frequentierten, die Chop-Suey-Tanzschuppen von Chinatown und während seiner Hoch-Zeit als sogenannter Sepia-Sündenpfuhl all die verschiedenen schwarz-braunen Kneipen von Harlem. Aber mein Onkel, der verstand mich und immer, wenn ich Krach mit Mama hatte, fand ich bei ihm und Tante Sylvia Unterschlupf. Sie hatten keine Kinder und waren glücklich, mich als Ersatztochter lieben zu dürfen. Die beiden waren inzwischen mit einem Wäscheservice reich geworden, fuhren einen ewig langen Packard mit livriertem Chauffeur und gaben Penthouse-Parties, die bis zum nächsten Morgen dauerten – Parties, auf denen man eben so oft Starlets, Jazzbabies und Whoopee-Mamas sah wie die üblichen politischen Bosse, Gangster, Verleger und hungernden Poeten. Onkel Lee behauptete, Parties seien gut fürs Geschäft. Mama und Papa gingen jedoch niemals hin.

Onkel Lee verbrachte seine Tage in der Wäscherei an der Tenth Avenue. Wie ein Zen-Mönch zu Boden starrend, wanderte er in seinem Betrieb auf und ab und sammelte kleine Fäden auf, die sich sonst zusammengeballt, in die Räder der Wäschekarren verwickelt und diese so bewegungsunfähig gemacht hätten. Dabei stieß er ständig auf russisch leise Flüche über die Hirnlosigkeit »des Personals« aus.

Mama stand Tag für Tag in ihrem Atelier an der Ecke Seventy-second Street/Riverside Drive, dem Atelier mit dem perfekten Nordlicht. Sie trug eine kleine Brille mit halbmondförmigen Gläsern, und ihre Hand ruhte auf dem Malerstock, während Papa kam und ging und sie mit neuen Aufträgen versorgte – mehr Bildern von diesen langweilig wirkenden Kapitalisten mit Mittelscheitel, Stehkragen und Brillantkrawattennadel –, mit neuen Stoffmustern aus Tweed oder Seide und mit neuen Bankschecks. Mama hatte Erfolg, aber es wurmte mich, daß sie, wenn sie das Bild in schöner, scharlachroter Schrift signierte, niemals ihren eigenen Namen benutzte.

Manchmal signierte sie mit diesem Namen, manchmal mit jenem. Auch unseren Familiennamen – Levitsky – verwendete sie nicht. Und Papa hatte schon lange aufgehört zu malen. Er verbrachte seine gesamte Zeit damit, Aufträge für Mama einzuholen und sich Pläne für Galerien auszudenken, die er einrichten wollte. Sein größter Traum war es, eine Downtown-Galerie zu eröffnen, in der er die modernsten Avantgardebilder verkaufen wollte, aber Mama hielt das für Geldverschwendung, und Mama hatte die Hosen an. Papa tat mir leid, und ich schwor mir, wenn ich selbst berühmt werden sollte, ihm alles zu geben, was Mama ihm verweigerte.

Das habe ich Mama auch gesagt.

»Du bist ein kleiner *pischer* und verstehst überhaupt nichts«, sagte sie.

»Und du hast deine Träume aufgegeben«, schrie ich sie an. »Ich will nicht so werden wie du!«

»Ich wollte auch nicht so werden wie meine Mutter«, sagte sie. »Und nun sieh mich an!«

Es stimmte, Nana und sie wurden sich immer ähnlicher, verbrachten immer mehr Zeit miteinander, sprachen Russisch, damit ich sie nicht verstehen konnte, und schienen sich gegen mich zu verschwören.

Doch Onkel Lee gab mir, als ich achtzehn war, das Geld, das nötig war, um nach Paris zu reisen. Und schickte mir auch ein großzügiges Taschengeld. Mama war wütend, ich aber machte mich auf den Weg in die Stadt der Lichter, ohne sie um Erlaubnis zu fragen!

Im Mai 1929 fuhr ich mit der *Bremen* los – ein deutsches Schiff, bekannt für seine Ströme von Gin (echtem, nicht selbstgebranntem aus der Badewanne), gutaussehenden Stewards und endlosen Nächten. Mit meinen kürzer als kurzen, perlenbestickten Hängerkleidchen und koketten Spangenschuhen hatte ich stets jede Menge Verehrer.

Am allerersten Abend war ich (wie gewöhnlich) beschwipst und legte im Cabaret der zweiten Klasse mit einem deutschen Studenten, der Monokel und Frack trug, einen wilden Charleston aufs Parkett. Sein Name war Emil von irgendwas. (In meinem Roman werde ich ihn Erich nennen – mit einem h.) Im Gesicht trug er Schmisse, die er in Heidelberg erworben hatte.

Wir waren wahnsinnig ausgelassen, und die ganze *boîte* an Bord sah uns zu.

Plötzlich hielt Emil inne, musterte die Zuschauer und sagte zu mir: »Ich rieche *Juden*.«

Ich war entgeistert. Fühlte mich wie vor den Kopf geschlagen. Einen Augenblick lang wußte ich nicht, was ich sagen sollte.

»Aber Emil«, sagte ich schließlich, »*wußten* Sie denn nicht, daß ich Jüdin bin?«

Jetzt war es an ihm, entgeistert zu sein.

»Sie können doch unmöglich so 'ne jüdische Kakerlake sein«, sagte er mit einer Mischung von Lüsternheit und Abscheu. Dennoch machte er auf dem Absatz kehrt und stelzte davon. Für den Rest der Überfahrt ignorierte er mich. O ja, Thomas Wolfe hat recht mit seinem Ausspruch, Atlantiküberquerungen seien angefüllt mit »dem Leben, dem Haß, der Liebe, der Bitterkeit einer Sechstagewelt«.

Das war meine erste Kostprobe der Bösartigkeit, die sich in Deutschland zu verbreiten begann – und meine erste Ahnung dessen, was es bedeutete, außerhalb von Gotham Jude zu sein. In New York ist es nichts Außergewöhnliches, Jude zu sein. Überall sonst ist es ein Grund zur Scham. Oder zu übertriebenem Stolz.

[Dies scheint Salomes erste Tagebucheintragung auf ihrer berühmten ersten Reise nach Europa im Jahre 1929 zu sein. Damals war sie, obwohl sie behauptet, achtzehn zu sein, noch nicht ganz siebzehneinhalb! Ihre Story wird in Briefen und Tagebüchern erzählt, die ich – wie die mündlich erzählte und auf Band aufgenommene Geschichte ihrer Mutter – chronologisch geordnet habe, damit der Leser ihr folgen kann. (Hrsg.)]

Juni 1929
Liebe Theda,
 endlich bin ich in Paris! Ich habe mir eine Wohnung genommen, das heißt, eigentlich ein Zimmer mit einem Bidet. (Weißt du, was das ist, ein Bidet? Tip: Es ist kein Waschbekken für Socken!) Das Zimmer liegt im obersten Stock – sieben Treppen hoch – einer Bruchbude in der Rue de la Harpe. Paris ist einmalig, es ist verrückt und noch viel mehr. Und wie! Du solltest wirklich rüberkommen.
 Diese Stadt schläft wahrhaftig nie. Die Cafés werden um vier Uhr morgens ausgefegt und machen um sechs schon wieder auf. Ich sitze jeden Abend im Dôme – wo die Künstler sind – und notiere mir meine Ideen für den großen amerikanischen Roman. Keine Angst, Dich werde ich in dem Buch natürlich tarnen. Um die Schuldigen zu schützen. (Glaubst Du übrigens, daß wir beide wegen unserer *Namen* so gute Freundinnen sind? Ich schon.)
 Ich frequentiere die Cafés im wahrsten Sinne des Wortes:

das Rotonde, das Sélect, ich sehe sie alle: die Künstler, natürlich, die Queens in Frauenkleidern und die Malermodelle wie Kiki de Montparnasse, die echten *absinthe* trinken (den mit den Würmern drin).

Die ersten, denen man auffällt, sind natürlich, genau wie im Village, die Lesbierinnen. Sie schreiben alle Kryptogramme und signieren sie mit ihren Initialen. Sie sind oft sehr schön, aber viele von ihnen siechen dahin von zuviel *absinthe*, ganz zu schweigen vom Opium. Die Lesbierinnen tragen überaus elegante Kleider, manche von ihnen kleiden sich wie Dandies. Manche ziehen lieber Männerkleider an, andere sind so außerordentlich feminin, daß man kaum sagen kann, was sie sind. Bleiche Gesichter, hochgewölbte Brauen, marcel-gewellter Bubikopf, hauchdünne Kleider, ganze Gallonen von Arpège. Ich habe auch ein paar Kryptogramme geschrieben.

Hier in Paris bin ich weit kryptischer, als ich es je in New York war. Wirst Du rüberkommen? Wenn ja, wirst Du's bestimmt niemals bedauern!

In Liebe, Liebe, Liebe
Salome

[NOTIZBUCH]

Juni 1929
Ich habe beschlossen, mit Onkel Lees Geld eine Zeitschrift zu gründen – jeder gründet hier eine Zeitschrift –, die ich *Innuendo* nennen will. Zugang zur Druckerpresse verleiht Macht. Und Sex. (Wenigstens hoffe ich das.)

Aufgrund meiner Zeitschrift werden Dichter aller Rassen und Geschlechter zu mir geströmt kommen. Schon jetzt bin ich am Linken Ufer und in Montparnasse nicht mehr ganz unbekannt. (Das ist zu bescheiden: Man sieht in mir eine *Persönlichkeit*, wenn auch noch nicht ganz eine *Legende*.) Das häufigste Verständigungsmedium ist der Sex: Schokoladenboys, die Trompete, Piano und Klitoris spielen; Vanilleboys, die behaupten, kriegsversehrt zu sein. Ich werde sie alle ausprobieren! Wenn schon nicht Qualität, dann wenigstens Quantität! Außerdem kaufe ich Bilder für ein *Butterbrot*: Pascin, beide Delaunays, Picasso, Man Ray, Tanguy, Braque. (Als Altersversorgung, falls ich je alt werden sollte – ha!)

1. Juli 1929
Liebe Theda,

was meinst Du, werden Deine Eltern erlauben, daß Du rüberkommst?

Frag sie gar nicht erst. Man kann sich nicht ewig an die Eltern klammern. Wenn sie ihren Willen durchsetzen, wirst Du Artie Lefkowitz ehelichen und jeden Freitagabend gehackte Hühnerleber und Hühnersuppe kochen. Großer Gott, in *Brooklyn* wirst Du landen! Und wozu ist dann all das gut, was wir einander gelehrt haben? Bleib fest! Alle großen Frauen pfeifen auf die Konventionen. Denk doch nur an Edna St. Vincent Millay! Würde *die* auf ihre Eltern hören? Courage!

In Liebe, Salome

2. August 1929
Liebe Theda,

natürlich wünsche ich Dir alles Gute. Natürlich kannst du noch immer eine freie Frau und ein *flapper* sein, auch wenn Du verheiratet bist. Natürlich werde ich nie aufhören, Deine beste Freundin zu sein. Natürlich weiß ich, daß Du dies nicht für Deine Eltern tust. Der einzige Grund, warum ich nicht zu Deiner Hochzeit komme, ist *Innuendo*. Liebe ist Liebe, aber ich habe eine große Verantwortung und Termine. So ist es, wenn man Zeitschriftenherausgeberin ist.

In Liebe, Salome

5. September 1929
Liebe Theda,

das Leben hier wird immer verrückter. Gestern abend ging ich auf einen Ball, wo die meisten Damen mindestens eine nackte Brust präsentierten und golden oder silbern angemalt waren. Davor gab es eine Kunstausstellung ohne jegliche Beleuchtung – sehr Dada; um die Bilder zu betrachten, bekamen wir Taschenlampen und Laternen. Ich lerne hier mehr, als ich je in der Schule gelernt habe. Und ich habe *alle Welt* kennengelernt. *Das* Gesprächsthema des literarischen Paris ist ein Buch, das in Florenz privat von einem Mann namens Lawrence herausgegeben wurde, mit allen Einzelheiten über eine Liebesaffäre zwischen einer Lady und ihrem Wildhüter. Er flicht ihr Veilchen ins Schamhaar! Und macht noch andere Dinge, die zu unmöglich sind, um sie hier zu erwähnen. Ich werde versuchen, ein Exemplar für Dich als Hochzeitsgeschenk aufzutreiben. Ganz heiße Sachen!

Liebe, Salome

12. *September 1929*
Liebe Theda,
   stop. Du hättest mir nicht kabeln müssen. Stop. Ich werde das Buch selbst behalten. Stop. Will Deinen alten Herrn ja nicht schockieren. Stop. Laß die Aspidistren fliegen! Stop.
Salome

[Notizbuch]

3. *April 1931*
Ich bin zutiefst zerknirscht, weil ich so lange nicht in dieses Notizbuch geschrieben habe, doch nach dem Börsenkrach hat sich alles geändert. Viele Amerikaner haben ihre Sachen gepackt und sind nach Hause zurückgekehrt, und jene, die blieben, sind von einem ganz anderen Schlag. Die Überweisungs-Kids sind heimgekehrt, meine ich – bis auf mich (denn der Wäscheservice ist ein krisensicheres Geschäft), und dafür ist das Lumpengesindel gekommen. Vor allem ein Lumpenkerl, ein gewisser H. Valentine Miller aus Brooklyn und Yorkville und Greenwich Village. Ich beschloß, zu bleiben.

[Notizbuch]

12. *Juni 1931*
Sex gibt es in den Dreißigern – genau wie in den Zwanzigern – jede Menge, wenn auch nicht immer zuverlässig: eine ungeheure Menge fällt wegen des *absinthe* aus. Als der Pernod aufkam (ein künstlicher Absinth, über den sich die Altgewöhnten ständig beschweren), war das, wie ich hörte, nur ein Vorwand, *noch* mehr zu trinken. Und dann gibt es da noch die *Fins à l'eau*, jedermann trinkt und trinkt und trinkt.

Sex und Drink machen keinen guten Sex, wie Zelda Fitzgerald allen Leuten ständig vorhielt. Auch die Fitzgeralds sind nach Hause zurückgekehrt, nachdem sie den Murphys nach Südfrankreich gefolgt waren. Ich habe all diese bunten Vögel kennengelernt, weil *Innuendo* mir überall Zutritt verschaffte.

Der aufregendste Mensch aber, den ich kennengelernt habe, ist ein kahlköpfiger Schriftsteller auf einem Fahrrad, er nennt es sein *Rennrad*, der ständig irgendwas zu essen oder einen Platz zum Nächtigen braucht. Er kommt aus Brooklyn, ist versessen auf Astrologie, Philosophie und Sex, in umgekehrter Reihenfolge, und ist eindeutig jene Sorte von Vagabund, der in das Leben einer Frau eindringt und es vollkommen auf den Kopf stellt.

[UNDATIERT]

Liebe Theda,

da saß ich eines Tages im Dôme und schrieb (denn obwohl ich schon seit zwei Jahren hier bin, habe ich doch erst Bruchstücke meines Romans fertig). Zuviel literarisches Leben hier, um tatsächlich *schreiben* zu können. (Kein Wunder, daß Flaubert gesagt hat: Lebe *wie ein Bourgeois*. Oder so ähnlich.)

Jedenfalls, wer sitzt da an einem anderen Tisch? Ein sehniger Kerl mit asiatisch wirkenden Augen, einer Mütze auf dem Kopf und breitem, spöttischem Mund. Als ich in den Hintergrund des Cafés gehe, um das WC aufzusuchen, spähe ich kurz über seine Schulter. *Das Land des Fickens* lese ich in seiner schrägen, rhythmischen Handschrift. Auf einmal dreht er sich zu mir um, sieht mir in die Augen und fragt:

»Willst du dahin?«

Und zwar mit einem dicken Brooklyn-Akzent.

»Jede Fotze muß immer wieder da hingehn. Weißt du das nicht?«

Ich lache und gehe weiter, zum WC. Aber der Satz fasziniert mich. So sehr, daß ich, wie Lady Chatterley, da unten, Du weißt schon wo, ein Pochen verspüre! »Das Land des Fickens« ist genau das, was ich in Paris gesucht und – wie Du ja wohl besser weißt als jede andere – niemals gefunden habe. Es ist nicht so leicht zu erreichen, wie die Avantgardeliteratur es uns vormacht! Nicht wirklich.

Während ich über der stinkenden Schüssel hocke, flankiert von zwei riesigen, geriffelten Fußabdrücken (Du solltest diese Toiletten sehen!), stelle ich mir »Das Land des Fickens« vor: ein wildes Land, einen dampfenden Dschungel von Gerüchen und Geschmäcken, alles, was selbst für die *Flaming Youth*, die Flammende Jugend, verboten ist, der eigentlich nichts verboten ist.

Ich kehre an meinen Tisch zurück. Der asiatische Brooklyner grinst mich an.

»Und wo genau liegt dieses Land des Fickens?« frage ich ihn.

»Wo sich die Seine mit dem Alph vereint, dem heiligen Fluß des Kublai Khan, der dich zu dem eleganten Vergnügungspalast hinter dem sonnenlosen Meer trägt. Es wird vom Fluß der Träume durchschnitten, bewacht von Morpheus und Kali. In ihm fließen Menstruationsblut und Sperma, der Urschlamm der Schöpfung. Ich bin berauscht von seinen Dämpfen, als wären es die Dämpfe des Mohns.«

Ich setze mich zu ihm an den Tisch.

»Erzähl mir mehr«, verlange ich.

»Literatur«, sagt er, »ist *passé*. Was jetzt gewünscht wird, ist eine verlängerte Beleidigung, ein Batzen Rotz mitten ins Gesicht der Kunst, ein Tritt ins Hinterteil Gottes, des Menschen, des Schicksals, der Zeit, der Liebe, der Schönheit...«

Ich bin gebannt. Genau das ist es, was auch ich wollte!

»Es gibt keine Hoffnung mehr für die Zivilisation«, sagt der Kahlköpfige mit den Schlitzaugen, »genausowenig wie für die Literatur. Was wir brauchen, ist das, was offen auf der Straße liegt, und nicht etwas aus zweiter Hand. Das *Leben*, nicht die Literatur.«

Außerdem brauche er eine Bleibe, sagt er, also nehme ich ihn mit. Wie er mir erzählt, hat er bisher überleben können, indem er Listen seiner Bekannten aufgestellt hat und abwechselnd bei ihnen zum Dinner auftaucht, um für ein Essen zu singen – etwas, das er wirklich gut kann.

Außerdem versteht er sich auch noch auf etwas anderes gut, das er mit einer gewissen Hingabe – und sagen wir, *Sinnenlust* – tut, so daß Du das Gefühl hast, Deinem Leib werde eine Art goldener Regen zuteil – dabei ist es zugleich der absolut *unschuldigste* Akt, den Du jemals erlebt hast. Und das ist eine weitere Eigenschaft im »Land des Fickens« – die Unschuld. Wer hätte das gedacht! Ach, Du Kind.

(später mehr)

Jetzt ist später. Ich bin wieder in meiner Wohnung bei Val, der wie ein Toter schläft. Versteh mich nicht falsch. Er ist kein Vergewaltiger – alles geht rücksichtsvoll, stets nur auf Wunsch vor sich. Auch ist er nicht ständig so betrunken, wie Scott und Zelda es immer waren (Dipsomanie scheint eine Vorbedingung für das literarische Leben zu sein). Plötzlich aber erzählt er mir, daß seine *Frau* eingetroffen ist – sie heißt June und ist ziemlich verrückt –, aber die verrückten Mädchen verstehen es immer, Schriftsteller zu becircen. (Das, wenn schon nichts anderes, habe ich bei Scott gelernt.) Dann stellt sich heraus, daß er sich *außerdem* mit einer Frau eingelassen hat, die sich Anaïs nennt und *ihrerseits* mit einem Bankier verheiratet ist. Sie müssen diskret sein. Langer Rede kurzer Sinn: Sie wollen meine Wohnung benutzen! Sie verlangen sogar, daß ich eine Etage tiefer Wache stehe und als eine Art Warnsignal an die Installationsrohre klopfe, sobald *ihr* Mann oder *seine* Frau auftaucht, um sie in flagranti zu erwischen.

Warum ich das alles auf mich nehme? Henry sagt, es werde mir bei meinem Roman helfen. Für die *Kunst* ... die letzte Zuflucht eines Lumpen. Den Titel für meinen Roman habe ich schon: *Ein unartiges Mädchen in Paris*. Er wird viel zu schockierend sein, um ihn in Amerika zu veröffentlichen, das ist mir klar. Um so besser! Dann werde ich ihn in Paris drucken lassen und nach New York hineinschmuggeln! Auf diese Art werden die Leute sich um so mehr um ihn reißen!

In Liebe, Liebe, Liebe
Salome

Liebe Theda,

was soll das heißen, Artie – oder, wie er es ausspricht, Ahhtie – hat den Brief gefunden und Dir verboten, mir zu schreiben? Was soll das heißen, er hat meinen Brief verbrannt? Wie gut, daß ich davon Durchschläge habe!

Was nützt uns das Frauenwahlrecht, wenn Artie Deine/meine Briefe einfach verbrennen darf? Bitte, schick mir all meine früheren Episteln zurück. Es ist eines, einem Mann Deinen Körper zu schenken – aber Deinen *Geist?* S.

[Um die nicht datierten Eintragungen einzuordnen, habe ich meine persönliche Kenntnis von Salomes Leben aus anderen Quellen eingesetzt. (Hrsg.)]

[NOTIZBUCH/UNDATIERTER EINTRAG]
Es ist etwas Unglaubliches geschehen: Ich habe Mrs. Edith Wharton in ihrer eleganten Villa, dem Pavillon Colombe in Brice-Sous-Forêt nördlich von Paris, besuchen dürfen. Ich wollte Val mitbringen, meinen Dreckspatzen und Vagabunden, da aber Scott Fitzgerald – der mir das Einführungsschreiben gab, bevor er Paris verließ – mich vorgewarnt hatte, daß Mrs. Wharton ein wenig steif sei, tat ich es lieber nicht. (Einige Jahre zuvor war Scott zum Tee eingeladen worden, da er und Mrs. Wharton vom selben Verleger veröffentlicht wurden. Anscheinend machte sich Scott bei der regierenden Matrone der Amerikanischen Literatur unbeliebt, indem er ihr eine lange, sehr wenig komische Geschichte von einem amerikanischen Pärchen erzählte, das in Paris in einem Bordell abstieg, weil es das Haus für ein Hotel hielt.)

»Nicht gegen die Anstößigkeit habe ich protestiert, sondern nur gegen den Mangel an Humor«, erläuterte Mrs. Wharton. »Unanständigkeit, ungewürzt von geistreichem Witz, ist unverzeihlich.« Nicht gerade eine Bemerkung, wie man sie von ihr erwartet hätte, aber schließlich gehört sie nicht zu der Sorte *Frauen*, die man erwartet. Ich kam in der Erwartung, viktorianische Reserve und eisige Schicklichkeit zu finden – doch was ich statt dessen hinter den Perlen, dem silbernen Teeservice, den ledergebundenen Büchern, dem altmodischen Französisch, den mit Bienenwachs polierten Möbeln fand, war eine zurückhaltende, aber kluge und überaus amüsante ältere Dame. Wie sie mir sagte, wollte sie mich kennenlernen, weil sie mal »einen richtigen *flapper*« kennenlernen wollte. Wenn ich nur einer wäre! Ich hatte das Gefühl, daß sie mich studierte, mich mit ihren Blicken einsog, wie eine stockstille Eidechse mit ihrer Zunge Fliegen einsaugt.

Und nun etwas besonders Erstaunliches: Als ich im Pavillon Colombe umherwanderte, entdeckte ich plötzlich das Porträt eines jungen Mannes mit sandblonden Haaren und graublauen Augen vor einem Hintergrund von purpurnen Hügeln, kupfernen Stränden und roten Ahornbäumen, das die Signatur meiner Mutter trug – ihre richtige Signatur, bevor sie seltsamerweise darauf verzichtete: »S. S. Salomon«.

Aus irgendeinem Grund wagte ich die verehrte Mrs. Wharton nicht nach dem Porträt zu fragen. Sie schenkte Tee ein und erzählte mir auf höchst amüsante Art und Weise, wie Scott sich zum Narren gemacht hatte – kreidete es mir aber nicht an.

»Autoren«, sagte sie weise, »lassen niemals das Beste an ihrem Charakter erkennen, es sei denn, in ihren Büchern.«

Wenn schon nichts anderes – *das* hatte ich wirklich in Paris gelernt! Inzwischen platzte Teddy Chanler, der mir das Haus und Grundstück zeigte, heraus: »Der Mann da auf dem Porträt sieht Ihnen ähnlich!«

»Nicht nur das«, gab ich zurück, »das Bild trägt auch die Signatur meiner Mutter.«

»Wer in aller Welt kann das sein?« fragte Chanler.
»Ich habe nicht die geringste Ahnung«, sagte ich.
»Ich werd's rausfinden«, sagte Teddy.
Er trabt davon, zu Mrs. Wharton, einer alten Freundin seiner Mutter, und flüstert ihr etwas ins Ohr.
Also *das* ist vielleicht ein Augenblick! Wie der Moment, da ein Automobil in einen Abgrund stürzt, nachdem man selbst auf wunderbare Weise davongekommen ist. Mein ganzes Sein hängt von diesem Augenblick ab, und das weiß ich.
Teddy Chanler kommt über den gebohnerten Parkettboden zu mir herübergeschlendert.
»Ein Verwandter«, berichtete er. »Mrs. Wharton wird's Ihnen erklären.« Mrs. Wharton, deren Bücher ich unglücklicherweise erst lese, *nachdem* ich sie kennengelernt habe, versetzte sich in Erinnerungen und sagte sinnend:
»Sim Coppley ist ein Cousin von uns, der uns auch durch die Ehe verbunden ist. Er lebt in der Nähe meines früheren Hauses, The Mount, in den Berkshires, in einer Ortschaft namens Lenox. Sein Leben verlief tragisch. Wegen der Liebe zu einer ausländischen Frau wurde er ins Gefängnis gesteckt; er ist in Gesellschaft von Anarchisten und Bolschewiken geraten, hat alles verloren und ist jetzt mit meiner Cousine Lucretia verheiratet, dieser Gorgo. Warum fragen Sie?«
»Wie kommt das Porträt hierher zu Ihnen?«
»Mit einer Ladung Möbel, die mir meine Familie in Lenox geschickt hat. Ich fand es hübsch, dekorativ. Ich habe mich immer für die Einrichtung von Häusern interessiert. Es war zusammengerollt, ohne Rahmen und mußte dringend gefirnist werden. Und es war nicht das einzige.«
Mrs. Wharton trat an einen Schrank, öffnete ihn und

holte eine aufgerollte, ungefirniste, ein wenig zerkratzte Leinwand heraus, die sie ganz langsam entrollte.

Es war das Selbstporträt meiner Mutter als junge Frau; die Haare hingen ihr lose bis zur Taille, in der Linken hielt sie eine Palette mit verschmierten Farben, in der Rechten einen Pinsel. Und in einem Spiegel hinter ihr erschien die Spiegelung desselben jungen Mannes, dessen Blick voll Verehrung auf ihr ruhte. Es war nicht signiert, aber der Stil meiner Mutter ist unverwechselbar.

Ich fühlte mich, als hätte mich ein Blitz getroffen. Später fuhr ich mit Chanler, der mir die Schönheiten der Landschaft zeigte und mir Klatschgeschichten über Scott erzählte, in die Stadt der Lichter zurück.

»Wer kann's dem armen Scott übelnehmen?« fragte er mich. »Mrs. Wharton ist schwer zu unterhalten, da wird man zuweilen sehr nervös und sagt einfach, was einem in den Kopf kommt!«

»Ich mag sie«, gab ich zurück. »Unter der Tarnung als steife alte Dame steckt ein *flapper*, der hinausmöchte. Vermutlich hat sich Scott betrunken und ihre beträchtliche Intelligenz beleidigt. Er betrinkt sich, weil er hofft, dadurch seine Schüchternheit zu überwinden, aber sein Urteilsvermögen ertränkt er dadurch ebenfalls.«

»Ein Trinker«, stellte Teddy fest.

»Ich wünschte, es gäbe ein anderes Wort dafür«, sagte ich.

»Säufer, Schluckspecht, Dipsomane«, sagte Chanler.

Ich: »Scott ist besessen von Zelda und seinem Schwanz, nicht immer in dieser Reihenfolge. Er macht mich und jede andere an, aber dann ist er jedesmal zu betrunken, um bis zum Schluß durchzuhalten.«

»Das hatte ich mir gedacht«, sagte sein angeblicher Freund.

[Salome war immer wachsam gegen Verrat und Heuchelei. Unter ihrem Auftreten als flotter flapper *war sie weitaus empfindsamer, als es schien. Der Anblick des Selbstporträts ihrer Mutter als junge Frau muß bei ihr Heimweh und Sehnsucht ausgelöst haben, denn zusammengefaltet im Notizbuch findet man den folgenden Brief. (Hrsg.)]*

[BRIEF VON SALOME LEVITSKY AN SARAH SOLOMON LEVITSKY]
Liebe Mama,
ich bin mir immer ein wenig unzulänglich vorgekommen, weil ich kein Junge war und Dir nicht das Baby ersetzen konnte, das Du in Rußland verloren hast. Er wird Dir immer weit wichtiger sein als ich – als hätte sein Tod mein Leben ausgelöscht, als hätte Rußland Amerika ausgelöscht.

Alles, was ich machte, wirkte im Vergleich zu Deiner immensen Begabung unbedeutend. Deswegen habe ich sehr lange gar nichts getan. Als ich damals, als kleines Mädchen, malen wollte, ließest Du mich zunächst nur mit Kohle zeichnen; das Malen, sagtest Du, sei ein Privileg, das man sich verdienen müsse, und kein Recht, das einem automatisch gewährt werde. Das hat mir den Geschmack am Malen verdorben. Ich wollte, daß es für mich Spiel war, nicht Arbeit.

Sobald Du Dich als Kritikerin zwischen mich und mich gestellt hast, hatte ich keine Freude mehr an der Malerei – oder an allem, das ich mit meiner ungeschickten Babyhand zeichnen konnte. Es war zu einer Art Test geworden, zu einem Wettstreit mit Dir, einem Turnier, das ich gewinnen mußte. Also wandte ich mich dem Schreiben zu, denn damit konnte ich *spielen*. Und schrieb die schockierendsten Dinge, die mir einfallen wollten – wie dieses Buch, *Ein unartiges Mädchen in Paris*, das Du noch nie zuvor gesehen hast. Es wurde mit der ausdrücklichen Absicht geschrieben, Dich zu verletzen, und wie ich leider befürchten muß, habe ich meine Sache so gut gemacht, daß ich es nicht fertigbringen werde, es Dir zu schicken ...

[Hier bricht der Brief unbeendet ab. Er wurde anscheinend 1932 geschrieben, und zwar auf Briefpapier der Closerie des Lilas, *aber offensichtlich nicht abgeschickt. Darin eingeschlagen ist ein äußerst seltenes Exemplar von* Ein unartiges Mädchen in Paris, *mit der Widmung »Für Mama von ihrem artig-unartigen Mädchen ...« (Hrsg.)]*

Liebste Salome –

als Du geboren wurdest, hatte ich das Gefühl, daß all die Löcher in meinem Leben verheilt waren. Nicht wie eine Patchworkdecke, sondern wie eine auf wunderbare Weise erworbene neue Haut. Ich habe Dich niemals mit Dovie verglichen, meinem verstorbenen Engel. Du warst vollkommen in Dir selbst, und ich habe Stunden damit verbracht, an Deinem Bettchen zu stehen, liebevoll auf Dich einzureden, Dir vorzusingen, Dich zu zeichnen. Ich liebte Dich so sehr, daß mir zum erstenmal im Leben etwas wichtiger war als meine Arbeit. Ich dachte, ich würde meine Arme, meine Beine, meine Augen, meine Leber geben, um Dich zu schützen.

Aber Töchter werden erwachsen und hämmern mit den Fäusten gegen die Brust, die sie gestillt hat. Je mehr sie sich anklammern, desto heftiger hämmern sie. Dafür habe ich Verständnis. Ich habe meine Mama verlassen, als ich siebzehn war, und habe mit der Tradition gebrochen, mit dem Sabbat, mit der Synagoge, um in Amerika leben zu können. Amerika befreite mich, aber es erschöpfte mich auch. Erschöpfung führt zur Niederlage. Es ist ein Land, das dem Künstler, dem Fragenden, der Frau, der Mutter mißtraut, sie sogar haßt, deswegen stellte ich fest, daß ich mich, wenn ich überleben wollte, hinter Männern verstecken mußte.

Du bist erzürnt darüber, daß ich meine Bilder mit Männernamen signiere. Ich möchte Dir sagen, daß ich dadurch die Ruhe finde, meine Arbeit zu tun. Wen kümmert der Name, mit dem das Werk signiert ist? Alle Gemälde sind Gottes Gemälde, alle Gedichte sind Gottes Gedichte. Praxiteles, Michelangelo, Leonardo, El Greco, Rembrandt – sie alle sind nur flüchtige Namen für den großartigen Geist, der ihnen innewohnt.

Wenn eine Tochter selbst Brüste bekommt und anfängt, gegen die Brüste ihrer Mutter zu hämmern, geschieht es leicht, daß sich die Mutter vernichtet vorkommt. Denn dies ist ein Feind, gegen den es keine Verteidigung gibt!

Es ist ein Teil Deiner selbst, der sich gegen Dich wendet – ein Aufruhr in Deinen Zellen, wie Krebs. Viele Jahre lang hast Du als Mutter Dein eigenes Leben ganz im stillen geführt, aber das Leben Deines kleinen Mädchens ist laut. Du stellst Deine eigenen Bedürfnisse zurück. Das Leben Deines kleinen Mädchens ist wichtiger. Auf diese Kleine gründen sich all Deine Hoffnungen. Du willst, daß sie alles wird, was die Welt aus Dir herausgeprügelt hat. Doch Deine Kleine kann nicht Deine Kämpfe ausfechten. Zuerst muß sie ihre eigenen bestehen. Und der erste ihrer eigenen Kämpfe ist die Unabhängigkeit von *Dir*. Sie ist grausam zu Dir, weil sie gut zu sich selbst sein muß. Sie haßt Dich, um sich selbst lieben zu können. Sie idealisiert alle und jeden, der *anders* ist als Du – Tante Sylvia, die Mah Jongg spielt und bei Bergdorf auf Kredit Kleider kauft, Onkel Lee, der Gangster bezahlt, damit sie seine Konkurrenten im Wäscheservice zusammenschlagen, Papa, der sieben Jahre Deines Lebens verschwunden war – und alles mir allein überlassen hat ...

Natürlich war es Papa, der mir Dein Buch mitgebracht hat – weil er wußte, daß es mich verletzen würde. Diese harte Schilderung der Mutter, die alle antreibt, sogar sich selbst, aber eine Heuchlerin ist, weil sie »ihre Träume aufgegeben hat«. Meinst Du, Du wärst die erste Tochter der Menschheitsgeschichte, die gelernt hat, die Mama zu beschuldigen, den Papa dagegen zu entlasten? Das ist der Grund, warum die Papas an der Macht bleiben. Wenn Mamas und Töchter sich jemals vereinigen könnten, würde alles anders werden! Statt dessen bekämpfen wir uns gegenseitig, und die Papas kommen unbeschadet davon wie die Kapitalistenbosse.

Vielleicht wirst Du das begreifen, wenn Du erst selbst eine Tochter hast. Was mir jetzt klargeworden ist, mein Liebling, das ist, daß wir alle Glieder einer Kette sind, Wellen in einem Fluß.

Wie bei einem Rosenstrauch ist die einzelne Rose unwichtig, und nur die dicke Wurzel mit ihrem hartnäckigen Leben ist wichtig. Wie bei einem Weinstock: nicht die Traube, sondern der knorrige, beschnittene Stamm.

Was wir weitergeben, ist das Leben. Die Blätter fallen, die Trauben verfaulen, die Rose verblüht – aber der Saft wurde weitergegeben. Es ist das Leben – in jeglicher Form. Nimm's Dir. Hol's Dir. Schreib über mich, was Du willst, über irgend jemanden. Suche Deine eigene Wahrheit – und folge ihr bis ans Ende der Welt ... Ich liebe Dich, mein Herz, mein Eigen, *majn libe* ...

Mama

[Dieser Brief, datiert vom 13. April 1932, wurde anscheinend ebenfalls nicht abgeschickt. (Hrsg.)]

[AUSZUG AUS Ein unartiges Mädchen in Paris]
Vassily sagt, Anonymität sei das Geheimnis der Kunst. Vassily sitzt vor dem Spiegel und drückt seine Pickel aus. Wenn einer, *ping*, gegen das Glas spritzt, jubelt er und bringt ihn zu mir, um mir den weißen Wurm in seinem blutigen Eiter zu zeigen. Das ist der einzige Orgasmus, den er haben kann. Vassily wurde im Krieg verwundet. Welcher Krieg, frage ich ihn, wie ich ihn immer frage, als könne das irgendeine Frage beantworten.

– Alle Kriege, keine Kriege, sagt er.

Dann bin ich mit Val im Hotel des Etats-Unis. Er behauptet, einen unzerstörbaren Knochen in seinem Schwanz zu haben, aber ich werde ihn zerstören. Ich werde ihn schlukken, ganz und gar, immer und immer wieder, bis er endgültig erschlafft ist.

Aber nein! Schon wieder steht er auf, härter denn je zuvor. Was bin ich – eine Huri, eine Bacchantin, daß ich Schwänze unweigerlich hart werden lasse? In ganz Paris –

im Dôme, im Sélect, im Dingo, im Ritz, in der *Closerie des Lilas* – werden Schwänze hart und brennen darauf, sich ihrer weißen Würmer zu entledigen wie Vassily seiner Pickel ... Dabei bin ich hergekommen, um ein Buch zu schreiben. Um Amerika hinter mir zu lassen, damit ich über Amerika berichten kann. Aber das letzte, was wir am Ende der Welt brauchen, ist schon wieder ein Buch! Das letzte Buch für das Ende der Welt! In ganz Paris sterben die Bücher durch Mangel an Glauben, Mangel an Eiter, Mangel an Maden.

Jetzt sitzen wir auf Vals Fahrrad und radeln langsam an der Seine entlang. Die Sonne funkelt vom Fluß her auf meine Brustspitzen, Vals unermüdlicher Schwanz steckt in meiner ausgeleierten Fotze, und alles ist in Ordnung mit der Welt. Oh, Delirium des verhinderten Todes! Schwanz aller Zeitalter! Danke, Gott, daß Du mich zu einer Frau gemacht hast.

Ich verschmelze mit dem Kosmos! Ich ficke Heilige und Weise, Syphilitiker und Adventisten, Kannibalen und Chorknaben.

Meine Fotze umfängt das Universum. Sie ist so groß wie das obere und untere Königreich und so mythologisch wie das Land des Fickens. O ja, sage ich zu Val, während er zusieht, wie ich alle Schwänze der Menschheitsgeschichte schlucke – ja, meine Fotze umfängt Massen ... Sie grübelt über die Zerstörungen der Geschichte, meditiert über die Maya, denkt über das Karma nach, ärgert Atis und Osiris, umarmt Horus, entfesselt Diana und ihre Hunde (oder sind es Hirsche?). Sie reicht von St. Sulpice bis zum Broadway, vom Sunset Boulevard bis zum urzeitlichen Vulkan – jawohl, sie ist die Fotze der gesamten Schöpfung ...

[Notizbuch – undatiert, 1932]

Was mir unter anderem an Paris am besten gefällt, ist der ständige Strom der Touristen, vor denen man mit dem eigenen, weit überlegenen Wissen über die Stadt der Lichter angeben kann.

Jetzt sind Onkel Lee und Tante Sylvia hier; sie sind im Ritz abgestiegen. Sie haben mich ins Lapérouse eingeladen, und dafür hat *Innuendo* eine Party für sie gegeben, an der alle außer Mrs. Wharton teilnahmen.

Sie waren wirklich alle da – von Kiki bis zu Kunioshi, von Miss Stein bis zu Sam Beckett, von Val Miller bis zu James Joyce.

Wie geschickt die Großen einander aus dem Weg gingen! Dennoch gab es einen Moment, da hatten Beckett, Joyce und Miller ihre Stühle dicht nebeneinandergerückt, doch ihre Speichellecker und Bewunderer kamen sofort herbeigeeilt, bevor sie auch nur ein einziges Wort wechseln konnten.

Für Miss Stein bedeuteten natürlich allein die nebeneinandergerückten Stühle eine Verschwörung.

»Ein Stuhl ist ein Stuhl ist ein Stuhl ist ein Stuhl ist ein Stuhl ist ein Stuhl«, sagte sie. »Und wenn drei Stühle sich zusammentun, ist es ein Herrenklub, und Stuhl heißt auf englisch *chair*, und das bedeutet auf französisch *Fleisch*.«

»Was halten Sie von seinen Arbeiten?« hörte ich Jolas – aber vielleicht war es auch McAlmon – Joyce fragen.

»Wessen Arbeiten?«

»Ach, seinen ...«, sagte McAlmon nonchalant (oder war es Jolas?).

Joyce stiert matt mit seinen unsehenden Augen hinüber und vermag Miller nicht zu erkennen. »Pochierte Augen auf Ghost«, wie Bloom in *Ulysses* sagt.

»Unsinn«, verkündet er. »In Irland hetzen wir die Hunde auf solche Menschen.«

Ein anderer Schreiber wirft Sam Beckett vor, er imitiere Joyce: »Es ist nicht seine Maniriertheit, die ihn zum Genie macht, sondern sein *Hirn*.«

»Das Hirn wird als Organ weit überschätzt«, behauptet Val.

Mein Onkel Lee liebt das alles – und wie! Er findet Val einfach *prima!* (Seit er mit dem Wäscheservice einen Haufen Geld gemacht und seinen Namen von Leonid Solomon in Lee Swallow geändert hat, hat er eine Schwäche für künstlerische Typen. Er träumt davon, vom Wäscheservice zum Show Business aufzusteigen. »Restaurants sind Unterhaltung, stimmt's?« sagt er). Genau wie es Mamas Ehrgeiz ist, so zu malen, daß es sich *auszahlt*, ist es Lees Ehrgeiz, aus Geschäft Kunst zu machen. Das ist der Grand Canyon, der sich zwischen jüdisch-amerikanischen Familien der ersten Generation auftut: Die Künstler wollen Geschäftsleute sein und die Geschäftsleute Künstler!

Val nimmt mittlerweile an Tante Sylvias seidenbestrumpftem Knie Maß und bewundert ihren weißen Spann unter der straßbesetzten Spange.

»Noch mal Kribbelwein für Mr. Valentine!« bestellt sie.

»Sie sehen so jung aus wie Ihre Nichte«, sagt Val hinterlistig.

Das zeitigt den erwünschten Effekt bei Tante Sylvia, die ihre Grübchen zeigt wie eine Frischvermählte. (Sie hat meinen Onkel in London kennengelernt, wo sich ihre Familie auf der Reise nach Amerika mehrere Monate aufhielt. Sie kam aus Odessa, aus einer wohlhabenden Holzhändlerfamilie, und wohnte bei ihrer verheirateten Schwester im East End von London.)

Obwohl Leonid ein Greenhorn war, erkannte sie in ihm den rücksichtslosen Ehrgeiz, der ihn reich machen würde, also spannte sie ihren Wagen vor seinen aufgehenden – sanitären – Stern. (Und so lautete tatsächlich dann der Name ihrer Firma: *Sanitary Star Linen Supply*.)

Sie ist zum Einkaufen nach Paris gekommen, während ihr Mann zum Ficken nach Paris gekommen ist. Wie ich vermute, ist es meine Aufgabe, falls irgend möglich, beides gleichzeitig zu arrangieren.

Und hier kommt Val ins Spiel.

»Du nimmst meinen Onkel mit in die Rue des Lombards oder die Rue Quincampoix und siehst zu, daß er was zu ficken kriegt!« befehle ich ihm. »Zum Frühstück treffen wir uns dann in *Les Halles*.« Während Val mit Onkel Lee Fotzen fegen geht, kehren Sylvia und ich ins Ritz zurück und flirten mit den Gigolos an der Bar. Dann bestellen wir uns Gin Fizzes und planen unsere Einkaufstour für den folgenden Tag.

Der Altersunterschied zwischen Sylvia und mir beträgt nur zwölf Jahre, und wir hatten uns beide in New York am selben Tag einen Bubikopf schneiden lassen. Sie ist dunkel, während ich kastanienbraun bin, und hat ein herzförmiges Gesicht, amorbogenförmige Lippen, anbetungswürdige Grübchen und ganze Schränke voll Pariser Kleider. Sie legt vor allem Wert auf Stil. Ich glaube, mein Onkel hat sie geheiratet, weil er *wußte*, daß er ein Greenhorn war, das erzogen werden mußte. Sie kümmert sich nicht darum, wo er sein Vergnügen sucht, sichert sich aber für jeden Seitensprung Entschädigung in Form von Pretiosen. Sie gehört zu jenen Frauen, die wissen, wie man männliche Schuldgefühl in Brillanten verwandelt. Dieses Talent ist mir nicht gegeben.

Ihre Finger glitzern von Steinen unterschiedlicher Größe. Selbst ihre Zigarettenspitze ist mit echten Rubinen besetzt. Sie hat einen Sektquirl aus Platin, ein passendes Zigarettenetui dazu und sammelt Schmuck wie andere Frauen Schuhe.

»Wenn Gott gewollt hätte, daß wir gratis mit den Männern schlafen, hätte er keine Diamanten geschaffen«, behauptet sie. Sie ist eine richtige russisch-jüdische Lorelei Lee.

Als wir um sieben in *Les Halles* ankommen, sind die Boys (wie sie sie nennt) nicht dort. Ja, sie lassen achtundvierzig Stunden lang auf sich warten. Sylvia ist bewundernswert gelassen.

Sie wirft einen Blick auf ihre winzige Cartier-Armbanduhr. »Je länger er spielt, desto mehr muß er blechen«, sagt sie.

Die Einkäufe, die wir in den nächsten zwei Tagen machen, sind anregend. Sie sind eine richtige Kunstform für sich. Wenn Cocteau einen Film daraus machen könnte, würden wir wirklich erkennen, welch ein Spielwarenladen das Herz einer Frau ist.

»Du und deine Mutter«, belehrt mich Sylvia während einer Anprobe für eine ganze Abend- und Tagesgarderobe bei Chanel, »ihr *verschenkt* es. Das ist der größte Fehler, den ein Mädchen machen kann.«

»Glaubst du, daß Mama jemals eine Affäre hatte?« frage ich sie wie ein kleines Mädchen, das nach dem Weihnachtsmann fragt.

Sylvia verdreht die Augen. »Stell mir keine Fragen«, sagt sie.

»Was soll das heißen?« Jetzt bin ich beunruhigt.

»Deine Mama ist ein Schatz. Stell mir keine Fragen, und ich erzähle dir keine Lügen.«

Ich starre Sylvia an und sehe, daß sie hin- und hergerissen ist zwischen der Lust zum Tratschen und der Notwendigkeit, den Mund zu halten.

»Deine Mama war eine Anhängerin von Emma Goldman«, sagt sie schließlich.

»Und ...«

»Frag sie gelegentlich mal nach deinem Onkel Sim«, sagt sie. Und dann krieg' ich kein weiteres Wort aus ihr heraus.

Als Val und Onkel Lee zurückkommen – mit geröteten Augen und schwankendem Gang –, sehen sie beide aus, als wären sie äußerst zufrieden mit sich.

Bis ich frage: »Und wer ist Onkel Sim?«

»*Oi wej!*« sagt Onkel Lee. »Nennen wir ihn doch einfach Mamas *schabbes goi*.«

[NOTIZBUCH – UNDATIERT, 1932]
Bücher, die mich beim Heranwachsen beeinflußten: *This Side of Paradise, Winesburg Ohio, The Green Hat, Flaming Youth, The Sheik, Renascence and Other Poems*. Von *Ulysses* hatte ich – bis auf Gerüchte – noch nie gehört, bis ich hierherkam. Aber das Gefühl der Bücher, der Jazz, die Gedichte, die Kostümbälle der Künstler, die Village-Kneipen (wie *Three Steps Down* usw.) ließen meine Generation glauben, der Sex sei zwischen 1920 und 1922 erfunden worden. Wir waren fest davon überzeugt, daß unsere Eltern niemals derartige Verzückungen erlebt oder sich auch nur erträumt hatten.

[Die Hartnäckigkeit dieser Fehleinschätzung ist erstaunlich. Möglicherweise ist es eine notwendige Fehleinschätzung, die es der Jugend erlaubt, lange genug aus dem ödipalen Schatten herauszutreten, um sich zu paaren und dann die Flamme weiterzureichen. (Hrsg.)]

[NOTIZBUCH – UNDATIERT, 1932]

Kurz nachdem Sylvia und Lee wieder abgereist sind (schwer beladen mit Schachteln und – wie sich herausstellt – dem Tripper), kommt Papa nach Paris.

Papa ist kein Ritznik. Er wohnt auf dem Linken Ufer in einem schäbigen Hotel, an das er sich aus seiner Zeit als armer Künstler erinnert, der zu Fuß aus Rußland gekommen war.

Er ist verblüfft über die Bilder, die in meiner Bohemewohnung hängen – inzwischen wohne ich in der Rue des Saints-Pères –, und bittet mich, so viele wie möglich davon nach Hause mitzunehmen.

»Aber Papa, ich werde nicht mehr nach Hause kommen«, sage ich.

»Das nehmen wir uns alle vor«, erwidert Papa. »Und schließlich kommen wir doch alle nach Hause.«

Er wirkt alt. Sein struppiger Bart ist grau meliert. Mit seinem breitrandigen schwarzen Hut und dem weiten Cape sieht er aus wie ein Gespenst aus der Belle Epoque. Er sagt noch immer »nach meiner Meinung«, wenn er eine philosophische Maxime von sich geben will.

»Mama hat mir einen Brief geschrieben«, berichte ich. »Sie ist zornig.«

»Vielleicht bist du *brojkisch* mit ihr. Wie sie sagt, greifst du überhaupt nicht mehr zur Feder. Du solltest sehen, was für ein Gesicht sie macht, wenn sie diese *jente* Sylvia nach dir fragt. Das Herz könnte ihr brechen.«

»Mir das meine auch.«

»Wie könntest du – ein Baby – ein gebrochenes Herz haben? Deine Mama, die bringt sich um, um einen Bissen Brot zu verdienen.«

»Sie hat mich belogen.«

»Niemals! Hüte deine Zunge!«

»Erinnerst du dich an Nanas Lieblingssprichwort: ›Die Zunge ist die gefährlichste Waffe‹?«

»So *nu?*«

»Und wer ist Sim Coppley, und warum hat Mama sein Porträt gemalt?«

Eine lange Pause entsteht.

»Das ist etwas, wonach du dein *mamele* fragen solltest.«

»Aber Mama ist nicht hier, und du bist hier, und ich muß es jetzt wissen!«

»Zuerst möchte ich dir etwas anderes erzählen, dann werden wir sehen ...«

Ich merke, daß Papa zu ernsthaftem Geschichtenerzählen ansetzt, also stelle ich den Wasserkessel auf, um Tee zu machen.

»Jeder spricht von den Pogromen in Rußland – aber keiner, der in Amerika geboren ist, weiß, was das heißt: Pogrom. Stell dir neun kleine Jungen vor, zu jung für die *bar mizwa*, die in der *schul* nebeneinander liegen. Stell dir ihre süßen Gesichtchen vor – *chejder*-Jungen, für nichts und wieder nichts getötet. Vielleicht waren sie die Glücklicheren. Glücklicher als die Jungen, die für fünfundzwanzig Jahre zu den Soldaten gegangen sind oder versucht haben, sich einen

Zeh abzuschießen, und statt dessen etwas anderes getroffen haben.«

»Papa!«

»Du machst dir keine Vorstellung. Wir waren so arm, daß manche Leute sich ihren Lebensunterhalt mit Lumpensammeln oder Hühnerschlachten verdienten. Und das waren schon *gute* Jobs ... Meine Mutter seligen Angedenkens, möge sie in Frieden ruhen, *Oleha ha shalom,* war eine Lumpensammlerin, und als sie starb, schaffte Papa es nicht, die Familie zusammenzuhalten. Meine Schwestern verdingten sich als Dienstmädchen oder gingen als Arbeiterinnen in die Fabrik. Ich machte mich auf den Weg nach Amerika. Aber ich wurde erwischt. Und in die Stadt zurückgeschickt, in der ich geboren war, die Stadt, die in meinen Papieren stand und in der niemand wußte, daß ich noch lebte. Da war ich erst fünfzehn. Ich hielt mich zwar für einen Mann, war aber noch ein Junge. Und meine große Angst war, von den *kapers* geschnappt zu werden, den Kidnappern für die Armee des Zaren. Du kannst dir nicht vorstellen...«

»Nein, kann ich nicht.«

»Man kam sich vor wie eine Ratte in der Falle ... Man fluchte auf Gott, den Zaren, die Kapitalisten. Man hätte alles getan, auch das Verrückteste, nur um nicht zur Armee gehen zu müssen – um aus Rußland rauszukommen! –, und wenn man an eine Gruppe von Leuten geriet, die gut reden konnten, die einem Brot gaben, glaubte man alles, was die einem erzählten. Im Gefängnis geriet ich in die Gesellschaft von solchen Leuten. Sie füllten mir den Kopf mit anarchistischer *narrischkajt,* von der Würde des kleinen Mannes, der Überflüssigkeit des Reichtums, den Schriften von Bakunin, dem

Internationalen Sozialistischen Kongreß in Paris 1889, auf dem der Erste Mai zum Tag der Arbeit, zum Feiertag der Arbeiterklasse, erklärt wurde ...

Zornig und rebellisch, suchte ich nach Theorien, um meinem Zorn Gestalt zu geben, und Theorien gab es in den russischen Gefängnissen immer weit häufiger, als etwas zu essen.

Ein Plan wurde geschmiedet, wie man fliehen könnte, wenn der nächste Transport eintraf. (Wir wurden in verdreckten Viehwaggons von einem Stadtgefängnis zum anderen transportiert, bis wir allmählich in unserem Heimatort ankamen – oder vielmehr im Ort unserer Geburt.)

Meine Anarchistenfreunde flohen unbeschadet, ich aber erhielt einen Schrotschuß in die Leiste, der für den ganzen Rest meines Lebens bestimmend war, auf den meine Genossen jedoch mit anarchistischen Schlagwörtern reagierten statt mit ein wenig Mitgefühl.

›Wenigstens bist du jetzt für die Armee des Zaren untauglich‹, sagten sie, ›und kannst dich ganz der Revolution widmen.‹

Als ich Monate später den Kontakt mit den Anarchisten verlor und schließlich mit den *fussgejern* in Paris ankam, war ich schwer krank. Ich litt an einer Infektion des Organismus und schwebte zwischen Leben und Tod. *Zum schtarbn darf men kejn luach nit hobn. Farschtejst?* Zum Sterben braucht man keinen Kalender.

In Paris hätte ich gehungert und wäre gestorben, hätte es da nicht in der Rue-Monsieur-le-Prince ein Mädchen namens Manina gegeben, das ich an ihren russischen Vater erinnerte. Jedenfalls behauptete sie das. Sie machte mich zum Maskottchen ihres Bordells und heilte mich während der Monate, die ich dort blieb und ihre Mädchen zeichnete. Es war ein gutes Bordell, mit Zimmern, die jeweils unter einem Motto standen, und die Kunden konnten unter ihnen wählen. In den billigsten Häusern konnten sie das nicht, und die Mädchen waren entweder vernarbt oder krank.

Diese *bordels, maisons* oder *bobinards* von Paris waren zu jener Zeit voll Traditionen. Sie waren die Synagogen der Sünde. Als ich nach einiger Zeit wieder gesund war, schlug ich mich nach New York durch, wo ich im Jahr der Jahrhundertwende ankam. Als ich dann deine Mutter kennenlernte, war ich ein gut etablierter Katalogzeichner und Boss.«

»Und dann? Was war dann?«

»Vom ersten Moment an, als ich sie sah, wußte ich, daß sie die Frau meines Lebens war, doch da ich sie (wegen meiner Verletzung) nicht als Liebhaber besitzen konnte, besaß ich sie als Geschäftspartner. Ich wollte einfach ihr Leben beherrschen, und dieses Ziel habe ich erreicht.

Aber ich wußte, daß sie eine Frau aus Fleisch und Blut und daß unser Waffenstillstand der Körper äußerst labil war ... Dann kamen die Anarchisten plötzlich wieder an und suchten mich in Amerika, und ich ließ mich heimlich von ihrem Kreis einfangen. Mama war dank ihres liebeskranken *goi* erfolgreich als Porträtmalerin für die gute Gesellschaft.«

»Was für ein liebeskranker *goi?*«

»Derselbe, den sie auf der Überfahrt nach Amerika kennengelernt hatte. Danach mußt du deine Mama fragen. Das ist eine Wahrheit, die zu erzählen mir nicht zusteht.«

Hier brach er zusammen und begann zu schluchzen. »Wenn du ein Mann bist und doch kein Mann – wie kannst du eine Ehefrau halten, die eine Frau ist?«

Ich wollte nichts mehr hören. Mich plagten Kopfschmerzen. Vor meinen Augen tanzten Sterne, als hätte ich einen Schlag ins Gesicht erhalten.

»Aber ich hätte das labile Gleichgewicht unseres Lebens bewahren können, wenn ich mich nur aus der Politik herausgehalten hätte. Jawohl, ich war eifersüchtig, obwohl ich kein Recht dazu hatte, und bei den Versammlungen ließ ich erkennen, wie wichtig Mamas Auftraggeber waren. Von da an ließen sie mir keine Ruhe mehr, quetschten Geheimnisse aus mir heraus und versuchten mich für ihre Zwecke einzuspannen. Ich wollte es nicht, und ich gab dennoch zuviel preis, aber vielleicht wollte ich ihnen auch beiden weh tun, Mama und ihrem Liebhaber...«

»Ihrem – *was?*«

»Du bist nicht die erste, Salome, die einen Liebhaber hat.«

»Aber Papa!«

»Ich bin nicht dein Papa – aber ich bin dein Freund.«

[NOTIZBUCH – UNDATIERT, 1932]
Es besteht kein Zweifel mehr, ich werde Paris verlassen und nach Massachusetts fahren. Aber wann ich das tue, weiß ich noch nicht. Ehrlich gesagt, ich fürchte mich vor allem, was ich dort vielleicht entdecken werde. Also zögere ich es hinaus. *Man muß nur verzweifelt genug sein, dann wird sich schon alles von selbst ergeben* lautet Henry Millers Motto. Ich werde von Tag zu Tag verzweifelter.

[Im Jahre 1932 erreichte die Wirtschaftskrise ihren tiefsten Punkt, und die schweren Zeiten wurden am schwersten. Hoover war Präsident. Um den Menschen Hoffnung zu machen, kürzte er sein

eigenes Gehalt, aber es war einfach zuwenig und zu spät. Er entsandte eine Frau, Mary Emma Woolley, die Präsidentin des Mountt Holyoke College, nach Genf zur Abrüstungskonferenz des Völkerbundes. Sie wurde im Time Magazine *mit den Worten zitiert, daß Frauen den Frieden so heiß ersehnten, weil »nur eine Frau weiß, was ein Mann kostet«. (Hrsg.)]*

[NOTIZBUCH – UNDATIERT, 1932]
Val Miller ist in einem Wahnsinnsanfall von Arbeitswut untergetaucht, um *Wendekreis des Krebses* zu schreiben. Er schreibt, als hinge sein Leben davon ab, als könne er sein Leben nur retten, indem er auf die Tasten seiner Schreibmaschine einhämmert (einer tödlichen Waffe).

Je länger die Depression anhält, desto schäbiger wird Paris. Ohne die reichen Amerikaner, die alles in Gang hielten, zeigt die Verzweiflung der Boheme ihr wahres Gesicht. Kiki de Montparnasse schwillt an wie ein Weihnachtsspanferkel – ein Spanferkel mit dicker Schminke. Und die Mädchen von der Rue de Lappe wirken noch kränker und abstoßender als sonst. Brassaï wandert mit seiner Kamera umher und schießt Nachtfotos von allem, was das Elend der menschlichen Natur am stärksten heraushebt. Ich komme mir vor wie ein Mensch, der zu lange in einem Badeort am Meer geblieben ist, während die kalte Jahreszeit schon naht, wie ein Mensch, der sich zu lange bei einer Orgie aufgehalten hat. Es wird Zeit, nach Hause zurückzukehren.

Aber wo ist mein Zuhause? Früher war es die Ecke Riverside Drive und Seventy-second Street, wo meine Mutter mit meiner Großmutter und meinem »Freund« – vormals meinem Papa – Levitsky wohnt. Wie so viele andere Menschen meiner Generation habe ich das Gefühl, daß ich nicht mehr nach Hause zurückkehren kann. Daß ich nicht mehr weiß, wo mein Zuhause ist. Also mache ich Schluß mit meiner Zeitschrift und kehre ins Land meiner Geburt zurück. Bewußt nehme ich mir Boston als Ziel und nicht New York. (So sehr fürchte ich mich vor meiner uneingestandenen Sehnsucht nach meiner Mutter.) Ich habe fast drei Jahre lang in Paris gelebt.

5   SALOME
Ahnenforschung in den Berkshires

1932–1941

*Eine Mutter hängt immer an ihrer Tochter,
eine Tochter nicht immer an ihrer Mutter.*
                                                   TALMUD

[NOTIZBUCH]
November 1932
Im trüben, frostigen November treffe ich in Boston ein und besteige den Zug nach Lenox, Massachusetts.

Grauer Himmel und überall aufsteigender Dunst. Nebelbänke füllen die Täler. Draußen vor dem reich verzierten Bahnhofsgebäude, um die Jahrhundertwende für die privaten Salonwagen der Industriebarone erbaut, entdecke ich ein Taxi und frage den Fahrer, ob er weiß, wo Mr. Coppley wohnt.

»Steigen Sie ein, Miss«, fordert er mich auf. Dann verstaut er meinen Schrankkoffer, läßt den Motor an und fährt los, über die sanft gewellten Berkshire-Hügel. Was will ich hier? Und warum? Ich habe Pariser Kleider und Pariser Andenken von drei Jahren mitgebracht: Manuskripte, aufgerollte Leinwände, Fotografien. Aber ich habe keine Ahnung, wohin ich gehöre.

Im Zug von Boston hierher habe ich in den Elendsvierteln entlang der Bahnstrecke das Antlitz der Depression kennengelernt: die hungrigen Augen der Kinder, die in zerfetzte Decken gewickelt sind, Frauen, die an Feuern im Freien kochen, Männer, die Holzabfälle, Lumpen, alles sammeln, was den Körper wärmen und die Seele daran hindern kann, an einem besseren Ort Zuflucht zu suchen.

Im Zug lese ich auch – endlich! – *Schöne neue Welt*. Ach, wenn ich doch ein Alpha wäre und zu *feelies* gehen, einen *malthurian belt* tragen, rundum *pneumatic* sein und zur Musik des *sexophone* tanzen könnte! Welch ein Kontrast zwischen Huxleys todeslosem, kinderlosem, mutterlosem Utopia und der Welt draußen vor den Zugfenstern! Wie seltsam, nach dem pulsierenden, schlaflosen Paris wieder im öden Amerika zu sein!

Die Auffahrt, eine langgezogene Kurve. Traurig gebeugte Eibenbäume zu beiden Seiten; ihre Wipfel wiegen sich im Wind. Das Haus, einstmals imposant, hat zerbrochene, mit Holz vernagelte Fenster und sieht ziemlich heruntergekommen aus.

Der Fahrer hilft mir, den Koffer auszuladen, und wartet, während ich klingele. Keine Antwort. Ich läute noch einmal. Schließlich ferne Schritte. Ein Hund bellt. Die Tür wird von einer Frau mittleren Alters geöffnet, die ein scharf geschnittenes Gesicht hat und einen zerlumpten roten Samtmorgenrock trägt.

»Ich möchte Mr. Coppley sprechen«, erkläre ich.

»Warum?« fragt die Frau unhöflich. »Mr. Coppley ist nicht zu sprechen.« Sie macht Miene, die Tür zuzuschlagen.

»Weil ich von Paris hierhergekommen bin und glaube, daß er mein Vater ist«, antworte ich.

Die Tür knallt zu. Was nun? Ich zittere wie die Wipfel der

Eiben im Wind. Wie soll ich nach New York und zu meiner Mutter zurückkommen?

Drinnen höre ich schlurfende Schritte und gedämpfte Geräusche. Schließlich wird die Tür von einem hochgewachsenen, hageren, älter wirkenden Mann mit schütterem Haar von der Farbe dünnen Tees geöffnet. Er mustert mich fragend, dann eingehend. Er greift sich ans Herz.

»Salome! Mein Kleines!« ruft er aus. Dann schwankt er und stürzt mit dem Gesicht nach unten zu Boden. Dabei verletzt er sich die Nase am Türrahmen.

»Sehen Sie!« sagt die Frau vorwurfsvoll.

Der Fahrer, die Frau und ich tragen ihn in sein Schlafzimmer hinauf, das nicht weniger hochherrschaftlich ist als der Rest des Hauses: für ganze Hundertschaften von Dienstboten bestimmt und nun wegen fehlender Reparaturen dem Verfall preisgegeben. Wir legen Mr. Coppley auf das Eichenbett. Seine Lider flattern.

»Was ist passiert?« fragt die Erscheinung.

»Du bist gestürzt«, antworte ich.

»Mir ist auf einmal übel geworden, und dann kann ich mich an nichts mehr erinnern. Ist Sarah hier?«

Ein dünner Blutfaden rinnt aus seiner Nase.

Mit einem knochigen Finger greift er hinauf, ertastet das eigene, warme Blut.

»Was ist das?« fragt er.

»Offenbar hast du zwar immer noch Blut, aber keine Sarah mehr«, gibt die Frau bissig zurück, während sie ein weißes Leinentaschentuch dazu benutzt, das Blut zu stillen.

»Wäre es möglich, daß es Salome ist?« erkundigt er sich.

»Es wäre möglich, und sie ist es«, antworte ich.

»Oh, mein Liebling!« sagt Coppley. »Du warst ein winzig kleines Mädchen mit tizianroten Löckchen. Ich habe dich durch die Gitterstäbe gesehen. Auf dem Arm deiner Mutter.« Dann fiel er unvermittelt wieder in Ohnmacht.

Mrs. Coppley, für die ich die Frau halte, entläßt den Taxifahrer; dann wendet sie sich an mich.

»Kommen Sie nur nicht auf die Idee, wir hätten Geld in den Matratzen versteckt. Aber selbst wenn Sie eine Hochstaplerin sind, möchte ich Ihnen Tee anbieten. Tizianlöckchen – ich bitte Sie! Vermutlich ist Ihnen klar, was ich hier mache, was es bedeutet, ihn zu pflegen!«

Ich folge dieser Verrückten die Treppe hinab bis in die Küche aus der Jahrhundertwende, eingerichtet für jede Menge Dienstboten, ohne daß es jetzt noch einen einzigen davon gäbe. Wir setzen uns an ein Tischchen vor dem Kamin, trinken Tee aus Steingutbechern und essen Kuchen von einem einfachen Küchenteller. In den Vitrinen der Schränke gibt es Porzellan und Kristall für fünfzig Personen, kostbare Stücke, die leise klirren, als wir an ihnen vorbeikommen.

»Wie haben Sie uns gefunden?« erkundigt sich Mrs. Coppley.

»Ein glücklicher Zufall«, antworte ich.

Ich erzähle ihr von Paris, von dem Besuch bei Mrs. Wharton und von dem Porträt.

»Edith war schon immer ein wenig sonderbar«, sagt Mrs. Coppley. »Eine Frau, die den ganzen Vormittag im Bett liegt und schreibt und ihrem Zimmermädchen befiehlt, die Seiten aufzusammeln und sie der Sekretärin zu bringen! Wirklich verrückt. Und ihre Bücher sind genauso verrückt. Ich wette, sie ist ein Bolschewik.«

»Genauso verrückt wie Bücher schreiben und sich von der ganzen Welt zurückziehen, damit man die Welt mit Tinte und Papier von neuem erschaffen kann«, behaupte ich.

»Ich wüßte nicht, warum man so etwas tun sollte«, sagt Mrs. Coppley. »Sie etwa?«

»Weil es einem das Leben zurückgibt, die Seele beruhigt, die Ekstase des Erkennens beschert. Und weil man hofft, daß es die gleiche Wirkung auf die Leser ausüben wird.«

»Eine seltsame Leidenschaft«, sagt Mrs. Coppley. »Aber schließlich ist vieles, was die Menschen tun, eine seltsame Leidenschaft. Mein Mann macht sich zum Beispiel ständig Gedanken über ein Buch, das er in seiner Jugend begonnen, aber niemals beendet hat.«

»Was für ein Buch?« frage ich sie.

»Ach, irgendein dämliches Buch über die dämlichen Juden«, antwortet Mrs. Coppley. »Sie wissen schon, Ihr auserwähltes Volk, diese Unruhestifter, die sich für so verdammt schlau halten. Ohne die hätten wir keine Einkommensteuer, keinen finanziellen Zusammenbruch, keine Depression. Sie dirigieren alles zu ihrem eigenen Nutzen – aber wir haben nie einen Nutzen davon.«

»Entschuldigen Sie mich«, sage ich und stürze zur nächsten Toilette, wo ich den Tee, den Kuchen und die letzten Reste meines Lunchs erbreche.

Mein sogenannter Vater gibt sich so herzlich, wie seine Ehefrau feindselig ist. Aber er ist schwach. Seine Beine sind so dünn wie chinesische Eßstäbchen. Manchmal denke ich, daß ich nur hier bin, um ihn unter die Erde zu bringen.

Das Gefängnis hat ihn fast völlig zerstört. Er ist zu behütet aufgewachsen, um derartige Schrecken überleben zu können.

»Zum Glück hat Lucretia auf mich gewartet«, berichtet er und meint Mrs. Coppley. »Ich weiß nicht, was ich ohne sie getan hätte.«

Er ist dankbar für jede, auch die widerwilligste Handreichung ihrerseits. Wie ein geprügelter Hund ist er dankbar dafür, daß man über ihn stolpert, statt ihm einen Tritt zu versetzen.

[NOTIZBUCH – UNDATIERT, 1932]
Was ist so tot wie die Leidenschaften der vorangegangenen Generation? Mein Vater – wie er sich selber nennt – möchte, daß ich alles über seine verbotene Leidenschaft für meine Mutter erfahre, doch das gehört zu jenen Dingen, die eine Tochter nicht anzuhören vermag. Ich höre ihm zu, begreife aber nur wenig. Vielleicht bin ich zu jung, um meine Eltern auf diese Weise sehen zu wollen. Er aber erzählt mir von einem Safe im Weinkeller hinter dem Bordeaux. Dort liegt alles, was vom Erbe der Coppleys übriggeblieben ist, sagt er zu mir. Er will, daß ich mir die Kombination einpräge. Und sie keiner lebenden Seele verrate. Das wird leicht sein, solange ich mich in diesem Totenhaus aufhalte. Ich denke ständig an Mama und Papa und sehne mich danach, Kontakt mit ihnen aufzunehmen, aber ich komme mir so treulos vor, weil ich in Mutters geheimem Leben herumgestöbert habe, daß ich es einfach nicht wage. Ich halte mich selbst für eine Verräterin, und daß ich hierbleibe, ist meine Strafe.

Die Coppleys sind seit zweihundert Jahren auf einem tortenrunden Stück Land beerdigt worden. Sie trugen Namen wie Ebenezer, Ezekiel, Anna, Edwina und Hermione. Von ihren Granitgräbern aus blicken sie auf den Housatonic River hinab. Hier oben gibt es sehr früh Schnee, der Boden gefriert, und jeder, der das Pech hat, mitten im Winter zu sterben, muß auf seine Beisetzung warten, bis der Boden aufgetaut ist.

Ich verbringe viel Zeit auf dem Friedhof, wo ich mir die Gräber der Coppleys ansehe.

Man sollte meinen, ein Friedhof wäre ein höchst unwahrscheinlicher Ort, um einen Liebhaber zu finden, aber dort bin ich zum erstenmal Ethan begegnet.

»Suchen Sie jemand?« fragt er mich.

Seine Augen sind golden, sein Körper zierlich, schlank und doch muskulös. Der Schnee scheint um ihn herum zu schmelzen, soviel Wärme strahlt er aus.

»Möchten Sie meine Mutter sehen?«

Er führt mich zu einem Grab mit einem Stein, auf dem steht: SARAH FORRESTER LYLE, 1881–1932, identifiziert lediglich durch den Zusatz: »Geliebte Mutter«. Sie wurde erst im vergangenen Sommer beerdigt.

»Meine Mutter heißt auch Sarah«, sage ich.

»Na, so was!« sagt Ethan. »Ich wußte doch, daß wir etwas gemeinsam haben.« Er mustert mich lüstern, als hätte er mich soeben gefickt. Er gehört zu den Männern, die Frauen mit Blicken in Besitz nehmen.

Eigentlich ist Ethan der Stallbursche, doch da die meisten Pferde verkauft wurden, macht er so gut wie alles, vom Holzhacken bis zu verschiedenen Jobs im Haus. Bei gutem Wetter gärtnert er. Er ist die Seele des alten Besitzes, er sorgt dafür, daß alles läuft. Im ersten Moment, da er mir über den Weg lief, sagte ich der Idee, nach Paris zurückzukehren, endgültig ade.

Seine Mutter war die Haushälterin von Sim Coppleys Mutter. Die Haushälterin meiner Großmutter, obwohl es mir schwerfällt, eine Frau, die ich niemals kennengelernt habe, als meine Großmutter zu bezeichnen. Meine richtige Großmutter spricht fast ausschließlich Jiddisch und Russisch und neigt dazu, in stetem Strom Paradoxien und Sprichwörter auf jiddisch von sich zu geben.

»Meine Mutter hat mir erzählt, daß es hier früher einmal ganz großartig gewesen sein muß«, sagt Ethan. »Aber dann mußte Mr. Sim ins Gefängnis, die Zeiten änderten sich, der Zusammenbruch kam, ihr Bankier sprang aus dem Fenster, und alle Banken machten dicht. Aber irgendwo muß noch was von dem alten Vermögen versteckt sein, das weiß ich, denn sonst würde *sie* sich nicht die Mühe machen. Sie ist nicht der Typ, der sich umsonst Mühe macht.« Ethan, der einen penetranten Yankee-Akzent hat, sieht in seinem Overall gut aus. Er scheint zu den Männern zu gehören, die kein Nein akzeptieren können. Seine Augen blicken wild.

»Wer?«

»Sie wissen schon, Mrs. Coppley, diese Hexe. Meine Mutter war überzeugt, daß sie ihn vergiftet. Langsam, meine ich. Aber ich sollte Ihnen so was nicht erzählen, das weiß ich.«

»Erzählen Sie«, widerspreche ich. »Es weckt mich auf. Sie tun mir gut.«

»Und Sie mir«, gibt er zurück. »Sie sind wie ein Feuer an einem Regentag, heiße Brötchen an einem Wintermorgen, Brandy für ein Lawinenopfer... Hüten Sie sich vor *ihr*. Es gibt nichts, wozu sie nicht fähig wäre.«

Wie ich feststellte, vermochte ich von dem Moment an, da ich Ethan traf, keine Minute an ihn zu denken, ohne daß mein Unterleib rebellierte. Bei Nacht lag ich im Bett und träumte davon, daß ich mich zu seiner Wohnung über den Stallungen schlich, vor ihm auftauchte, als wäre es in seinem Traum, und ihn liebte: seinen drahtigen, zierlichen Körper, seinen muskulösen Rumpf, seine Arme mit den eisernen, fettlosen Muskeln. Ich wehrte mich gegen seine Anziehungskraft, wußte aber genau, daß es nur noch eine Frage der Zeit sein konnte. So etwas weiß man immer. Sobald man einem Menschen begegnet, der die passenden Moleküle verströmt, schwebt ein gewisses Etwas in der Luft. Außerdem besitzt Ethan diese primitive Wildheit, die mir bei Männern immer so gut gefällt, diese brodelnde Nach-mir-die-Sintflut-Einstellung. Er hat keine Angst. Ich mag Männer, die keine Angst haben.

Aber Lucretia beobachtet uns. Jeder von uns beiden ist eine Bedrohung ihrer Macht. Und gemeinsam sind wir eine noch größere Bedrohung. Ein Mann und eine Frau zusammen bringen fast alles fertig. Das wußte Gott, als er die Bibel diktierte.

(Wie soll ich Ethan in meinem neuen Roman nennen? Er erinnert mich an Mellors, den Wildhüter!) In der Wohnung über den Stallungen schmelzen wir dahin wie Eis und Schnee. Ethan saugt den Honig aus meinem Bienenstock, und *ich* sauge *ihn* bis auf den letzten Tropfen aus. Er kniet über mir auf dem Bett, der Schwanz zum Zustoßen bereit, der Blick sanft. Die Hölle mag sich öffnen, der Himmel mag sich als Mythos erweisen, aber ich *muß* ihn einfach haben!

Ethan lehrt mich, wie man ohne fremde Hilfe durchs Leben kommt: Holzhacken, Dachdecken, einfachste Tischlerarbeiten. Er lehrt mich reiten, Wild mit Pfeil und Bogen jagen. Er macht mich zur unabhängigen Frau.

Inzwischen wird Sim immer schwächer. Er liegt im Bett und versucht, sein altes Buch über die Juden zu beenden, ist aber meistens zu schwach zum Schreiben. Außerdem ist das Buch längst überholt. Er weiß das. Er hat sein Buch gelebt, nicht geschrieben. Er ist nicht glücklich über den Verlauf, den sein Leben genommen hat, und seine Lebenskraft scheint immer mehr abzunehmen. Er sieht aus, als hätte ihn jemand mit einem Strohhalm ausgesogen, während Haut und Muskeln um seine Knochen herum zusammengefallen sind.

Wenn man mit alten Menschen zusammen ist, vergeht die Zeit langsamer. Ethan ist mein Gegenmittel. Aber wenn ich in diesem riesigen, heruntergekommenen Haus verweile, in dem die meisten Räume verschlossen sind, habe ich das Gefühl, vor Langeweile sterben zu müssen. So oft und so lange wie möglich versuche ich meinen angeblichen Vater über die Vergangenheit auszuquetschen. Doch seine Erinnerungen beschränken sich auf Szenerien, und er scheint mir dieselbe Geschichte immer und immer wieder zu erzählen. Wie er meine Mutter auf dem Schiff kennengelernt hat, wie viele Hindernisse sich ihrer Liebe in den Weg gestellt haben, wie groß die Mißbilligung seiner Familie war. Es ist, als hätte er sich das alles vor langer Zeit ausgedacht, in seiner Erinnerung gespeichert und niemals redigiert. So braucht er es, um zu beweisen, daß er noch lebt, nur ständig zu wiederholen.

»Versprich mir, daß du meine Geschichte aufschreibst«, verlangt er.

Und ich verspreche es ihm. Aber wie kann ich je die Geschichte eines anderen Menschen aufschreiben? Das, was wir schreiben, ist immer eine Version der eigenen Geschichte, in der wir andere Personen benutzen, um die Parabeln unseres

Lebens darzustellen. Um ihn zu beruhigen – und weil ich hoffe, eines Tages zu entdecken, was ich mit ihnen anfangen kann –, mache ich mir wie wild Notizen.

»Wir könnten uns eigentlich verbünden«, sagt Lucretia zu mir. »Wir werden gemeinsam die Verantwortung für das Aufräumen des Hauses haben, also sollten wir uns lieber jetzt gleich einigen«, sagt sie.

»Einigen – worauf?« frage ich sie.

»Tun Sie doch nicht, als wüßten Sie nicht, wovon ich spreche«, gibt Lucretia zurück.

Wie sterben Menschen?

Zuerst versagen die Organe, dann das Blut, die Knochen, der Wille und schließlich der Atem. Zuallerletzt bleibt das Herz stehen. Nachdem alles andere stillsteht, schlägt das Herz wie eine wild gewordene Uhr weiter. Der wichtigste Teil aber ist der Wille. Sim hat anscheinend schon immer unter Asthma gelitten, aber er *wollte* atmen. So tief er auch sank – er war entschlossen, zurückzukehren. Inzwischen sinkt er immer wieder in die Bewußtlosigkeit und findet es angenehm. Er ist mehr als nur ein bißchen in einen sanften Tod verliebt.

»Ich weiß nicht, warum ich noch hier bin«, sagt er. »Ich hab' schon vor langer Zeit losgelassen. Es muß einen Grund dafür geben, daß ich geblieben bin.«

»Mich kennenzulernen«, sage ich.

»Natürlich.« Und dann beginnt das Keuchen, das Geräusch des Todes in der Lunge, das den Käfig seines Lebens rattern läßt. Er ruft nach jemandem, von dem ich noch nie gehört habe. Und Lucretia ebensowenig.

»Margery! Margery – hilf mir! Mach, daß sie aufhören! Mach, daß es aufhört! Hilfe!«

»Wer ist Margery?« erkundige ich mich bei Lucretia.

»Woher soll ich das wissen?« gibt sie zurück.

»Vielleicht sein Kindermädchen. Er ist wieder in seiner Kinderstube.«

Lucretia sitzt da und fertigt eine Petit-point-Stickerei ihres Familienwappens an, stichelt ein und aus mit der spitzen Silbernadel. Ich komme mir völlig hilflos vor.

»*Bitte* nicht sterben«, flehe ich Sim an. »Nicht, bevor ich zu leben gelernt habe. Ich bin noch nicht bereit, Waise zu werden.«

»Ich frage mich«, sagt Sim in einem klaren Augenblick, »ob sich die Tiere, wenn sie sterben, darüber Gedanken machen, wer sich wohl an sie erinnert, wer ihre Geschichte erzählt. Sie sind uns in so vieler Hinsicht so ähnlich – dem Streben nach Macht, dem Drang, die eigene Art fortzupflanzen –, aber können sie sich *erinnern*? Ist es die Erinnerung, die uns menschlich macht? Ist die Erinnerung die Crux all dessen, was wir erfinden – Dichtkunst, Bildhauerei, Malerei? Ich habe deine Mutter aus vielerlei Gründen geliebt, vor allem aber, weil sie zu den Menschen mit Erinnerungen gehörte, den Menschen des Buches. Was könnte so großartig sein wie Erinnerungen?« Eindeutig eine rhetorische Frage.

»Der Körper versagt, doch die Erinnerungen bleiben«, sage ich.

»Nur wenn sie an einen anderen Körper, ein anderes Gehirn weitergegeben werden. Und nur die Liebe überträgt die Lebenskraft.« Dann beginnt er wieder zu keuchen.

Lucretia läuft hinaus, um den Arzt anzurufen. Sim bemerkt es und sagt hastig zu mir:
»Was immer sie oder ihre Familie behaupten mögen, wir sind nicht richtig verheiratet.«
»Bin ich die einzige, die das weiß?«
»Ethans Mutter hat es gewußt, bevor sie starb.«
»Und hast du Beweise dafür hinterlassen, daß ich deine Tochter bin?«
»Im Safe. Da liegt alles. Kümmere dich um deine Mutter.«
Und dann beginnt er zu ertrinken.
»Bitte, bleib bei mir«, sage ich und umklammere seine Hand.
»Bitte, verlang nicht das einzige von mir, was ich nicht tun kann. *Du* bist jetzt *meine* Erinnerung.«
Mein Herz scheint zu zerspringen, als ich höre, wie er um ein wenig Atem kämpft, wie er die Luft einsaugt, daran fast erstickt und sie in eine seltsame Musik verwandelt. Ein Hurrikan braut sich in seiner Lunge zusammen. Er fegt meinen Entschluß hinweg, ihn hierzubehalten.
Laß ihn gehen, sage ich mir. Gib ihn frei. Das ist das Menschlichste, was du für ihn tun kannst. Aber es kostet Willenskraft, das auch zu tun. Sein Sterben erfordert, daß sowohl er als auch ich ihn loslassen. Das ist nicht einfach. Die Menschen mögen gedankenlos in diese Welt gerufen werden, aber sie können sie nicht so verlassen. Zu viele Gedanken, Erinnerungen, zuviel Trauer halten sie zurück. Jeder Tod nimmt ein schweres Gewicht von Gottes Schultern.
Welche Bedeutung hat sein Leben? Das muß ich anscheinend wissen, um erkennen zu können, welche Bedeutung das meine hat. Als der Arzt eintrifft, hat Sim aufgehört zu atmen.

Wir können ihn nicht beerdigen, weil der Boden hart gefroren ist. Sein Leichnam muß den ganzen Winter über im Kühlhaus gelagert werden, als wäre er noch immer bei uns. Lucretia spielt die Rolle der trauernden Witwe so gut, daß sie tatsächlich daran zu glauben scheint. Da ihre Familie beim großen Bankenkrach alles verloren hat, bleibt ihr als einzige Möglichkeit, sorglos leben zu können, Sims Nachlaß: sein Haus (bei weitem nicht so luxuriös wie die *Fontana di Luna*, die verlorene Villa ihrer Familie) und was den Coppleys sonst noch erhalten geblieben ist.

Ethan und ich spekulieren über den Inhalt des Safes. Aus Angst vor Lucretias Hinterlist wagen wir nicht, ihn zu öffnen. Ethan befürchtet, daß Lucretia seine Mutter umgebracht hat und nicht davor zurückschrecken würde, auch uns zu töten. Und der Winter ist so kalt und schneereich, daß wir alle zusammen mit Sims Leichnam hier eingesperrt sind, bis der Frühling Tauwetter bringt.

[NOTIZBUCH]

1. Dezember
Lucretia wird immer irrationaler. Sie neigt zu Ausbrüchen: »Glaub ja nicht, du könntest einfach hier reinschneien und dir alles unter den Nagel reißen«, hat sie heute zu mir gesagt. »Ich hab' mein Leben für ihn geopfert, ich hab' ihn gepflegt und auf ihn gewartet! Wäre er nicht gewesen, hätte ich eine Familie haben können! Eine glänzende Karriere hätte ich haben können!«

Sie besucht ihn im Kühlhaus und hält lange Zwiegespräche mit ihm, als wäre er noch am Leben. Dabei übernimmt sie beide Seiten der Konversation. Ihr Thema sind immer nur die Juden: daß wir mit unserer Korruption und Geldgier die Welt zerstört haben. Sie liest ihm aus ihrem abgegriffenen Exemplar der *Protokolle der Weisen von Zion* vor; sie zitiert Henry Fords *Dearborn Independent* (den sie abonniert hat); sie schimpft über »den internationalen Juden«.

Ich vermute, daß ich das bin.

»Nirgendwo und überall zu Hause«, sagt sie. »Hausierer, die nichts produzieren, sondern nur weiterverkaufen, was andere produzieren – das sind die Menschen, mit denen du dein reines Christenblut vermischt hast.«

(Daß dieses reine Christenblut tief gefroren ist, scheint sie nicht zu kapieren.)

»Lieg doch nicht einfach nur so da!« schreit sie. »Sag doch was!«

Dann liest sie ihm aus der Bibel vor und fälscht den Text, damit er auf ihre eigene Situation paßt. Sie legt sich neben Sims Leichnam und sagt: »Jetzt bin ich deine Margery.«

[NOTIZBUCH]

7. Dezember

Warum habe ich offenbar keine andere Wahl, als hierzubleiben? Immer wieder sehe ich mich als Jane Eyre. Das Haus bestärkt mich darin. Ich bin gelähmt vor Angst. Nicht einmal Ethan vermag mich zu beruhigen. Ich habe das Gefühl, alle Brücken hinter mir abgebrochen zu haben – Mama, Paris, Papa –, und nun weiß ich nicht, wohin. Hier sitze ich mit einem Leichnam und einer Verrückten, eingesperrt in einer eiskalten, zerfallenden, mit Brettern vernagelten Villa in den Berkshires.

[NOTIZBUCH]

18. Dezember

Manchmal entdecke ich am Morgen, daß Lucretia Nachrichten für mich hinterlassen hat. Kruzifixe, Bibelzitate und hingekritzelte Ermahnungen über die Notwendigkeit, Jesus zu lieben. DU SOLLST DEINEN HEILAND NICHT VERLEUGNEN! lese ich etwa. Oder: JESUSMÖRDER! (Lucretia glaubt an die verrückte Idee, wir Juden seien verflucht, weil wir »unvollkommen« sind; wir hätten den Heiland zwar hervorgebracht, ihn aber nicht erkannt, und deswegen seien wir dazu verflucht, ewige Wanderer auf Erden zu sein) ERKENNE IHN! ER IST HIER! Ich bin ein ungeeignetes Ziel für sie; meine Mutter war viel zu sehr mit ihrer Malerei beschäftigt, um mir eine religiöse Erziehung angedeihen zu lassen. Doch für Lucretia bin ich der fleischgewordene Ketzer, die Quelle all ihrer Probleme, der Grund dafür, daß sie verdrängt wurde. Als wäre ich meine eigene Mutter.

Mein Leben in Paris erscheint mir inzwischen wie ein einziger Spaß. Wie verwöhnt und oberflächlich ich doch war! Wie wenig ich doch von der Finsternis im Herzen der Menschen verstand!

[NOTIZBUCH]

22. Dezember

Heute habe ich im Scherz zu Ethan gesagt, es sei doch zu schade, daß wir Lucretia nicht wie Mrs. Rochester auf dem Dachboden einsperren können. Als ich seinen faszinierten Blick sehe, bereue ich, etwas gesagt zu haben.

»Wer ist Mrs. Rochester?« fragt er.

Urplötzlich fürchte ich, daß Ethan in seiner besitzergreifenden Leidenschaft für mich etwas Ungesetzliches tun könnte.

In manchen Nächten, wenn sich Lucretia neben Sims Leichnam legt, muß ich sie wach rütteln und ins Haus bringen, bevor es allzu kalt für sie wird.

»Wie wär's, wenn wir der Natur ihren Lauf ließen?« fragt Ethan.

[NOTIZBUCH]
Weihnachten
Gestern abend hat mich Ethan mit *Eggnogg* beschwipst gemacht, einem Geheimrezept seiner Mutter. Am Morgen fand ich Lucretia, die neben Sim lag, mit blauen Lippen und einem eisigen Frostüberzug in ihren zarten Nüstern.

Ethan behauptet, daß man Einfrieren eines Tages als Unsterblichkeit betrachten wird. Ich glaube, er selbst wird auch allmählich verrückt. Ist Lucretia aus purem Haß erfroren? Es sind schon seltsamere Dinge passiert.

[NOTIZBUCH]
26. Dezember
Ethan hat beide Leichen in Eiskisten gepackt und mit Schnee bedeckt. Als ich ihm sage, ich hätte Angst, daß beide aufstehen und uns wie *dybbuks* verfolgen könnten, schichtet er Holzscheite und Brennholz auf die Kisten. Und lacht.

»Und wenn jemand die Leichen findet?« frage ich ihn in panischer Angst.

»Wenn ich einen Penny für jedes Haus in New England bekäme, das eine Leiche im Keller hat, wäre ich reich«, behauptet Ethan. »Die beiden sind eines natürlichen Todes gestorben. Gebe Gott, daß wir einen ebenso leichten Tod haben.«

»Tut Erfrieren weh?«

»Weniger als siedendes Öl«, antwortet er. Allmählich beginnt er mir Furcht einzuflößen. Ich verstecke mein Notizbuch, damit er es nicht finden kann.

»Hast du sie auch betrunken gemacht?« will ich wissen.

»Ein schöner Tod, beschwipst zu sein und Körperwärme zu verlieren. Man versinkt ohne Bedauern im tiefen Schnee. Schmerzlos«, sagt Ethan. »Die christlichen Märtyrer hatten diese Möglichkeit nicht.«

[NOTIZBUCH]

28. Dezember 1932
Was fanden wir im Safe?

Keine Gummimaus. Keine Goldbarren. Sondern ein Testament, in dem Sim mir und meiner Mutter das Coppley-Haus sowie eine Anzahl Aktien hinterließ, deren Wert nicht sogleich festgestellt werden konnte. Außerdem lagen da natürlich Bruchstücke von Sims Manuskript. Eine romantisierte Schilderung der Juden, die uns wahrhaft übermenschliche Wärme, Barmherzigkeit, Intelligenz bescheinigt. »Das einzige Volk, das eine Schriftrolle verehrt, auf die Worte geschrieben sind; das ist der Grund, warum die Juden in jedem Zeitalter ihre Spuren hinterlassen haben. Sie verehren das Lernen. Wir verehren den Tod. Sie beten zu einer heiligen Schrift, die so hell leuchtet wie ein Licht.«

Und dann fanden wir einen höchst erstaunlichen Brief von Levitsky an Sim, in dem er ihn zu seinem Mut beglückwünschte und die eigene Feigheit bedauerte:

Mein Bruder:
Als Du zum erstenmal in mein Leben tratest, sah ich in Dir einen Rivalen um die Zuneigung meiner großen Liebe, und ich verabscheute Dich zutiefst, obwohl ich es nie ausgesprochen, sondern vorgegeben habe, über jeglicher Eifersucht zu stehen. Meine Lügen schwärten in mir und verführten mich dazu, Informationen weiterzugeben, von denen ich wußte, daß sie derjenigen schaden würden, die ich zu lieben vorgab. Du warst völlig unschuldig daran und hast Dein Leben aufs Spiel gesetzt, um das ihre zu retten. Außerdem hast Du niemals versucht, mich mit hineinzuziehen. Statt dessen nahmst Du die Strafe auf Dich, die eigentlich mich hätte treffen müssen. Wenn es einen Himmel für jene gibt, die rückhaltlos lieben, wirst Du dort sein. Und da keinerlei Chance besteht, daß wir uns an jenem Ort wiedersehen: Leb wohl, und Gott segne Dich.

Levitsky

[BRIEF VON SALOME LEVITSKY AN LEV LEVITSKY]
21. April 1933
Liebster Papa,

ich weiß, daß Du das nicht bist, aber dennoch habe ich das *Gefühl*, daß Du es bist ...

Heute morgen haben wir Sim und Lucretia begraben. Während der fünf Monate, die wir darauf warten mußten, daß der Erdboden auftaut, hatte ich viel Zeit, um über Dich und Mama und Sim und Lucretia nachzudenken und darüber, was das alles bedeutet. Ich bin nicht willens, Dich als meinen Papa aufzugeben. Du bist der einzige Papa, den ich jemals gekannt habe, und ich fühle mich Dir enger verbunden, als ich jemals Sim Coppley gegenüber empfunden habe – was immer Du auch sagen magst. Ich weiß, daß wir beide in seiner Schuld stehen, weil er Mama gerettet hat, doch ich bin sicher, daß es, was alles andere betrifft, einen Irrtum gegeben haben muß.

Was Ethan betrifft, so habe ich mich offenbar selbst in eine schlimme Lage manövriert. Als wir zum erstenmal zusammen waren, schien er mir wirklich wunderbar zu sein; inzwischen aber wird meine Angst vor ihm immer größer. Er neigt zu Tobsuchtsanfällen. Er droht mir an, mich fürchterlicher Dinge zu beschuldigen. Er ist körperlich gewalttätig, und zuweilen glaube ich, daß er mich vielleicht umbringen wird. Es war Leidenschaft, die mich zu ihm hinzog, und Leidenschaft besitzt zwar ein grelles Licht, aber auch eine dunkle Seite. Seine Küsse sind süß, aber muß ich für sie sterben? Ich fürchte, daß ich tiefer im Schlamassel stecke, als ich zuzugeben wage. Ich fühle mich wie eine Gefangene im eigenen Haus, und Ethan bedrängt mich, ich solle ihn heiraten. Ich glaube, er liest meine Post und außerdem auch mein Notizbuch. Was soll ich tun?

          Deine Dich liebende
          Salome

Liebe Salome,
 dies ist keine Generalprobe. Dies ist die Wirklichkeit. Dein Leben. Rette es. Du bist stets bei uns willkommen. Deine Großmutter sagte immer: »Freundlichkeit ist die höchste Weisheit«. Das gilt doppelt, wenn sie sich auf Dich selbst bezieht. Mama und ich lieben Dich von ganzem Herzen.
                    Papa

Liebster Papa,

dein Brief allein schon war Balsam für meine Seele. Er verlieh mir die Kraft, mich gegen Ethan zu wehren. Das Geld aus dem Safe trug auch dazu bei, daß er es sich sehr schnell anders überlegte. Er ist nach Kalifornien gegangen, wo er davon träumt, als Schauspieler entdeckt zu werden. Ich wünsche ihm Glück. Es ist nicht leicht, hier ganz allein zurückzubleiben, aber ich habe das Gefühl, daß ich es tun *muß*. Sag Mama, daß ich sie ebenfalls von ganzem Herzen liebe. Vielleicht werdet Ihr eines Tages doch noch stolz auf mich sein.

Salome

[Eine ganze Anzahl von Jahren vergeht ohne Briefe und Tagebuch. Als diese Niederschriften weitergehen, hat sich ihr Ton drastisch verändert. (Hrsg.)]

Dezember 1941
Lieber Papa,

ich habe in meinem Haus eine Schule für Flüchtlinge aus Europa eingerichtet. Die ersten wurden mir von einigen meiner Künstlerfreunde in Paris geschickt, aber es waren nur wenige. Sie erzählen mir unfaßbare Geschichten über das, was sich in Europa abspielt: Kinder, die von ihren Eltern weggeschickt werden, weil diese fürchten, daß die Nazis sie allesamt umbringen werden. Das Programm nennt sich *Kindertransport*. In England werden die Kinder bei verschiedenen Familien untergebracht, aber die meisten werden ihre Eltern nie wiedersehen. Wie es heißt, wollen die Nazis alle Juden umbringen und haben schon mehr Juden getötet, als öffentlich bekannt wurde. Je mehr ich höre, desto wahrscheinlicher finde ich es, daß *alles Mögliche* geschehen kann und wird.

Einer der Flüchtlinge ist Aaron Wallinsky. Er hat die *Aktionen* (wie die Deutschen das nennen) überlebt, bei denen seine Eltern und Brüder getötet wurden. Die SS mitsamt ihren willigen Helfern aus den jeweiligen Ländern haben alle Juden in einen Wald in Polen gebracht, Hunderte von Menschen, und sie gezwungen, ihr eigenes Grab zu schaufeln. Um die Opfer dann mit Kugeln niederzumähen.

Weil er jung und stark war, wurde Aaron eingesetzt, um die Kleidungsstücke zu stapeln. Während er das zum Peitschen der Schüsse tun mußte, sei er regelrecht in Trance geraten. Er habe verdrängt, was diese Schüsse anrichteten, habe die Schreie der Sterbenden verdrängt. Er war sicher, daß er der nächste sein werde, der getötet würde, doch während er die Kleider stapelte, formte er daraus einen kleinen Turm, hinter dem er sich verstecken konnte. Zum Glück für ihn versuchte einer der nackten Häftlinge zu entkommen, und die SS-Männer verfolgten ihn. Trotz ihres methodischen Wahnsinns ließen die Nazis zuweilen die Waren im Stich, die sie so sorgfältig für das Reich gesammelt hatten. In diesem Fall ließen sie sich von dem Fliehenden ablenken und unterbrachen ihren Mordrausch, um ihn zu verfolgen.

Anfangs vermochte Aaron sein Glück nicht zu fassen, doch dann, als die Nacht hereinbrach, zog er die Kleider der Toten eine Schicht um die andere an und entfernte sich von den blutigen Gruben, die angefüllt waren mit den Toten, den Halbtoten, den lebendig Begrabenen. Er irrte umher, bis es Morgen wurde und er zu einem Schuppen am Ufer eines Flusses kam, der von der Widerstandsbewegung besetzt war. Eine Reihe unglaublicher Zufälle rettete ihm das Leben und führte ihn ins Land der Verheißung. Aber Amerika hat keine Ahnung davon, was in Europa vorgeht. Amerika *will* unwissend bleiben, behauptet Aaron. Er ist mein Seelengefährte geworden, mein Lehrer, mein Freund.

In Liebe, S.

PS: Ich denke immer intensiver über das Schicksal der Juden in Europa nach, das auch unser Schicksal hätte sein können, und habe das folgende Gedicht geschrieben, das ich Dir widmen möchte, Du Papa meines Herzens.

Der Gott der Schornsteine

Für welchen zornigen Gott, der
rückwärts sich neigt über die Welt,
aus seinem Anus Feuer speit,
mit dem fauligen Atem seines Mundes
blutfarbene Wolken treibt,
dessen Nabel, angefüllt mit brennendem Pech
und gesengten Federn,
haben wir hingegeben
unsere Augen, unsere Zähne,
unsere Brillen, Knäuel von Haaren
und die Magie unseres wertlosen Goldes?

Für welchen zornigen Gott,
der Hiob auf die Probe stellte
und Abraham,
Moses, Esther, Judith
und den abgeschlagenen Kopf des Holofernes,
für welche Sühne gehen wir

immer und immer wieder
in die Öfen?

Eingeladen
mit unserem Fleiß, unseren Werkzeugen –
Buchbinden, Goldhämmern, Silberschmieden –,
zum Dank ein Getto, goldene Sterne,
Sperrstunden,
nach ein paar Jahrhunderten
sprengen wir seine Grenzen
mit unseren Kindern und Reichtümern ...
Dann werden wir eingeladen
zum Sterben in den Öfen und
hinterlassen unsere Goldzähne.

Wer sind schließlich die Juden –
nichts als ein Volk, ohne das
wir der Leere in unseren eigenen
widerhallenden Herzen
gegenüberstehen würden?

Das Symbol
unserer Sehnsucht, aufzusteigen
wie ein Phönix aus der Asche der Toten?

Menschen aus dem Traum,
durch die Schlaflosigkeit der
Geschichte sich bewegend.
Menschen, die nicht schlafen können.

6 SALOME
Symbole der Ewigkeit

Der Jude ist ein Symbol der Ewigkeit.
TOLSTOI

[BRIEF VON SALOME LEVITSKY
AN SARAH LEVITSKY]

Lenox, 28. März 1948
Liebste Mama,
was soll ich Dir nach all diesen Jahren des Schweigens sagen? Daß ich Dich bewundere? Daß ich Dich so sehr liebe, daß ich es mit Worten nicht ausdrücken kann? Daß ich jetzt weiß, wieviel Du für mich getan hast? Daß ich mich schäme, weil ich so lange gebraucht habe, Dich zu verstehen?

Meine Kleine wurde vor zwei Tagen in Pittsfield geboren. Aaron und ich stehen immer nur da und starren sie in unbändigem Staunen an. Woher kommt sie? Sie kann doch unmöglich aus meinem Körper gekommen sein! Sie sieht Dir ähnlich ...

Die Schule, die wir gegründet haben, läuft gut. Die Lehrer sind fast alle *displaced persons*, Flüchtlinge vor Hitler, Überlebende aus dem Grauen des Holocaust. Die Geschichten, die sie erzählen, sind unglaublich!

Die meisten sind die einzigen Überlebenden ihrer gesamten Familie – von Geschwistern, Cousins und Cousinen, ganz zu schweigen von Eltern und Großeltern.

Wie können wir beide Du und ich, voneinander getrennt leben, wenn es solches Entsetzen in der Welt gibt?

Sag mal, wie läuft Deine Arbeit in Kalifornien? Papa sagt, ganz Hollywood liegt Dir zu Füßen, und jeder Filmstar will unbedingt ein von Dir gemaltes Porträt haben. Ich wüßte keinen, der diesen Erfolg mehr verdient hätte als Du.

Warum hast Du mir nie gesagt, wie bezaubernd Babies sind und daß man die Welt nach ihrer Geburt mit anderen Augen sieht? Sally ist der Sonnenschein in Person ... Zum erstenmal habe ich das Gefühl, daß mein Leben vollkommen ist.

Aber ich habe ständig Angst, irgend etwas falsch zu machen. Wenn sie hustet, fürchte ich, daß sie erstickt. Wenn sie schön und fest schläft, fürchte ich, daß sie nie wieder aufwachen wird.

Ich habe nur einen einzigen Wunsch: daß Du sie und ihren Vater kennenlernst; er ist ein bemerkenswerter Mann, noch weit bemerkenswerter geworden durch das, was er durchgemacht hat.

In inniger Liebe
Salome

1. April 1948
Liebste Salome,

als ich seit einer – wie mir schien – Ewigkeit nichts von Dir persönlich hörte, war mir natürlich klar, daß Du wegen meiner Lügen wütend auf mich warst, und ein Teil von mir konnte Dir das nachfühlen. Ich machte mir Sorgen um Dich und grübelte.

Doch wie Mama immer sagte: *Die Welt ist ein Dorf* – und

so erfuhr ich doch einiges über Dich. *Ein unartiges Mädchen in Paris* wurde mir nicht nur von Levitsky unter die Nase gerieben, sondern darüber hinaus von meinem Bruder Lee und verschiedenen neunmalklugen »Freunden«, die das Buch aus Paris mitbrachten oder es sogar im Gotham Book Mart in New York unter dem Ladentisch fanden. Ein anderes der pessimistischen Sprichwörter meiner Mama lautet: *Eine Mutter hängt immer an ihrer Tochter, die Tochter aber nicht immer an der Mutter.* Ich habe nie aufgehört, Dir zu schreiben, aber ich hab's nicht immer fertiggebracht, die Briefe auch abzuschicken. Als ich endlich Mut genug gesammelt hatte, um sie doch noch nach Paris aufzugeben, warst Du schon nicht mehr dort.

Böse war ich Dir eigentlich nie. Du warst damit beschäftigt, Dich auf die großen Dinge vorzubereiten, die Du letztlich schreiben würdest – wie dieses Gedicht, das Du Papa geschickt hast und das ich all diese Jahre lang auf all meinen Reisen von und nach Kalifornien bei mir trage. Ich werde hier nicht davon sprechen, wie sehr wir zuweilen um Dein Wohlergehen bangten, wie groß die Sorgen waren, die wir uns Deinetwegen machten. Das alles ist jetzt längst vorbei.

Wie Du weißt, hat sich mein Schicksal zum Guten gewendet und Levitskys ebenfalls. Eine Hollywood-Schauspielerin – Loretta Young –, deren Porträt ich (unter einem meiner Alias-Namen) gemalt hatte, suchte mich auf und machte mich zu ihrer Lieblingsmalerin. Wir waren auf dem Höhepunkt der Wirtschaftskrise, und ich malte Filmplakate und Porträts und verdiente ein Vermögen damit! Das heißt, für mich war es ein Vermögen.

Wie Du natürlich weißt, ist Levitskys neue Galerie endlich ein Erfolg. Die Gemälde der jüdischen Künstler in Paris haben einen aufnahmebereiten Markt bei den *alten kackern* am Broadway und in Hollywood gefunden, die Kunst vor allem dann *besitzen* wollen, wenn sie selbst keine erschaffen können! Es verleiht ihnen das Gefühl, Künstler zu sein, obwohl sie in Wahrheit Parasiten sind.

Der wahre Künstler ist allein Gott – und welche Pracht er in Kalifornien geschaffen hat! Kalifornien ist voller Orangenhaine, Nebellöcher, staubiger Canyons. Im Wasser rund um Catalina tummeln sich die Wale. Dies ist wirklich der wahre Westen – das Land der unmöglichen Träume. Levitsky und ich ziehen mit der Eisenbahn los, ohne etwas anderes in den Taschen als Talent und Ehrgeiz, und kommen schwer beladen mit Hollywood-Gold zurück!

Dotty Parker sagt, daß Hollywood-Geld in der Hand zerschmilzt wie Schnee. Nur wenn man es in Schnaps auflöst, glaube ich. Die Gefahr besteht darin, daß man hier draußen bleibt und wie ein Großmogul zu leben beginnt. Dann hat man niemals genug davon. Unsere Bedürfnisse sind jedoch nicht so ausschweifend. Wir verstehen uns immer noch darauf, Bindfäden zu sammeln.

Levitsky ist ein Pessimist und fürchtet ständig, ein neuer Iwan der Schreckliche werde Amerika erobern, also spart er wie ein russischer Bauer. Oder meine ich einen französischen? Ich glaube, die russischen Bauern haben vor allem Wodka getrunken! Jetzt macht er sich Sorgen wegen irgendeines Komitees in Washington. Etwas gibt es immer.

Leichentücher haben keine Taschen, hätte Mama gesagt. Wie sehr sie mir fehlt! Nun, da sie nicht mehr bei uns ist, zitiere ich sie wohl immer häufiger.

Ich kann es kaum erwarten, meine Enkelin zu sehen! Gott segne Euch alle!

Deine Mama, die Dich mehr liebt als ihr Leben.

Sarah

[Salomes Mutter, die erste Sarah, schrieb ihren Namen immer mit kühnem Schwung in einer altmodischen europäischen Handschrift. Ihr S besaß eine fast ans achtzehnte Jahrhundert erinnernde Largesse. Im Laufe der Jahre wurden ihre Buchstaben größer. Zum Schluß waren sie zittrig wie ihre Hände. Aber sie waren immer noch so schwungvoll und kühn wie sie selbst. (Hrsg.)]

[NOTIZBUCH]

1. September 1948

Aaron arbeitet an seinen Memoiren. Er ist fast immer voller Verzweiflung. Die Dinge, die er gesehen habe, könne man nicht mit Worten beschreiben, sagt er, und wenn er versuche, die Greuel niederzuschreiben, erlebe er sie alle von neuem. Statt über das Baby glücklich zu sein, scheint er sich mit Schuldgefühlen herumzuschlagen. Nun, da er das Leben feiern sollte, ist er den Fängen des Todes ausgeliefert.

»Erzähl einfach deine Geschichte«, rate ich ihm. »Sie muß nicht hochliterarisch sein, sie muß nur aufrichtig die Gefühle der Menschen schildern.« Ich versuche ihn damit zu ermutigen, was ich von Henry gelernt habe: Nicht die Literatur, sondern das Leben ist das Wichtigste. Er wird ärgerlich: »Wie könntest du das verstehen?« Aber ich glaube, daß ich es verstehe. Häufig denke ich, daß er unser Glück zu zerstören versucht, weil er, der am Leben geblieben ist, sich gegenüber all den Menschen, die sterben mußten, schuldig fühlt.

»Begreifst du denn nicht?« schreit er mich an. »Wir Überlebenden waren die Schlimmsten, und die, die sterben mußten, waren fast immer die *Besten* von uns! Es war eine richtige Todesfabrik! Nur die Zerbrochenen, Unvollkommenen, Gefühllosen wurden verworfen und schafften es nicht bis in die Öfen!«

Das erste Kapitel heißt »Der Junge mit den vielen Mänteln«. Die erstaunliche Schilderung eines Jungen, der im Wald Mäntel aufstapelt. Erst ganz am Ende begreift man, daß die Eigentümer dieser Mäntel allesamt methodisch ermordet wurden, daß das Rattern in den Ohren des Jungen Maschinengewehrfeuer ist.

Aber Aaron war nicht glücklich mit dem Kapitel und verbrannte es.

»Wie kann ich Schnörkel mit Worten machen, wenn alle tot sind?« schrie er.

Ich versuchte ihn zu trösten, indem ich ihm erklärte, Zeuge zu sein sei das ehrenwerteste aller Ziele, ihm versicherte, daß Worte, vor allem für einen Juden, lebenspendende Dinge, lebendige Dinge seien, daß wir alle letztlich sterben müssen und daß wir, wenn niemand unsere Geschichte erzählt, doppelt tot sind. Ich drängte ihn, in seinen Memoiren ein *kaddisch* zu sehen, eine Hymne auf das Leben, gesungen für all jene Gräber. »Geschichten bleiben, das Fleisch nicht«, sagte ich.

Seltsam, daß ich das sage, da ich doch selbst das Schreiben aufgegeben habe, um ihn und das Baby zu versorgen – und doch glaube ich ganz fest daran. Und fühle mich verraten, weil er das Kapitel verbrannt hat, denn auf mich wirkt das wie eine Ohrfeige, weil ich das Schreiben ebenfalls geliebt, aber das Kind gewiegt habe, damit er schreiben konnte.

Wie begann die Geschichte noch? »Der Junge stapelte im Wald Mäntel. Jedesmal, wenn er einen sah, der ihm gefiel, zog er ihn über seinen eigenen, bis er ein halbes Dutzend Mäntel trug und mit ihnen die Seelen jener, denen sie gehört hatten ... Nach einiger Zeit wurde das Gewicht dieser Seelen so schwer, daß er sich kaum noch rühren konnte ...«

Alles Geschriebene ist nur eine blasse Annäherung an die lebendigen Gespenster im Kopf. Wenn wir wegen der Enttäuschung über die eigenen unzulänglichen Werke aufhören wollten, miteinander zu sprechen, wären wir alle längst verstummt ...

»Ehrt man die Toten besser durch Schweigen?« frage ich Aaron. Er legt die Stirn auf den Schreibtisch und bedeckt den Kopf mit den Händen.

Als er schließlich wieder aufblickt, sagt er zu mir: »Weißt du, daß ich jedesmal, wenn ich mich am Morgen ankleide, in Panik gerate, weil ich meinen Judenstern nicht finden kann? Dann fällt mir ein, daß ich in Amerika bin, dem Land der Freien, der Heimat der Tapferen.« Er lacht verbittert.

»Dann soll ich Sally wohl in eine Grube werfen, nur weil so viele jüdische Mütter ihre Kinder verloren haben!« schreie ich. »Aber ich werde nicht dulden, daß der Tod siegt, und das solltest du auch nicht tun! Alles, was auf dieser Welt getan wurde, wurde getan, weil es *Hoffnung* gab! Wie kannst du es wagen, die Hoffnung aufzugeben? Wie kannst du es wagen, unserer Tochter das anzutun?«

So geht es weiter. Aber man kann einen Verzweifelten nicht mit Argumenten aus seiner Verzweiflung erlösen. Aaron fällt so tief in seine Verzweiflung, daß ich ihn manchmal morgens auf seiner Bettkante sitzen sehe, wie er auf seine Schuhe hinabstarrt und sich fragt, ob es sich lohnt, sie anzuziehen. Er zieht mich mit sich in die Verzweiflung hinab. Einmal schrie ich ihn wütend an: »Dann hättest du dich auch gleich erschießen lassen können!« Anschließend rutschte ich auf den Knien vor ihm und bat ihn um Verzeihung. Tief im Herzen bin ich jedoch überzeugt, daß die Nazis seine Seele getötet haben. Sallys Geburt genügte schon, um den Mord sichtbar zu machen.

[NOTIZBUCH]

18. Oktober 1948
In New York

Ich habe mein Baby genommen und bin nach Hause gefahren, um Mama zu besuchen, die kurz aus Kalifornien gekommen ist. Mama und Papa haben sich ein ziemlich großes Stadthaus an der Fifty-sixth Street/Ecke Sixth Avenue gekauft, wo sie die Levitsky Gallery betreiben und ein *pied-à-terre* für sich selbst haben. »Alles absetzbar«, erklärt Papa. »Uncle Sam bezahlt.«

»Wie ich sehe, sammelt ihr Bindfäden«, sagte ich. Niemand lachte.

Das ganze Haus ist weiß, mit *Shoji*-Wandschirmen, geheizten Böden und überall wundervollen Gemälden. Mama und ich fielen einander um den Hals und weinten. Sie bestand darauf, das Baby neunmal zu küssen, weil das Glück bringen soll – so lange, bis Sally zu weinen begann.

Ich wollte mit Mama reden – es gab so vieles, wonach ich sie fragen wollte –, aber am ersten Abend gab es mir zu Ehren eine riesige Cocktailparty, zu der alle berühmten Leute erschienen – von Gypsy Rose Lee über Tennessee Williams bis zu Leonard Lyons –, und für den zweiten Abend plante ich ein heimliches Dinner mit Onkel Lee und Tante Sylvia. (Mama spricht nicht mit ihnen, gibt ihnen die Schuld an meiner Pariser Zeit und allen möglichen anderen Dingen). Dann mußte Mama natürlich ein Porträt malen und hatte ein Modell in ihrem schneeweißen Atelier; irgendeine Dame der Gesellschaft namens (ist das zu glauben?) Babe. Und es dauerte gar nicht lange, da war die Zeit, die wir gemeinsam verbringen wollten, schon fast vorüber, und wir hatten kaum miteinander geredet.

Wie habe ich mir gewünscht, so richtig mit Mama *reden* zu können, und wie unmöglich scheint das zu sein, wenn wir zusammen sind! Warum ist die Verständigung zwischen den Generationen so schwierig? Werden Sally und ich uns genauso benehmen? Vielleicht wird es leichter, wenn einige Generationen übersprungen werden. Hätte meine Großmutter Englisch gesprochen und wäre sie kein Greenhorn gewesen, hätte ich sie vielleicht richtig kennengelernt. So jedoch erinnere ich mich nur noch an den Geruch alter Persianerpelze – für mich der Geruch Rußlands – und eines Eau de Cologne, das sehr altmodisch nach Lavendel duftete. Jedesmal, wenn ich Yardley's English Lavender rieche, habe ich meine alte Nana vor Augen.

Ich habe Theda besucht, die in Great Neck wohnt und drei Dienstmädchen hat, einen Chauffeur und einen Butler – ganz zu schweigen von drei Kindern und einem Ehemann, der ein Vermögen mit Immobilien in Brooklyn gemacht hat... genau in dem Viertel, in dem sie selber niemals hätte wohnen wollen.

»Was ist aus dem Exemplar von *Lady Chatterley's Lover* geworden?« fragte sie mich. »Wie ich höre, ist das inzwischen ein Sammlerobjekt, *takeh*.«

»Dein Ehemann hat's dir verboten«, antwortete ich.

»Das ist nicht dein Ernst!« Sie hatte die ganze Geschichte völlig vergessen und gab nun mir die Schuld daran. Sie war eindeutig neidisch auf mein Leben: Paris, Erfolg im Untergrund, mein kleiner Ruhm als eine Figur des Linken Ufers in *les Années Folles*.

Ach, wie sehr sich die Reichen Ruhm und die Berühmten Reichtum wünschen! Ist das immer so im Leben?

Theda scheint überhaupt nicht glücklich zu sein. Sie ist dick, behauptet, ihr Ehemann habe eine Geliebte, und schluckt alle möglichen Pillen für ihre »Nerven«. Sie geht zu einer dicken Psychiaterin, die in Greenwich Village praktiziert, und wollte sogar, daß ich sie aufsuche und wegen meiner traurigen Ehe um Rat frage.

»Sie hat mir das Leben gerettet«, behauptet Theda.

»Wie?«

»Na ja, als mir wegen Arties Affären und weil er nie nach Hause kam, das Herz weh tat, zeigte sie mir ihre *puschke* ...«

»Ihre – was?«

»Du weißt schon, eine Blechbüchse für Spenden.«

»Na also?«

»Also sollte ich jedesmal, wenn ich mit einem anderen Mann einen Orgasmus hatte, einen Dollar in die *puschke* stecken. Um mir zu beweisen, daß ich auf andere Männer noch immer attraktiv wirke. Und es hat funktioniert! Dr. Magid und ich haben inzwischen ein recht schönes Pölsterchen, und das ist unser kleines Geheimnis. Sie freut sich jedesmal, wenn ich wieder einen Dollar in die Blechbüchse stecke. Das hat mir wirklich über meine sexuellen Hemmungen hinweggeholfen.«

Ich versuchte das zu verdauen. (Als ich sie kennenlernte, kannte Theda keine sexuellen Hemmungen.)

»Na ja, einmal ein *flapper*, immer ein *flapper*«, entgegnete ich diplomatisch.

Wäre ich glücklicher gewesen, wenn ich eine konventionelle Ehe geschlossen hätte? Ich wäre zweifellos genauso unglücklich gewesen wie Theda. (Theda trägt übrigens auch im Bett ihr volles Make-up, weil Dr. Magid ihr dazu geraten hat, und steht um vier Uhr morgens auf, um es zu erneuern, bevor ihr Mann aufwacht.)

Ach ja, fast hätte ich vergessen zu erwähnen, daß sie, sobald sie und die liebe Ärztin genügend Geld in ihrer *puschke* haben, ein wirklich fabelhaftes sexy Geschenk für Theda kaufen wollen – etwa einen seidenen *peignoir*. Bin *ich* verrückt oder die Welt?

Mama hat mir erzählt, daß ein *schnorrer* – eines ihrer Lieblingswörter – namens Ethan Lyle in Kalifornien an sie herangetreten sei und behauptet habe, er sei »ein enger persönlicher Freund von mir«. Er sei Business Manager berühmter Persönlichkeiten geworden und wolle ein Geschäft mit ihr machen: Er werde seine Klienten dazu überreden, sich von ihr malen zu lassen, wenn sie ihr Honorar fifty-fifty mit ihm teile.

»Erstens, junger Mann, habe ich mehr Klienten, als ich malen kann, und zweitens bezahle ich keine *schnorrer,* damit sie mir Modelle anschleppen. Wie George Bernard Shaw sagte: Mag sein, daß Sie sich für Kunst interessieren, aber ich interessiere mich nur für Geld.«

»Wie hat er ausgesehen?« wollte ich wissen und verspürte wieder das alte Rumoren im Bauch, das sein Name unfehlbar hervorrief.

»Wie eine Schlange«, sagte Mama. »In Mokassins.« Sie hielt einen Augenblick inne, um ihren Worten Nachdruck zu verleihen. »Mit Sonnenbräune.«

Wir lachten und lachten. Und fielen uns in die Arme.

Über Aarons Depressionen zu sprechen war unmöglich. Irgendwie hatte ich das Gefühl, es sei illoyal, all diese Probleme mit Mama zu teilen.

Papa sagte: »Wenn du nicht glücklich bist, kannst du jederzeit nach Hause kommen. Nach meiner Meinung gibt es nur eine Sünde: unglücklich zu sein.« Er wußte das.

»Ich muß eine Schule leiten, weißt du.« Zu stolz, um Hilfe anzunehmen.

Doch als ich da stand, im Geruch von Mamas Terpentinwald – so ganz anders als Aarons Wald der vielfarbigen Mäntel –, stellte ich Mama plötzlich die Frage: »Wie war das, als du jung warst?«

»Es gab überall Spucknäpfe und Telefone, die man kurbeln mußte – aber der Kummer und das Herzeleid, die waren die gleichen. Es ist immer wieder dasselbe: Wenn etwas schiefläuft, wird den Juden die Schuld daran gegeben«, antwortete Mama.

»Du solltest deine Geschichte erzählen, Mama«, sagte ich. »Wenn nicht für mich, dann für deine Enkelin.«

»Ich bin viel zu beschäftigt damit, mir meinen Lebensunterhalt zu verdienen«, behauptete Mama. »Aber wenn ich eine Urenkelin habe – dann habe ich möglicherweise Zeit dazu.«

»Ich werde dich beim Wort nehmen, Mama«, sagte ich.

»Beim Wort nehmen – *schmonzes* ... Du bist die Schriftstellerin in der Familie, Salome, du solltest schreiben und nicht darauf warten, daß dein Mann schreibt. Männer sind schwach. Willst du warten, bis die Männer stark werden, wirst du ewig warten müssen. So sieht die Wahrheit aus.«

So hatte ich zuletzt doch noch eine Weisheit von meiner Mama bekommen. Ich beende diesen Tagebucheintrag vier Tage später im Zug auf der Rückreise nach Lenox. Ihre Worte tönen mir in den Ohren.

Vielleicht wird Mama in ihren Briefen intimer als in der Wirklichkeit, aber wenn man lange genug wartet, bringt sie's doch.

»Ach«, sagte Papa, »noch immer eine Anhängerin von Emma Goldman.«

[NOTIZBUCH]

November 1948
Lenox

Häufig denke ich, daß ich mich nicht in Aaron verliebt habe, sondern in seine heldenhafte Vergangenheit. Nach Val Miller und all den verlorenen Boys in Paris, nach dem verlorenen Ethan schien mir Aarons Martyrium wichtig zu sein. Ich wollte etwas Wichtiges lieben. Ich wollte etwas Jüdisches lieben. Das tue ich jetzt: Ich liebe Sally.

Aaron benimmt sich wie ein großes, nörgelndes Baby; er schreibt und verbrennt. Ich soll wohl seine Manuskripte aus den Flammen retten – oder? Aber es ist mir inzwischen egal. Er wirkt so selbstsüchtig. An der Ursprünglichkeit eines Kindes gibt es etwas, das alles andere wie Eitelkeit aussehen läßt.

Der Unterschied zwischen dem Schreiben in ein Notizbuch und dem Schreiben eines Romans: Im Roman schildert man Menschen; in einem Notizbuch setzt man voraus, daß der Leser – man selbst? – schon alles weiß. Aaron hat rötliches Haar und einen rötlichen Bart. Seine Haut ist blaß und sommersprossig. Seine Schneidezähne sind groß, und einer davon steht schief. Als ich ihn – oder seine Vergangenheit – liebte, fand ich diese Unregelmäßigkeit wunderschön.

Jetzt bin ich mir nicht mehr so sicher. Er kann unglaublich komisch sein, in seinen depressiven Phasen schweigt er jedoch zumeist. Sein Schwanz, den ich seit Ewigkeiten nicht mehr gesehen habe, war früher mal groß. Wer weiß, ob er heute überhaupt noch vorhanden ist?

[NOTIZBUCH]

November 1948
Die Schuldgefühle, die mich quälten, weil ich als Jüdin noch auf dieser Erde weilte, während jüdische Kinder vor so kurzer Zeit in die Öfen getrieben worden waren, hatten zur Folge, daß ich mich über den Zeitpunkt hinaus an Aaron klammerte, an dem es nichts mehr gab, woran man sich klammern konnte.

Wie ich merke, schreibe ich über die Liebe in der Vergangenheitsform. Das macht mir angst. Nein. Es macht mir nicht genügend angst.

[NOTIZBUCH]

1. Dezember 1948
Ich habe mir einen Babysitter genommen – eine reizende Frau aus Stockbridge namens Hannah Weeks – und wieder

angefangen zu arbeiten. Dieses Buch wird völlig anders als das *Unartige Mädchen* – ich schreibe vom Standpunkt eines Überlebenden der Nazigreuel aus –, denn ich versuche, Aarons Erzählungen vor dem Vergessen zu retten. Mein Held ist jedoch eine Frau – jene Frau, die ich geworden wäre, wenn Aarons Vergangenheit die meine gewesen wäre. Das Buch fließt aus mir fast so heraus, als würde es mir von einer geheimen Quelle diktiert. Ich habe keine Ahnung, ob es gut ist. Ich weiß nur, daß ich nicht aufhören kann.

Es ist, als säße ich auf dem Globus und galoppierte durch den Weltraum. Nichts anderes ist mehr wichtig.

Sally macht zur Zeit – schon neun Monate alt! – weniger Mühe als Aaron. Er schmollt. Er lächelt. Mama zitiert ihre eigene Mutter, die gesagt haben soll: »Ein härenes Hemd ist schlimm genug; um so schlimmer, wenn man es selbst weben muß.« Das habe ich Aaron erzählt. Er fand es nicht komisch.

»Ich komme in diesem Haus an letzter Stelle«, beschwerte er sich. »Zuerst das Baby, dann deine Schreiberei, dann deine Schüler ...« Ich habe das Gefühl, als ersticke er mich mit seinem Leid. Ich will mich aber nicht ersticken lassen.

Doch die Depressionen sind ansteckend. Manchmal habe ich das Gefühl, nicht mehr weiterzukönnen. Er saugt all meine Kraft aus mir heraus.

21. Dezember, 1948
Liebste Mama,

Frohe Chanukka und Fröhliche Weihnachten und so weiter. Es muß seltsam sein, in dieser Jahreszeit in Kalifornien zu sein. Hier schneit es, wie üblich, wenn auch nicht ganz so schlimm wie letztes Jahr, als ich während des großen Schneesturms hochschwanger war. Ich werde niemals vergessen, wie alle Autos tief im Schnee vergraben waren, bläulichweiße Hügel, deren Identität nicht auszumachen war. Ich weiß noch, wie Du mir am Telefon erzähltest, daß ganz New York unter einer weißen Decke liege und Du keinen Zug kriegen konntest.

Mein Schneebaby wird mit jeden Tag wundervoller. So viele Dinge im Leben entpuppen sich als Enttäuschung, Mama, aber Kinder sind sogar noch besser als in der Werbung. Darüber staune ich immer wieder.

Die schlechte Nachricht ist, daß es Aaron nicht sehr gut geht. Er ist jetzt in einer Klinik namens Chestnut Lodge (in Stockbridge) und scheint bei einem Arzt in Behandlung zu sein, der weiß, wie man ihm helfen kann. Daß das ein Vermögen kostet, brauche ich wohl nicht zu erwähnen, aber uns blieb wirklich keine Wahl. Er scheint einen Nervenzusammenbruch zu haben, was immer das sein mag. Ich weiß nur, daß es erschreckend für mich und das Baby war. Er behauptete, Jesus Christus zu sein, und hielt die Bergpredigt. Er marschierte den Highway entlang, entblößte sich, hielt Autos an und sagte: »Wißt ihr denn nicht, daß euer HERR beschnitten war?« In der bitteren Kälte wurde er gefunden, wie er über das Eis auf der Stockbridge Bowl wanderte – nur mit einem Lendentuch bekleidet. Er beschuldigte mich, das »scharlachrote Weib« aus der Offenbarung zu sein, und nannte mich die »Mutter der Huren und Schändlichkeiten«. Ich kann Dir nicht sagen, wie verängstigt ich war, denn er wurde außerdem gewalttätig. Er schleppte mich auf den Friedhof, wo die Coppleys beerdigt sind, und drohte mir, Sim Coppleys Grab zu öffnen, um »meine Schandtaten« zu beweisen. Schließlich rief ich Laurence Wilder zu Hilfe, den Philosophielehrer der Schule, und brachte Aaron in die Lodge zu Dr. Bartlow, der wirklich sehr freundlich war. Aaron steht unter Beruhigungsmitteln, aber was danach kommen wird, weiß ich nicht.

                All meine Liebe für Dich und Papa
                Salome

[Das nächste Stück in der Sammlung ist ein illustrierter Brief, geschrieben auf einem Zeichenblock und mit Knickfalten, vielleicht weil das Blatt in ein Kuvert passen sollte. Die Wörter sind als Piktogramme gestaltet, die Anspielungen auf Vögel und Nester sind illustriert, nicht ausgeschrieben. Ein Baby wird, in Wasserfarben gemalt, zu einem rothaarigem Cherub. Das verwirrendste von all diesen Piktogrammen ist die »Erinnerung«, gezeichnet als Frauenantlitz mit wie in Trance verdrehten Augen; eine Wolke über ihrem Kopf zeigt eine ferne Landschaft mit Birken und kleinen Holzhäusern. Übersetzt scheint dieser Brief zu lauten: Liebe Salome, meine Mutter seligen Angedenkens pflegte zu sagen: »Man kann die Vögel des Schicksals nicht daran hindern, über unseren Köpfen dahinzufliegen und ihr Geschäft zu verrichten, wo immer sie wollen, aber man kann sich dagegen wehren, daß sie in unseren Haaren nisten.« Papa und ich legen einen Scheck bei, um Dir mit diesen unerwarteten Unkosten zu helfen, aber Du bist nicht der Hüter Deines Ehemanns. Zuallererst kommst Du mit Deinem Baby. Mama.‹ Der Bankscheck wird als ein kleines blaues Rechteck mit Flügeln dargestellt, das über eine verschneite Landschaft dahinfliegt. (Hrsg.)]

[NOTIZBUCH]

26. Dezember 1948
Dr. Bartlow sagt, daß Aaron sich eine Phantasiewelt geschaffen hat, um sich vor allen Dingen zu schützen, die er nicht mehr ertragen kann. Die Jesus-Christus-Vorstellung ist vermutlich nur seine letzte Identität. Als Kind in Polen hat er sich andere Phantasiereiche ausgedacht und in ihnen gelebt, aber unter dem Druck des Krieges und der Hitlergreuel, denen seine Familie tagtäglich ausgesetzt war, wurde sein »Selbsttäuschungssystem« übersehen. Wie kann man seinen Sohn als verrückt bezeichnen, wenn doch die ganze Welt eindeutig verrückt geworden ist? Aarons Familie mag erkannt haben, daß irgend etwas mit ihm nicht stimmte, aber wie sollten sie damit umgehen? Bartlow sagt, wenn ein gestörter Heranwachsender die Erfüllung seiner gewalttätigen Wünsche erlebt (Eltern und Geschwister getötet), glaubt er allmählich daran, daß die Götter seiner inneren Welt wirklich allmächtig sind. Er fragt mich, ob ich jemals zuvor Anzeichen von Aarons Wahnwelt bemerkt hätte. Habe ich das?

»Er schien mir nur eine recht lebhafte Phantasie zu besitzen und mit bestimmten leblosen Objekten auf bestem Fuße zu stehen.«
»Welchen zum Beispiel?«
»Er hatte diese Angewohnheit, in die Toilette hineinzurufen, um gewisse Wesen herbeizuzitieren – Toilettentrolle nannte er sie –, deren Körper, wie er behauptete, aus Exkrementen bestanden und die menschliche Wesen verkörpern konnten. Ungefähr so wie ein Golem. Aber ich dachte immer, das wäre eher als Scherz gemeint.«

»Er scheint gewisse Nazi-Stereotypen von Juden in sein mythisches System verinnerlicht zu haben – als könne er sich, indem er sie akzeptiere, selber retten ...«

»Heißt das, daß die Nazis ihn verrückt gemacht haben?«

»Vermutlich hätte er diese Wahnvorstellungen auch in normalen Zeiten gehabt, aber das können wir nicht wissen. In jedem Fall müssen wir ihn davor bewahren, sich selbst und anderen zu schaden, und hoffen, daß er den Willen hat, gesund zu werden. Es wäre möglich, daß er ihn nicht hat, wissen Sie.«

»Und dann?« fragte ich ihn.

»Es ist noch zu früh, darüber nachzudenken«, sagte der Arzt ausweichend. (Die Ärzte müssen schon beim Medizinstudium Unterricht in ausweichenden Antworten genommen haben).

Aber sie haben ihn in einer Abteilung für »Gestörte« untergebracht, also müssen sie befürchten, daß er sich selbst etwas antun könnte. Er hat um seine Schreibstifte und seine Reiseschreibmaschine gebeten, erhielt aber die Antwort, in der Abteilung für »Gestörte« dürfe man sie ihm nicht geben.

»Na, wunderbar!« schimpfte er, als ich bei ihm war. »Dann könnt ja ihr, du und die Toilettentrolle, ungehindert mein Buch stehlen! Sehr clever, Miss Levitsky!«

Dr. B. sprach mit ihm in einer Art, die vermutlich beruhigend wirken sollte, die Aaron aber als herablassend empfand. Das hätte ich dem Doktor gleich sagen können.

»Ich bin kein Idiot«, schrie er mit einer Stimme, die mein Blut gefrieren ließ.

[Handschriftlicher Auszug, offensichtlich aus einem Roman. Rohentwurf mit vielen Streichungen und Querverschiebungen. (Hrsg.)]

Also schwieg sie still. Und manchmal konnte sie sich fast einreden, daß es nicht geschehen war. Aber von Zeit zu Zeit explodierte in ihren Träumen Maschinengewehrfeuer durch diese beabsichtigte Sprachlosigkeit, und sie hörte wieder das Stöhnen und die Schreie, und sie erinnerte sich an den Gestank, als ihr kleiner Bruder die Kontrolle über seinen Darm verlor, und an das Blut, das einen anderen Jungen blendete, als er einen Schlag auf den Kopf bekam, weil er nicht schwieg. Ruhe! Ruhe! ... (Ach, die Erinnerung daran, wie man in einer Sprache angeschrien wurde, die man kaum verstand, und mit dem Leben dafür bezahlen mußte, daß man sie nicht verstand – wie in einer Alptraumschule ...)

Nein, es hieß, nicht darüber sprechen, sich nicht einmal daran erinnern, jede Spur aus dem Gedächtnis ihrer Augen, aus dem Echo ihrer Ohren und der trägen Hinterhältigkeit ihres animalischen Geruchssinns löschen (so eng mit der Erinnerung verbunden), jede Spur jenes Tages, jener Nacht, jener Grube, jenes Kleiderbergs, jenes Waldes. Dann würde sie zwar nicht glücklich sein, aber auch nicht todtraurig. Ganz einfach empfindungslos würde sie sein. Und für eine kurze Zeit würde sie diese Empfindungslosigkeit mit dem Leben verwechseln.

Dann, ohne jede Vorwarnung, wurde sie plötzlich von einem Geruch – die Gerüche waren am schlimmsten –, einem Geräusch, einem harten Wort wieder mitten in die Vergangenheit zurückgeworfen, und sie wünschte, sie hätten auch sie erschossen. O ja, manchmal schien es, als hätten sie es getan, und nur ihr Geist wandere in diesem freundlichen Land umher, weit entfernt, hinter dem Meer.

Das Unterdrücken der Erinnerungen fordert jedoch einen schrecklichen Preis. Denn wir sind in das Land der Erinnerungen hineingeboren und üben uns dort darin, wir selbst zu werden; wenn wir also diesen unsichtbaren, geruchslosen Teil von uns unterdrücken, haben wir in Wirklichkeit uns selbst verloren.
~~*Territorium der Vergessenheit, Territorium der Toten . . . Wer ist so tot wie die Toten, die vergessen wurden?*~~
Als alles vorüber und sie in einem anderen Land in Sicherheit war – obwohl »sicher« ein Begriff war, der für sie jetzt keine Bedeutung mehr besaß –, entdeckte sie, daß es ein Fehler war, irgend jemandem von dem zu erzählen, was sie erlebt hatte. Genau wie sie es nicht zu glauben vermocht hatte, als die Erschießungen der nackten Menschen begannen, genau wie es ihr gelungen war, ihre Ohren taub und ihre Augen blind zu machen, während sie diesen biblischen Turm der Mäntel aufstapelte, genauso erkannte sie jetzt, daß sie, wenn sie den Menschen in diesem freundlichen Land, das keinen Krieg kennengelernt hatte, davon erzählte, was im Osten, hinter dem Meer, geschehen war, deren Bund mit ihren Eltern und mit Gott zerbrach. Es war, als raube sie ihnen den Glauben an das Gute, den Glauben an erhörte Gebete, so daß die Leute, statt sie zu bemitleiden, nur noch Haß für sie übrig hatten. Vielleicht, dachte sie, waren die Juden im Verlauf der Menschheitsgeschichte für jedermann nur deswegen ein so lästiger Störfaktor, weil sie durch ihre Existenz daran erinnerten, wie dunkel die Dunkelheit sein, wie leicht der Tod über das Leben triumphieren kann. So mühelos, so schnell! Man brauchte nur einen geheimen Schalter im Gehirn umzulegen, und ganz normale Menschen verwandelten sich in Mörder. Nein. Der Mörder war schon immer da, in uns allen. Irgend etwas oder irgend jemand brauchte ihm nur zu gestatten, sich zu zeigen. Und dann, wenn das Geheimnis ans Licht kam, waren

wir alle im Herzen Mörder. Ja, waren wir zu unserem eigenen Feind geworden.
Halina in ihren Erinnerungen, viel später, in Amerika.

*[Halina war die Heldin in Salome Levitskys zweitem Roman,
Land des Vergessens, erschienen bei Duell, Sloan and Pearce im
November 1951. Die Rezension, die im Dezember 1951 in* Time
*erschien, taucht etwas später in den Aufzeichnungen auf, aber ich
habe sie hier eingefügt. (Hrsg.)]*

EXISTENZANGST
Salome Levitsky, dieser weibliche Henry Miller, die wie letzterer anständige Leser mit ihrem fast nicht druckfähigen, für jeden Sammler jedoch überaus reizvollen Trip nach Paris schockierte, war vor dem Krieg ganz und gar unbekannt. Vor einigen Jahren hat dieses ›Unartige Mädchen in Paris‹ sich nun an der Seriosität versucht, mit einem ganz kapitalen S. Uns war sie als unbekümmerter *flapper* lieber, der in *Gay Paree*, abgefüllt mit *Fins à l'eau*, Pernod und Gin Fizz, die Puppen tanzen ließ. In ihrem jüngsten Werk hat Levitsky nunmehr einen trostlosen, existentialistischen Blick mit den Augen einer Überlebenden des Holocaust namens Halina W. versucht, einer jungen polnischen Jüdin, so schmerzerfüllt, daß wir uns fragen, warum die Nazis sie verschont haben. Bestimmt nicht, damit sie diese deprimierende Geschichte erzählen konnte.

Wieder einmal werden sich die Sammler vermutlich um diesen Roman reißen, weil er zu einer weiteren *Cause célèbre* zu werden droht. Verblüffenderweise ist von Levitskys polnischem (möglicherweise schon bald Ex-)Ehemann Aaron Wallinsky ein Plagiatsprozeß angestrengt worden. Dieser ist ein Überlebender des Holocaust, der unter anderem behauptet, Salome habe, während er wegen einer chronischen Erkrankung im Krankenhaus behandelt wurde, nicht nur seine Lebensgeschichte gestohlen, sondern darüber hinaus seine Notizen, Entwürfe und Recherchen.

Der *flapper*, den wir kannten, war mit Sicherheit nicht zu einem Roman fähig, den Avantgardekritiker als »die schwärzeste Chronik aus dem Nachkriegseuropa« bezeichnet haben. Verfaßt in einer kompromißlosen, nahezu surrealen Sprache, die für einige an Existentialistenlyrik erinnert, ist der Roman zum meist diskutierten Werk dieser Literatursaison geworden. In einer entscheidenden Szene schildert Miss Levitsky, wie ihre Heldin, einen um den anderen, die Mäntel jener Juden stapelt, die von den Erschießungspelotons liquidiert werden. Wir sagen: Der Kaiser hat keine Kleider. Macht endlich Schluß mit diesen düsteren, tendenziösen Chroniken der Nazi-Greuel! Es wird langsam Zeit, daß die Amerikaner in die Zukunft sehen, statt auf die Vergangenheit zurückzublicken, und den Sieg feiern, statt sich in Defaitismus zu ergehen. Die menschliche Natur ist nicht so unverbesserlich, wie Miss Levitsky behauptet. Möglicherweise vermißt sie ja nur ihre Salattage – mit reichlich Champagner-Vinaigrette – im Dôme! Hören Sie auf damit, Miss L.! Als angesehenes Mitglied der *Flaming Youth* haben Sie uns weit besser gefallen!

[Die unausrottbare Neigung der speichelleckerischen Lokalskribenten von Time, *einen jeden herabzusetzen, der sich – im Gegensatz zu ihnen – untersteht, etwas unter dem eigenen Namen zu veröffentlichen, ist nicht zu übersehen, doch hinter dieser dümmlichen Grausamkeit mögen darüber hinaus politische Beweggründe stecken: denn Lev Levitsky wurde vor das HUAC, das Komitee für unamerikanische Aktivitäten im US-Kongreß, geladen und überlegte, ob er für seine Überzeugungen ins Gefängnis gehen oder entweder den kalifornischen Rechtsanwalt Martin Gang oder den ehemaligen Nürnberg-Verteidiger O. John Rogge engagieren und so seine Kunstsammlung und Galerie retten solle. In der altehrwürdigen Tradition von* Time, *Diktatoren stets eine braune Nase zu verpassen – schließlich hatte das Magazin für seinen Man-of-the-Year-Titel im Jahre 1938 Hitler und im Jahre 1939 Stalin gewählt –, fielen seine Kulturspeichellecker eiligst über jeden her, der J. Edgar Hoover auf irgendeine Art und Weise mißfiel.*

Die Hexenjagd des HUAC mag in der Tat der Grund dafür sein, daß Salomes Tagebücher von nun an in Spiegelschrift weitergeführt werden, deren berühmtester Benutzer Leonardo da Vinci war. Zum Glück sind sie nicht im toskanischen Italienisch des 15. Jahrhunderts gehalten, und Salomes relativ gleichmäßige, moderne Handschrift macht sie mit Hilfe eines Taschenspiegels durchaus leserlich. Von 1952 an wurde ihr die Spiegelschrift zur Gewohnheit. (Hrsg.)]

[NOTIZBUCH]

4. Januar 1952

Ich dachte, ich hätte den Punkt erreicht, da mir Rezensionen nichts mehr ausmachen, aber die Reaktion auf *Land des Vergessens* war überwältigend, weil sie so unverhohlen antisemitisch, frauenfeindlich und politisch motiviert ist. Gewiß,

Howard Fast hat mich in den höchsten Tönen gelobt, und Edmund Wilson, Louis Untermeyer und Lillian Hellman haben sich überschlagen mit ihren Hymnen auf das Buch. Aber obwohl ich wußte, daß sich jene, die mich attackierten, Ayn Rand zum Beispiel, von mehr als zynischen Motiven leiten ließen – dem Bemühen, sich von mir und meiner Familie zu distanzieren und zu beweisen, daß sie »loyale« Amerikaner im Sinne von Mr. Hoover seien –, tat es höllisch weh. Mit anzusehen, wie mein Papa und all die Intellektuellen dieses Landes vor den Kriechern im Komitee katzbuckeln, ist ekelerregend. Alle, die vor den Ausschuß zitiert werden, stehen im *Who's Who* der Künste: Jeder, der jemals Geld für das Antifaschistische Flüchtlingskomitee oder andere gute Zwecke gesammelt hat, jeder große Schauspieler, Maler, Autor, Sänger ... Sogar beim spiegelbildlichen Schreiben bin ich nervös!

Papa sagt, die einzige Möglichkeit, das Komitee zu schlagen und nicht in den Knast zu gehen, besteht inzwischen darin, einige Namen zu nennen. Er hat sich eingeredet, wenn er Namen nennt, die bereits von anderen genannt worden sind, ist er kein richtiger Denunziant.

Wie er sagt, hat er in seiner Jugend an Prinzipien geglaubt, aber jetzt weiß er, daß sich in fünfzig Jahren kein Mensch mehr daran erinnern wird, wer für seine Prinzipien tatsächlich ins Gefängnis gegangen ist oder wer für ein Almosen gesungen hat und vom Komitee mit einem Lob entlassen wurde. Anscheinend ist das Komitee nur darauf aus, daß man vor ihm katzbuckelt. Wer katzbuckelt, kommt ungeschoren davon. Das und Schmiergelder. Es gibt »Entlastungsexperten«, die gegen ein Entgelt jedem einen Persilschein als Antikommunist ausstellen. Für seine Entlastung hat Papa einen Braque, auf den ich selbst ein Auge geworfen hatte, verschachert.

Die Amerikaner interessieren sich nicht für die Geschichte, sagt Papa, sondern nur für Gott und das freie Unternehmertum, von denen sie glauben, daß es sich dabei um ein und dieselbe Gottheit handelt.

»Nachdem ich inzwischen selbst Amerikaner geworden bin«, sagt Papa, »sehe ich keine Veranlassung, mich selbst, Mama, dich und Sally zu Märtyrern machen zu lassen. Wofür denn auch? Für die *Illusion* eines Prinzips? Komitees kommen und gehen«, sagt er, »aber Picassos werden weiterhin im Wert steigen. Deine Mutter hätte ich wegen der Politik fast einmal verloren, und diesen verdammten Fehler werde ich nicht noch einmal machen.«

Und was ist mit Mama? Auch sie hat für die Opfer des Spanischen Bürgerkriegs Geld gespendet, aber offenbar ihren *nom d'artiste* benutzt, so daß ihr niemand auf die Spur gekommen ist. Bis jetzt. »Ich werde alles unterstützen, wofür er sich entscheidet«, sagt sie.

Manchmal frage ich mich, warum ich keine Ehe führe wie sie. Sie sind wie siamesische Zwillinge, einer unterstützt, was der andere unterstützt, und sie waschen niemals in der Öffentlichkeit schmutzige Wäsche.

Das FBI habe ein Vermögen ausgegeben, um ihn aufzuspüren, sagt Papa, und es sei gefährlich, mit ihm zu telefonieren oder ihm Briefe und Telegramme zu schicken. Nie hätte er geglaubt, daß Amerika sich genauso idiotisch verhalten könnte wie das zaristische Rußland, und inzwischen schließt er das *kommunistische* Rußland in seine Anklage mit ein.

»In Rußland hat früher Iwan der Schreckliche geherrscht, und Iwan der Schreckliche regiert nach meiner Meinung heute noch. In Amerika ist es Edgar der Schrecklich – hoppla, das habe ich nicht gesagt. Ich mag für den Spanischen Bürgerkrieg Geld gespendet haben, aber als Franco siegte, habe ich das bereut«, erzählt er und imitiert all die Leute, die vor dem Komitee zu Kreuze gekrochen sind. »Im Herzen war ich nie ein Kommunist«, sagt er und lacht.

»Psst, Levitsky«, sagt Mama, »nicht vor Sally!«

Und was hält Sally davon, in diesen schrecklichen Zeiten aufzuwachsen? Sie ist jetzt fast vier und ein himmlisches Geschöpf. So klug, daß man weinen könnte – denn was für eine Welt ist dies für kluge Frauen? Gestern hat sie mir »Cinderella« erzählt; in ihrer Version erklärt Cinderella dem Prinzen, daß sie ihn nur heiraten wird, wenn er ihre Mommy ebenfalls heiratet.

»Also sagt Cindar (so spricht sie den Namen aus) zu dem Prinzen: Du kannst mich nur heiraten, wenn du meine Mommy auch heiratest und ihr eine große *Bibelthek* baust.«

»Vielen Dank, mein Liebling, aber wenn dein Prinz kommt, brauchst du mich nicht auch noch mitzunehmen.«

»Warum nicht?« fragt Sally und brennt mir mit ihren großen blauen Augen Löcher ins Herz. »Wer soll denn sonst die Erdnußbutter-Sandwiches machen?«

[später]

Aaron kann mich mit seinen erlogenen Prozessen nicht mehr einschüchtern, aber Ethan kann das immer noch. Ständig fürchte ich, daß er zurückkommen wird, und was soll ich dann tun? Immer wieder träume ich von ihm. In meinen Träumen will er jedesmal mit mir schlafen, und wir suchen verzweifelt einen Ort, an dem wir beide allein sein können. Überall sind Leute! Von einem Raum in den anderen wandern wir – im Museum of National History (mit seinen Dioramen von Elefanten, Gazellen und Schakalen), bei Madame Tussaud (mit ihren berühmten Mördern in Wachs), im Victoria and Albert (mit seinen Zimmern voller Kostüme), doch nirgends finden wir einen Platz, wo wir uns hinlegen können.

Der Traum geht weiter, führt uns durch sämtliche Ausstellungsräume. Mir ist heiß, ich bin naßgeschwitzt und sehne mich danach, ihn in die Arme zu schließen, hungere nach seiner Härte. Überall sind Leute, die nur darauf warten, uns in einen Hinterhalt zu locken. Dann haben wir ein abgelegenes Eckchen gefunden und sind bereit, einander in die Arme zu nehmen, da wache ich plötzlich auf, erfüllt von einer schmerzlichen Sehnsucht. Verdammt. VERDAMMT. **VERDAMMT.** Dann reizt es mich stets, ihn in der Wirklichkeit anzurufen, aber ich habe seine Telefonnummer nicht. Ich will sie auch gar nicht haben – viel zu verlockend. Wie kommt es, daß ich noch immer Traumphantasien von einem Mann habe, den ich doch verabscheue? Würde ich mit Hitler schlafen? Mit Ronald Reagan?

[In das Spiegelnotizbuch ist ein vergilbter Zeitungsausschnitt eingeklebt, die Klatschkolumne von Hollywood Life, *vermutlich aus dem Jahr 1951 oder 1952 – das Datum wurde abgeschnitten –, welche die Atmosphäre der damaligen Zeit wiedergibt. (Hrsg.)]*

Kommie-Kumpane blockiert bei Versuch, Filmindustrie in Rote Falle zu locken

Die schändliche und ekelhafte Story, wie Moskau versucht, seine Tentakel bis zu Hollywoods Filmindustrie auszustrecken, um Amerika in den Untergang zu treiben, ist endlich voll aufgedeckt worden. Fest entschlossen, dem Kommunismus in unserem Land den Garaus zu machen, ist das furchtlose *House Committee on Un-American Activities* in Washington für seinen größten Rundumschlag bereit: Vergeßt José Ferrer, Judy Holliday, Johnny Garfield und die »Hollywood Unfriendly Ten« (die ihre Füße inzwischen wegen Mißachtung des Kongresses in einem Bundesgefängnis kühlen). Ich habe den Beweis dafür, daß zu jenen, die dem Kommie-Hokuspokus zum Opfer gefallen sind, unter anderem auch gehören: Dashiell Hammett, berühmter Autor und Erfinder der »Thin Man«-Stories, Howard Duff alias Sam Spade. Sam Wanamaker, der bekannte Tarnorganisationen wie die Abraham Lincoln Brigade unterstützt hat, Charlie Chaplin, eingetragenes Mitglied der KP; Orson Welles, Howard da Silva und natürlich jener legendäre Händler, der all diesen Verrätern die Werke kommunistischer Künstler verkauft: Lev Levinsky, verheiratet mit der Porträtmalerin Sophia Solomon aus Hollywood, deren berühmtes halbbekleidetes Porträt von Paulette Goddard so oft reproduziert wurde, Autorin Dorothy Parker und ihr Ehemann, der Schauspieler und Kommunistensympathisant Alan Campbel...

[... und so geht es weiter. So absurd uns die Tonart dieser Kolumnen heute, im Jahr 2005, auch erscheinen mag, im Jahre 1951 war sie leider kein Einzelfall. (Hrsg.)]

[NOTIZBUCH]

25. März 1952
Seltsam, wie sich die Dinge manchmal alle am selben Tag ereignen – fast so, als wäre es eine Verschwörung. Morgen ist Sallys vierter Geburtstag, und ich verkaufe das Haus, das sie von Sim geerbt hat. Welch eine Erleichterung! Laut Scheidungsvereinbarung bekommt Aaron die Schule. Die braucht er zu diesem Zeitpunkt weit mehr als ich. Durch seinen Zusammenbruch und unsere Scheidung hat sie die Seele verloren. Jedenfalls für mich. Aaron scheint inzwischen weniger labil zu sein – obwohl ich immer noch nicht bereit bin, Sally mit ihm allein zu lassen. Mama und Papa bestehen darauf, daß ich die obersten beiden Stockwerke ihres Hauses an der Fifty-sixth Street beziehe, weil sie so häufig in Kalifornien sind. Mit dem Geld von dem alten Haus – den traurigen Resten des Coppley-Vermögens – und den Einkünften aus dem Roman kann ich meinen Lebensunterhalt eine Weile bestreiten.

Papa machte einen Spagat für das Komitee, berief sich weder auf den fünften Verfassungszusatz (weil sie das hassen), noch denunzierte er das Komitee (weil sie das noch mehr hassen). Er schwenkte die amerikanische Flagge, widerrief seinen Glauben an Anti-Franco-Aktivitäten, erklärte, er selbst sei niemals antiamerikanisch gewesen, nur einige seiner bösen Genossen. Tief im Herzen habe er stets das freie Unternehmertum geliebt. (Das stimmt natürlich.) Es hat mich krank gemacht, mit anzusehen, was er durchmachen mußte, und es hat mich sogar noch kränker gemacht, mit ansehen zu müssen, wie er Mitgliedschaften widerrief, die damals, als er sie erwarb, als besonders nobel galten. Er rettete seine Haut und seinen Swimmingpool, so sterbensleid war er es, ständig das FBI in seinen Mülleimern schnüffeln zu sehen. Aber wird das jetzt tatsächlich aufhören? Wer weiß? Das alles hängt von China ab, vom Krieg in Korea – den ich so gut wie gar nicht begreife – und vom politischen Opportunismus des Komitees.

Papa sagt: »Wenn man die Wahl hat zwischen Europa mit seinen Öfen und Amerika mit seinem Komitee – welche Wahl hat man da? Nach meiner Meinung sind sie allesamt Verbrecher.«

Werde ich in seinem Alter ebenso zynisch sein? Hoffentlich nicht.

Papa sagt: »Erzähl's keinem weiter, aber ich habe die Zukunft dieser Familie gesichert – egal, was passiert.«

»Gold in der Matratze? Ein vergrabener Schatz?« Ich hatte gerade erlebt, was mit dem Coppley-Vermögen geschah. Ein weißer Elefant von einem Haus, das praktisch niemand wollte. Wertpapiere, die zum schlechtesten Zeitpunkt des Börsenkrachs verkauft wurden – und nur einige wenige, fast nur durch Zufall gehaltene Aktien, die nach dem Krieg noch etwas wert waren.

»Ich habe mein Leben der Kunst verschrieben«, sagt Papa. »Die Kunst wird uns warm halten. Das hat sie schon immer getan. Und das wird sie auch immer tun.« Dann flüsterte er mir etwas über zwei Bankschließfächer zu – eins in New York, eins in Lugano –, die kleine, aber exquisite Picassos aus der blauen und der rosa Periode, Zeichnungen von alten Meistern und ein paar andere Überraschungen enthielten.

Nach Sims Versprechungen vermochte ich ihm kaum zu glauben. Aber ich schrieb seine Angaben trotzdem auf.

[NOTIZBUCH]

1. April 1952
In New York
Erstaunlich, wie schwer man nach all den Jahren in Lenox in New York einschläft. Ich liege die ganze Nacht über wach, höre Müllautos und frage mich, ob ich verrückt war, das Haus zu verkaufen. Ich stehe auf und spähe hinaus, versuche zu sehen, ob die Müllmänner unseren Müll tatsächlich für das FBI durchwühlen, wie Papa behauptet, aber ich kann nicht gut genug sehen, um mich zu überzeugen. Als das Telefon klingelt und am anderen Ende niemand zu sein scheint, denke ich nicht so sehr an Ethan wie an das FBI. Ich argwöhne, daß ich ebenfalls zu den Verdächtigen zählen könnte: weil ich Flüchtlingen geholfen habe, weil ich die Tochter meiner Mutter bin, weil ich mit Leuten verkehrt habe, die mit Leuten verkehrt haben, die angeblich antiamerikanisch waren.

Onkel Lee und Tante Sylvia meinen, es könnte sein, daß die Vereinigten Staaten Internierungslager für »Illoyale« planen. Ich antworte ihnen, sie seien paranoid. Sie behaupten, ich sei ein naives Kind.

»Es könnte hier passieren«, behauptet Onkel Lee. »Darauf wette ich meine Stiefel.«

»Und die Rosenbergs werden sie auch nicht hinrichten«, entgegne ich. »Du wirst schon sehen.«

»*Du* wirst sehen«, sagt Onkel Lee. »Wir brauchen nur eine Hyperinflation wie damals in den Zwanzigern in Deutschland, und die Nazis hocken unter jedem Bett.«

»Unter jedem Bett?« fragt Sally mit der ernsten Wortwörtlichkeit der Kinder.

»Was für ein *ponim*«, sagt Onkel Lee und zwickt sie in die Wangen, was sie haßt.

So sind wir nun alle hier und suchen uns den Weg durch die Geschichte wie durch eine blutige Schlucht voller Knochen. Komisch, daß ich dieses Gefühl niemals gehabt habe, bevor ich ein Kind bekam.

[NOTIZBUCH]
10. April 1952
Nach einem weiteren kniefälligen Besuch in Washington sind Papa und Mama vorübergehend wieder zurück. Sie erzählen mir Geschichten, die ich kaum zu glauben vermag. Angeblich gibt es in Hollywood einen Psychiater Levi, der die Träume seiner Patienten ans FBI verkauft, ein ehemaliger Kommunist, der sich zum Antikommunisten gewandelt hat. Da er dafür bekannt ist, daß er bei Schreibhemmungen, Scheidungen und so weiter helfen kann, strömen ihm die Autoren nur so zu. Und die Schauspieler. Wenn sie nicht haben, was er als »Karrieretodeswunsch« bezeichnet, sagen seine Patienten früher oder später allesamt als Belastungszeugen vor dem Komitee aus.

»Traue keinem«, sagt Papa. Er ist entschlossen, den Namen der Galerie in *White Gallery* zu ändern.

»Nach meiner Meinung ist der Antisemitismus unter der Tarnung des Antikommunismus wiedergekehrt«, sagt er. »In Washington sagen alle politischen Insider: ›Kratzt man an einem Juden, kommt ein Kommunist zum Vorschein.‹ Der Grund dafür, daß sich die Juden im Filmgeschäft danach drängen, Denunzianten zu werden, ist der, daß sie noch allzu gut wissen, was Hitler mit dem Berliner Filmgeschäft gemacht hat: Er hat die Juden rausgeschmissen und die Ateliers für seine Propaganda beschlagnahmt. Diese *ganivim* wollen größere Antikommunisten sein als jeder andere, bloß um ihren Hals zu retten. Wenn ich höre, daß du noch einmal zu einer von diesen verdammten Rettet-die-Rosenbergs-Demonstrationen gehst, werde ich verkünden, daß du nicht mehr meine Tochter bist.«

Er sagt das mit todernster Miene; er hat vergessen, daß Sim Coppley jemals gelebt hat! Wer ist schon Sim Coppley? Nichts als ein toter *goi*. Papa hat gewonnen!

Was für eine Welt!

7 SALOME
Tage der Hoffnung, Sex und literarisches Leben

1952 und später

Eine Stunde im Garten Eden ist auch nicht schlecht.
JIDDISCHES SPRICHWORT

[SALOMES NOTIZBUCH]

1952

Einen Mann kennengelernt. Den interessantesten Mann seit Val und Aaron. Er ist Komponist, verehrt Mozart, Whitman und Blake, praktiziert Zen-Buddhismus, hat mich gelehrt, wie man meditiert, mich zu etwas mitgenommen, das *Zendo* genannt wird, und hat eine Weltanschauung, die Sinn macht. Wir sind nur hier, um unsere Seelen auf die nächste Reise vorzubereiten, sagt er; als eine Art spirituelle Übung. Wir vermögen weder diese Welt noch ihre Erfahrungen zu beurteilen, weil wir uns auf einen spirituellen Marathon vorbereiten.

Wir begegneten uns auf einer Party in Greenwich Village, wo es von Schriftstellern wimmelte: Anaïs Nin, mit weißgepudertem Gesicht (die es nach dem schönen Gore Vidal gelüstete), der aufgedunsene Tennessee Williams (den es nach dem schönen Gore Vidal gelüstete), der besoffene und aufgedunsene Dylan Thomas, der junge Mädchen betatschte und seine wundervolle Lyrik rezitierte, Verleger, die wünschten, Dichter zu sein, Dichter, die wünschten, Verleger zu sein – der übliche New Yorker Wahnsinn der Alkoholisierung, der als Literaturleben durchgeht.

Er ist blond, cool, hoch gewachsen, ein griechischer Gott. Wenn er das Piano spielt, werde ich so erregt, daß ich fürchte, das Sofa zu nässen. Er streichelt die Tasten, singt beim Spielen vor sich hin – und für mich. Sein Name ist Marco Alberti. Die Familie seiner Mutter waren venezianische Juden, die zu der Zeit, da Joyce dort lebte – zwischen den Kriegen –, nach Triest umzogen. Sie kannten Joyce, Svevo, die ganze literarische Clique. Dann gingen sie nach Kanada und kamen von dort aus nach Amerika. Genau wie ich ist er wurzellos und polyglott: jüdische Mutter, katholischer Vater, dessen Familie vor langer, langer Zeit ebenfalls jüdisch gewesen sein mag. Er fühlt sich wie die zweite Hälfte meiner Seele.

Er hatte meinen Roman gelesen und war tief bewegt davon.

»Die Crux des menschlichen Problems ist das Bewußtsein«, sagte er. »Wollen wir gehen, damit wir diesen Betrunkenen entkommen?«

Ich nickte heftig. Wir gingen ins *White Horse* und redeten die ganze Nacht – es war eines von den Gesprächen, die immer weitergehen, weil man weiß, daß es zu früh ist, ins Bett zu steigen, man sich aber dennoch nicht trennen kann. Um vier Uhr morgens brachte er mich nach Hause. Die Vögel lärmten im Garten hinter dem Haus, und Sally schlief in Mamas und Papas Zimmer. Wir begehrten einander, konnten – oder wollten – dem aber nicht zu schnell nachgeben. Ich schlief ein und träumte, ich sei in einem Haus, das noch im Bau war, und überall wimmele es von Handwerkern. Marco und ich fanden eine Nische und zogen eine alte, ramponierte Tür davor, damit wir ein wenig für uns bleiben konnten. Traumdetails! Dann legten wir einen Schlafsack auf den Boden und begannen uns zu lieben. Sein Gesicht war zärtlich, und sein Schwanz war so lang und hart, daß es mir nicht schwerfiel, das Innerste meiner Phantasie zu erreichen. Mir wurde klar, wie viele Monde es her war, daß ich auf diese Art berührt wurde. Dann erwachte ich, und er fehlte mir.

Morgen werde ich ihn wiedersehen; ich habe Angst und bin zugleich hoch gestimmt. Ich habe keinen Appetit, ich kann nicht schlafen, ich bin aufgeregt – alles Symptome dieser zuweilen tödlichen Krankheit namens Liebe.

Das letzte, was ich will, wäre, wieder mal einen Mann zum Mittelpunkt meines Lebens zu machen. Wozu? Das führt unweigerlich zu Problemen. Und dennoch – ohne diesen zündenden Funken ist alles platt, schal, nutzlos.

Warum gibt es keinen, mit dem ich über all das sprechen kann? Ich sehe mir die Ehen meiner engsten Vertrauten an – Theda, Sylvia, ja sogar Mama –, und sie alle sind so lähmende Kompromisse eingegangen! Ich will nicht, daß mich mein Leben lähmt, sondern daß es mich reizt, ständig in neue Bereiche vorzudringen. Läßt sich das mit einer Ehe vereinbaren? Mit der Liebe? So vieles, was meine Bildung ausmacht, habe ich von den Männern in meinem Leben gelernt. Ich habe sie benutzt, um zu lernen: von Val, wie man Geschriebenes lebendig macht und das Leben in Geschriebenes ummünzt; von Ethan, wie man unabhängig wird, zur Wildtöterin und Amazone; von Aaron über das Heldentum des Überlebens, das Zeugnisablegen. Was werde ich von Marco lernen?

[NOTIZBUCH]

12. *April 1952*
An jenem Tag sollte ich Marco nicht wiedersehen, weil Aaron – als hätte er gewußt, daß ich im Begriff war, mich zu verlieben – einen Selbstmordversuch unternahm und sich wie ein griechischer Philosoph der Antike in der Badewanne die Pulsadern aufschnitt. Als ich ihn im Krankenhaus besuchte, war er äußerst zufrieden mit sich selbst.

»Wir alle, die wir überlebten, waren Ausnahmen«, sagte er. »Weil es uns nicht bestimmt war. Der Zweck der Nazi-Maschinerie war der Tod. Jene von uns, die überlebten, waren die, die am ehesten zu Gefühllosigkeit fähig waren, nicht zum Heldentum.«

Er habe die Klage zurückgezogen, erklärte er mir, und wolle mich zurückhaben – als wäre das so einfach! Ich solle vergessen, daß es jemals geschehen sei, und ihm seine Tochter zurückbringen. Er brauche sie, behauptete er. Er schien mir geschrumpft, verdorrt zu sein, als habe ihn das Blut, das er verloren hatte, ausgetrocknet. Er hatte nie auch nur die geringste Ahnung von den Folgen seiner Handlungen. Die ganze Welt hatte gefälligst an ihm das gutzumachen, was die Nazis seiner Seele an Zerstörungen zugefügt hatten. Aber wie können wir das? Müssen wir denn nicht selbst um unsere Seele besorgt sein?

»Es war unrecht von mir«, sagte er, »dir das Recht auf deine eigene Ansicht über die Vernichtung der Juden abzusprechen. Ich war eifersüchtig.« Wie er das sagt! Jetzt, nachdem seine Klage so großen Schaden angerichtet hat!

Ich blicke ihm in die Augen und sehe, daß er immer noch nicht wieder gesund ist. Ich fühle mich von seinem Wahnsinn erpreßt.

»Warten wir erst mal ab, wie du dich nach einiger Zeit fühlst«, schlage ich vor. »Laß uns nichts überstürzen.«

Wieder in Lenox, erinnere ich mich daran, wie seltsam doch die *gojim* sind! All die Jahre, in denen ich hier gelebt habe – Ethans Exzentrizität, die Einheimischen mit ihrer *goikop*-Art. Eine solche Erleichterung, endlich wieder in New York zu sein, mit seinem Schmutz, dem Müll, den Künstlern, den Juden.

Unter den Teppich kehren lautet die Philosophie in New England. Hast du ein Problem? Verscharr es wie einen Knochen! Tiefgefrorener Boden, tiefgefrorene Herzen.

Habe Sim auf dem Coppley-Friedhof besucht. Saß da und starrte auf seinen Stein: SIMPSON COXX COPPLEY 1878–1933.

Habe über seine Jahre nachgedacht, sein leidenschaftliches Interesse an den Juden – was stellten wir für ihn eigentlich dar? –, sein intuitives Begreifen, daß Hybriden die zäheste Brut sind, und dann wollte er doch zu einer Frau zurückkehren, die ihn verraten hatte. Armer, schwacher, rastloser Sim – Mama an Bord eines Schiffes kennenzulernen, nachdem er versucht hatte, seinen Wurzeln zu entfliehen, und dennoch unerbittlich zurückgerufen. Ist das *alles* von uns?

Und war sein Philosemitismus nur die andere Seite von Lucretias Antisemitismus? Und die Jahre, die er erlebt hatte: von der Gaslampenära bis zur Großen Depression, das Ende seiner Welt der feinen Tischmanieren und des Bogenschießens, wie sie sich für Gentlemen geziemte, und des Unterdrückens jeden sexuellen Begehrens, wie es sich für Ladies geziemte.

Hier liegt er nun und bringt eine Hängekirsche zum Blühen – jene, die ich vor nahezu zwanzig Jahren auf sein Grab gepflanzt habe. Ist das möglich, zwanzig? Nein, vor neunzehn Jahren. In neunzehn Jahren wird sogar eine Hängekirsche groß. Wenn ich hier grabe – würde ich da seinen Schädel finden wie jenen von Yorick? Und was würde ich darin finden? Würmer?

Dieser üppig blühende Friedhof rührt mich. Ausbruch des Frühlings, entstanden aus den vergehenden Toten.

Wie ist der Tod? Frage ich mich, während ich die getupften Wolken, die rosig untergehende Sonne betrachte. Alle – Hindus, Buddhisten, Christen (wer weiß, was die *Juden* glauben?) – sind sich darin einig, daß es der Verlust des Ichseins ist. Nur, wie kann man ohne das Ichsein beobachten oder fühlen? Ist die Individualität für die Wahrnehmung notwendig? Eins geworden mit der universellen Bewußtheit – kann man da immer noch die Schönheit der Wolken und Gärten betrachten? Der Natur? Oder gibt es kein »man« mehr, das betrachten könnte? Wie verwirrend das alles ist!

Wo ist Sim? Ich habe ihn erst kennengelernt, als er im Sterben lag, und dann fiel er aus meinem Leben wie ein Stein in einen tiefen Brunnen.

Wenn ich nur über meine und über Sims Familie schreiben könnte und darüber, wie diese beiden Stämme zusammenwuchsen: Alt-WASPs, Neu-Juden – oder umgekehrt? Aber wie könnte ich das tun, solange Mama lebt? Und kenne ich ihre Geschichte überhaupt richtig? Würde sie sie mir je erzählen? Sie glaubt immer noch an das Credo ihrer Mutter: *Wenn Reden einen Schekel wert ist, ist Schweigen deren zweie wert.*

Nana muß es sehr gut gehen, da oben in der universellen Bewußtheit. Bei Sim.

Gott segne sie beide. Oder wenigstens – da weder Segen noch Flüche sie jetzt noch berühren können – ihr Andenken. Mögen sie sich für mich bei dem, was mein Leben leitet – was immer es sein mag –, für mich einsetzen. Ich hoffe, daß irgend jemand über mich wacht!

[NOTIZBUCH]

17. *April 1952*

Als ich gestern Aaron im Krankenhaus besuchte, lernte ich dort einen anderen Besucher kennen, einen Mann namens Robin Robinowitz, der sich mir scherzhaft als Fälscher vorstellte.

Da ich nicht sicher war, ob ich ihn richtig verstanden hatte, fragte ich nach.

»Manche Maler malen Leute, manche malen Landschaften; ich male Kunstwerke.«

Robin ist in den Dreißigern, hat in Italien Kunst studiert, spricht fließend Italienisch und tut sehr geheimnisvoll, wenn es um die Kunstwerke geht, die er malt. »Ach, manchmal erhalte ich Aufträge. Ich kopiere ein Werk, und der Eigentümer hält dann das Original unter Verschluß.« Er hat scharf gemeißelte Züge, ist dunkel, klein und flirtet heftig.

Wie dem auch sei, am nächsten Tag besuchte ich ihn in seinem Atelier in Windy Perch, einem weiteren, heruntergekommenen Cottage genau wie jenem, das ich selbst erst vor kurzem verkauft hatte, und schlief mit ihm in Gegenwart einer ganzen Galerie von Prachtstücken: lauter »Vermeers«. Es war hinreißend. Ich kann nicht entscheiden, ob ich ihn wirklich mag oder ob ich vor dem davonlaufen, was ich für Marco empfinde. Jetzt bin ich ganz und gar durcheinander. Was hat das alles für einen *Sinn?*

[NOTIZBUCH]

9. *Mai 1952*

Eine Frau, die eine vierjährige Tochter und gleichzeitig Affären mit zwei Männern hat, führt nicht eben ein einfaches Leben.

Aber es ist aufregend. Wenn das FBI mich wirklich beobachtet, werden sie was geboten kriegen für ihr Geld!

Zum Glück sind Mama und Papa in Kalifornien, habe ich Hannah überreden können, aus Stockbridge herzukommen, hier zu wohnen und mir mit Sally zu helfen, und Gott sei Dank kommt Robin nur einmal pro Woche mit dem Zug. Er steigt bei einem befreundeten Künstler im Village ab, aber dann verbringen wir den ganzen Nachmittag im Hotel Chelsea und dinieren anschließend dort im spanischen Restaurant. Wie sich herausstellt, ist er ein weit besserer Liebhaber als Marco, ist cool und Zen-Anhänger und muß ständig zu irgendeinem *Zendo* in Kalifornien, um mit ihm zu »sitzen«, aber Marco gehört mein Herz. Zusammen ergeben sie einen phantastischen Mann!

Nie war mein Phantasieleben so reich! Vielleicht war es das Gespür für die Vergänglichkeit des Lebens, das ich bekam, als ich den armen Aaron mit seinen bandagierten Handgelenken sah (während er ständig von den Nazis, den

KZs, der Todesmaschinerie redete), aber ich habe mich niemals so sexy gefühlt. Das kommt natürlich von den beiden Männern und meinem absoluten Mangel an Schuldbewußtsein. Selbst in Paris, als jeder von der freien Liebe schwafelte, hatte ich manchmal ein schlechtes Gewissen. Nun aber finde ich, daß mir alles *zusteht*. Kommt das daher, daß ich in einem gewissen Alter bin, wie die Franzosen es ausdrücken, und weil mir klar wird, daß ich nicht ewig Zeit haben werde?

[BRIEF VON SALOME LEVITSKY AN AARON WALLINSKY, CHESTNUT LODGE, STOCKBRIDGE, MASSACHUSETTS]

Mai 1952
Lieber Aaron,
ich hoffe, Du fühlst Dich wieder mehr wie Du selbst. Ich habe mich so gefreut, Dich in Stockbridge zu sehen, und hoffe, daß ich das nächste Mal Sally mitbringen kann.

Ich bitte Dich, verlaß Dich darauf, daß Dr. B. und die anderen Leute in der Chestnut Lodge Dich bald wieder gesund machen werden. Ich weiß, daß es für Dich nicht immer so aussieht, aber sie wollen wirklich nur Dein Bestes. Dr. B. macht sich aufrichtig Sorgen um Dich – und zwar nicht nur als Arzt. Ich glaube, er ist der Meinung, daß Du auf dieser Welt einen Beitrag leisten kannst, und ich sehe das auch so.

Liebling, habt Ihr in Eurer Familie irgendwo einen Beethoven oder Mozart gehabt? Oder wenigstens einen *klezmer*? Sally strahlt über das ganze Gesichtchen, wenn sie Musik hört, läuft sofort zur Victrola (oder zum Hi-Fi, wie man es jetzt nennt) und beginnt ein imaginäres Orchester zu dirigieren. Sie klatscht zu der Musik in die Hände, tanzt und wirbelt. In meiner Familie war keiner in dieser Richtung talentiert – wie ist es bei Dir? Bei ihrer Aufnahmeprüfung für die Schule hat sich Sally hervorragend gehalten. Alle lieben sie. Wie könnten sie auch anders? Ich weiß, Du hättest sie lieber in Lenox, aber ich glaube, sie fühlt sich – vorerst wenigstens – hier wohler, weil sie in der Schule progressiv und künstlerisch und alles andere sind, was man sich für sie wünschen kann. Papa hat mir versprochen, das Schulgeld zu übernehmen, das übrigens horrend ist, fast 750 Dollar pro Jahr, alles in allem.

Alles Gute, mein Liebling
Salome

[Salome ist 1952 vierzig Jahre alt gewesen. Dem Folgenden ist zu entnehmen, daß es für manche Frauen ein äußerst erotisches Alter sein muß. (Hrsg.)]

[BRIEF VON SALOME LEVITSKY AN ROBIN ROBINOWITZ, WINDY PERCH, LENOX]

Mai 1952
Liebster Vermeer,

Du läßt mich von innen glühen wie Deine flämischen Damen, mit Glanzlichtern in den Augen wie Dein lachendes Mädchen. Ich liebe unsere Zusammenkünfte im Chelsea, wenn wir den »Tagessatz« bis zur letzten Minute auskosten, um anschließend im El Quixote ein frühes Abendessen einzunehmen, bis uns vor lauter Paella übel wird.

Du hast mich gebeten, all meine Phantasien für Dich aufzubewahren, und hier ist nun eine davon – aber ich weigere mich, Dir zu sagen, ob es reine Phantasie oder ob es Wirklichkeit ist. Das mußt Du selbst erraten, mein kleiner Fälscher mit dem ach so cleveren Teufelspinsel.

Ich betrete wieder ein Brownstone-Haus in der Fifty sixth Street. In dem kleinen, getäfelten Foyer zwischen der inneren und der äußeren Haustür baumelt an einer angelaufenen Messingkette eine marokkanische oder maurische Laterne aus gestanztem Messing. Die bläuliche Glühbirne wirft kleine blaue Sonnen und Monde an die hohe Decke und die schmalen Wände dieser Diele. Ich öffne die innere Tür, die blau lackiert ist, und steige die schmale Haupttreppe des Hauses empor.

Plötzlich merke ich, daß ich einer halbnackten Frau mit Stöckelschuhen folge. Ihre Absätze sind aus vergoldetem Holz, und als ich genau hinsehe, entdecke ich, daß sie die Form eines umgekehrten erigierten Penis besitzen. Das ist seltsam, denke ich, folge ihr aber dennoch. Fasziniert.

Die Eier bilden die Basis der Absätze dort, wo sie in die schwarze Seide des Pumps übergehen, so daß das Gewicht des Körpers sozusagen *en pointe* auf der steifen Eichel lastet. Ich folge diesen Schwanz-Absätzen, diesen Schuhen, diesem sinnlichen, nackten Hintern (nur bekleidet mit einem Strapsgürtel aus schwarzem Samt und schwarz-goldenen Strümpfen) endlose Treppen hinauf.

Ich rieche heißen Karamel, Vanille, Hyazinthen und Jasmin. Baßsaiten dröhnen, Stahlbesen rascheln auf einer Trommelbespannung. Oben an der Treppe sitzt ein Drummer, ein Neger, der seine Trommel mit der falschen Seite seiner Schlegel bearbeitet. Er ist nackt – bis auf eine afrikanische Schamanenmaske, die mir das Blut gefrieren läßt. Was natürlich beabsichtigt ist. Als ich vorbeigehe, schiebt er die Maske auf seinen Wollkopf hinauf, und ich entdecke, daß er Dein Gesicht besitzt.

»Liebeswurzel, Seidenfaden, Lende und Weinranke«, flüstert mir jemand ins Ohr. Eine Zunge liebkost mein Ohrläppchen, aber ich kann nicht sehen, wem sie gehört. Ich rieche den Duft nach heißem Karamel, der aus meinem Höschen aufsteigt.

Ich folge der Frau nach ganz oben, direkt unter dem verstaubten Oberlicht, und sehe dort einen Dachboden, angefüllt mit halbnackten Frauen, wunderschönen Frauen (obwohl sie mit schwarzen Seidenmasken getarnt sind, einige perlenbestickt, andere bemalt und mit Spitze besetzt, wie für einen Karneval in Venedig), doch davon abgesehen, tragen sie kaum etwas. Nur diese goldhackigen, phallischen Schuhe – buchstäbliche Fick-mich-Pumps – und Strapse mit schwarz-goldenen Netzstrümpfen. Einige tragen Edelsteine oder Ringe im durchstochenen Nabel.

Während meine Augen sich allmählich an das matte Licht gewöhnen, entdecke ich, daß an der Wand stämmige Männer aufgereiht sind, mit Strumpfhosen, die im Schritt ausgeschnitten sind, um ihre Erektionen sehen zu lassen, denn dafür wurden sie offenbar ausgewählt. Die weißen Männer tragen schwarze Strumpfhosen, die Neger weiße, und jeder trägt einen goldenen Schwanz – erigiert, überlebensgroß und so steil gen Himmel weisend wie die Schuhe der Frauen zur Erde.

Das Dröhnen des Basses wird lauter. Der Hyazinthenduft wird intensiver. Es ist ein stechender, erhitzter Geruch nach feuchtem Sex – oder sind es Mangos und Patschuli? Clementinen und Moschus? Vanille und gebrannter Zucker, in meiner Fotze zum Kochen gebracht?

Inzwischen werde ich sanft von zwei schwanzhackigen

Frauen gepackt und meines kornblumenblauen Twinsets aus Kaschmir, meines weißen Spitzen-BHs entledigt, bis ich nur noch meine schwarze Torerohose und die schwarzen Capezio-Ballerinas trage.

Zip, zip, zipppp – öffnen sie den Reißverschluß meiner Torerohose, unter der ich ein weißes Baumwollhöschen trage, dessen feuchter Zwickel nach Moschus und Mangos und heißem Karamel duftet und mit einem mango-ähnlichen Schleim bedeckt ist. Ein Mädchen steckt den Finger hinein, berührt meine Klitoris und meinen Schritt, dann leckt sie ihn gierig ab, während sich eine andere an meiner Taille zu schaffen macht und die rötliche Stelle ableckt, wo mich der Reißverschluß ins Fleisch gekniffen hat; ein drittes Mädchen spielt mit ihrer Zunge an meiner rechten Brustwarze.

Mein Twinset wird auf einmal hoch in die Luft geschleudert, so daß der Pullover an der Speerspitze hängenbleibt und der Cardigan zu Boden fällt. Die Ballerinas und die weißen Söckchen werden mir ausgezogen, ebenso mein weißes Baumwollhöschen, am Zwickel mit einer verräterischen Schneckenspur aus süßem Schleim, noch feucht, bedeckt, die so glänzt, daß alle meine Schande sehen können.

Dann werde ich der Länge nach auf eine Seidensteppdecke gelegt, werden meine Beine mit weißen Seidenbändern umwunden und von zwei schönen, schwanzhackigen Mädchen gespreizt.

Schier unerträglich saugen sie an meinen Zehen, während andere Mädchen auch meine Handgelenke mit weißen Seidenbändern umwinden und sie an goldene Kreuzblumen-Schwänze fesseln, die plötzlich an vier vorgegebenen Punkten aus dem Fußboden aufsteigen.

Nun werde ich maskiert. Meine Maske hat, anders als die ihre, keine Augenlöcher. Ich bin blind. Nur noch Berührung, Geruch und Geräusche vermögen durch Öffnungen in meinen Körper einzudringen. Ich spüre sanfte, streichelnde Finger, die meine Lippen auseinanderziehen, eine Zunge, die mit meiner Klitoris spielt, und einen nassen Finger, der meine Tiefen ergründet. Ich bin mit Honig angefüllt und empfinde ein fast schmerzhaftes Begehren.

Ich höre das leise Klappern von Würfeln auf dem Fußboden und Männerstimmen, die einander beim Wetten überbieten. Sie würfeln um mich. Die Mädchen kichern, kitzeln mich mit Zungen und Fingern. Ich versuche zu warten, fürchte aber, daß ich gleich kommen werde. Und dann wird meine Fotze plötzlich von einem Schwanz ausgefüllt, so riesig, daß es mir den Atem verschlägt.

Ich kann nicht sehen, wem er gehört, aber ich spüre seinen feuchten Atem, rieche seinen Schweiß und fühle seine verknoteten Muskeln und die Last seines Körpers auf mir. Er hält ganz still in mir, so daß ich mich unbedingt heftig bewegen will, aber die Zuschauer an meinen gefesselten Händen und Füßen lassen das nicht zu.

»Ruhig, ruhig«, murmeln sie. »Halt still.«

Der Schwanz gleitet hinein und hinaus, bis ich vor Verlangen fast außer mir bin. Dann ist er verschwunden.

»Ohh«, stöhne ich enttäuscht und winde mich auf der Steppdecke. Dann kommt plötzlich ein anderer Geruch, ein anderes Gewicht, ein anderer Schwanz, und die Mädchen berühren meine Lippen, und eine schiebt mir ihren eingefetteten kleinen Finger in den Arsch, wo sie ihn gekonnt bewegt. Als ich dann endlich komme, bin ich nicht sicher, bei wem, oder ob der Schwanz Speer oder Fleisch ist – und es ist mir auch gleichgültig.

Später befinde ich mich in einer runden Badewanne aus rosa Marmor; bei mir ist eines der schwanzhackigen Mädchen, nun jedoch barfuß.

»Wir haben dich beobachtet«, sagt sie. »Du hast bestanden. Mehr als das sogar.«

»Wo kann ich diese Schuhe bekommen?« frage ich sie.

»Die mußt du dir verdienen«, antwortet sie. »Wie die Abzeichen bei den Pfadfinderinnen. Aber vergiß nicht: *Deine Phantasien sind das Kostbarste, was du hast.*«

Das wär's also, Vermeer. Und wenn wir uns das nächste Mal in New York treffen, erwarte ich von Dir nicht weniger.

In voller Glut
Salome

[BRIEF VON SALOME LEVITSKY AN MARCO ALBERTI]
Mai 1952
Caro Marco,

an dem Abend, als wir uns kennenlernten, wußte ich sofort, daß uns bestimmt war, jeder des anderen Leben zu verändern, doch wie, das wußte ich damals nicht. Jetzt weiß ich es. Du bist mein Seelenfreund, meine andere Hälfte, jene Hälfte, die Musik macht, Sphärenmusik.

Erinnerst Du Dich, wie wir die ganze Nacht im White Horse saßen und uns unbedingt lieben wollten, uns aber dennoch zurückhielten? Ich war von einem köstlichen Sehnen erfüllt, aber zu ängstlich, ihm Ausdruck zu verleihen. Du auch. Dann wurde ich nach Stockbridge zurückgerufen, um meinen armen, kranken Ehemann zu besuchen. Während ich dort war, hab' ich das Grab meines anderen Vaters besucht – von ihm werde ich Dir ein anderes Mal erzählen – und hatte einen Traum, der mir meine Vergangenheit zeigte. In dem Traum wußte ich, daß Sim Coppley mein richtiger Vater war.

Ich möchte Dir von ihm erzählen: Ich halte ihn in seinem Bett in den Armen. Er ist zu schwach, um auch nur zu sitzen, und sieht fast wie eine Mumie aus. Durch einen gebogenen Glastrinkhalm, der in einem hohen Glasbehälter steht, flöße ich ihm Eiswasser ein. Plötzlich sehe ich, daß das Glas am Rand einen Sprung hat. Also drehe ich den Behälter herum und suche eine Stelle, die heil ist. Immer wieder drehe ich den Behälter, aber ich finde keine heile Stelle, die ich an seinen runzligen Mund führen könnte.

»Salome«, murmelt er mit seiner brüchigen Stimme. »Salome.«

»Ja, Vater?« antworte ich. (In dem Traum ist mir klar, daß ich ihn nicht »Papa« nennen kann. Der Name gehört Levitsky.)

»Nenn mich ein einziges Mal ›Papa‹, bevor ich sterbe«, bittet er mich.

Ich betrachte sein verwittertes Gesicht, braun und zerfurcht wie ein Schrumpfkopf.

»Papa«, sage ich, obwohl ich das in Wirklichkeit niemals getan habe. »Papa.«

Er stirbt in meinen Armen mit einem so friedlichen Ausdruck auf dem Gesicht, daß ich mich, als ich erwache, erholt und geheilt fühle.

Dieses Gefühl gibst auch Du mir, als habe mein ganzes Leben seinen Sinn gefunden, weil Du zu mir gekommen bist. Ich möchte wirklich gern lernen, wie man »sitzt«. Ich habe das Gefühl, daß wir beide soeben erst begonnen haben. Ich liebe Dich, meine Seele, mein alles.

Salome

[NOTIZBUCH]

16. Mai 1952

Nie habe ich so phantasievoll geträumt. Ich wache nachts auf in meinem jungfräulich-weißen Bett, der Boden ist mit Tatami-Matten bedeckt, hinter den Shoji-Paravents dämmert der Morgen herauf, und ich umarme mich selbst vor lauter Freude, am Leben zu sein. Dann schreibe ich meine Träume in das Notizbuch, das ich mir zu diesem Zweck angelegt habe.

Die seltsame Kombination von Marco und Robin fasziniert (und erfüllt) mich mehr, als ich mit einfachen Worten beschreiben kann. Mein Analytiker, der unergründliche Dr. Zuboff, behauptet, das komme daher, daß ich zwei Väter gehabt habe; deswegen brauche ich auch zwei Männer, um mich ganz und gar ausgefüllt zu fühlen. Doch wer ist wer? Ist Marco Sim oder Levitsky? Ist Robin Levitsky oder Sim?

Ich muß gestehen, daß Robins Fälschungen mich erregen. Fälscher sind noch romantischer als Juwelendiebe. Sie demonstrieren, wie töricht diese Symbole sind. Sie verhöhnen das Geld, das für Provenienz und für berühmte Namen bezahlt wird. Robin ist ein begabter Gauner, und begabte Gauner haben schon immer mein Herz gewonnen – und andere Körperteile.

Gestern sagte er: »Im Italien des sechzehnten Jahrhunderts wurde das Fälschen von Antiquitäten als eine eigene Kunstform angesehen, wenigstens von Vasari. Fälschungen zeigen einem, was die Gesellschaft begehrt. In Rom wünschte man *griechische* Antiquitäten. In der Renaissance wünschte man *römische* Antiquitäten. Heutzutage wünschen die Sammler Vermeer und Rembrandt. Moderne *schmirer* kriegen sie überall. Wer will entscheiden, ob meine Arbeiten nicht Variationen von Themen sind, keine Fälschungen? Haben die Künstler einander nicht immer schon imitiert? Imitation ist die aufrichtigste Form der Schmeichelei. Wer will entscheiden, was die Fälschung von einer Hommage unterscheidet?«

»Aber du signierst die Bilder mit *ihren* Namen, nicht mit deinem eigenen. Das ist Betrug!«

»Ganz und gar nicht«, gibt Robin zurück. »Angenommen, ich male im Stil meiner Zeit – Jackson, Pollock, Robert Motherwell –, *das* wäre Betrug. Aber wenn ich im Stil vergangener Zeiten male? Ganz und gar kein Betrug. Mir ist natürlich klar, daß jeder, der 1952 wie Vermeer malen wollte, ausgelacht werden würde; also *muß* ich mich – aus Selbstschutzgründen, aber auch, um meine Arbeiten den Sammlern zukommen zu lassen, die danach lechzen – ganz einfach Vermeer *nennen*. Die *Zeiten* sind aus den Fugen geraten, nicht ich. Die *Zeiten* verlangen es, daß jene, die in die figurative Malerei vernarrt sind, belogen, betrogen, hintergangen werden. Also signiere ich ›Vermeer‹ oder sogar ›Rembrandt‹, benutze alte Leinwände und antike Keilrahmen und brenne die Farbe zu guter Letzt in einem Backofen. Aber das tue ich nur für meine *Bilder*, damit sie überleben. Denn schließlich sind sie meine Kinder.«

Damit packte er mich, begann durch den Stoff meiner Kleidung hindurch meine Brüste zu kneten, schob mir geschickt die Hand unters Kleid und streichelte mich durch mein feuchtes Höschen.

»Wenn du über mich schreibst«, sagte er, »und du *wirst* über mich schreiben, sag bitte nicht, ich sei ein Kunstfälscher; sag einfach, daß ich ein Künstler bin. Weil ich nämlich ein Künstler *bin, dein* Künstler, dein Künstler der Essenzen, des Moschus, des Venushügels und all der Schätze, die darin zu finden sind.«

Er zieht mir das Höschen aus, schnuppert tief und ekstatisch einatmend an dem feuchten Zwickel und wirft mich aufs Bett, daß mir der Rock über den Kopf fliegt. Ich versuche meine Ballerinas abzustreifen. Er betrachtet lange und liebevoll meine feuchte Vagina und sagt: »Eine Blume, eine Dschungelblume!«, während er zuerst die eine, dann die andere Lippe liebkost, seine Zunge mit meiner Klitoris spielen läßt und den Kopf hebt, um hingerissen zu erklären: »Eines Tages werde ich diese Dschungelblume, diese Venusmännerfalle malen, aber zuerst werde ich mich ihr hingeben.« Damit stößt er mit seinem eisenharten Ständer in mich hinein, rammt immer wieder meinen Muttermund, bis ich Tränen der Freude vergieße. Er kann nicht aufhören, bis ich dreimal gekommen bin, von den Schenkeln bis zu den Zehen zittere und um eine Ruhepause, ein bißchen Atemholen flehe. »Komm, komm, mein Liebling«, sagt er immer wieder. Schließlich ejakuliert er erschauernd und knurrend wie die Geräusche, die ein Seehund macht, wenn er den arktischen Mond anbellt.

»Mein schlüpfriger Seehund«, sage ich, »mein salziger Liebling, mein Königreich der drei Schlüpfrigkeiten.«

»Was ist das Königreich der drei Schlüpfrigkeiten?« fragt er.

»*Dies*«, antworte ich, während sein schlaffer Schwanz sich schlängelnd aus mir zurückzieht, fange seinen reichen Samen aus meiner Vagina auf und schmiere ihn mir auf Wangen, Lippen, Zunge. »Dies ist das Reich, in dem du als König regierst.«

»Die drei Schlüpfrigkeiten ...«, sinniert er. »Machen wir vier daraus.«

Nach unserer Orgie im Chelsea überspringen wir unsere gewohnte Mahlzeit und nehmen ein Taxi zum Metropolitan Museum, »um die Fälschungen zu bewundern«, sagt Robin.

Zuerst zeigt er mir riesige Kriegerstatuen aus Terrakotta, die als »etruskisch« ausgeschildert sind, von denen er jedoch behauptet, sie seien von einer italienischen Familie hergestellt worden, die um die Jahrhundertwende in der Nähe von Todi in Umbrien zu Reichtum gelangte.

»Wenn du was ›Etruskisches‹ wolltest, brauchtest du nur zu ihnen zu gehen. Clevere, kleine *wanzes*. Und damals wollten alle was ›Etruskisches‹. Das British Museum hat einen ›etruskischen‹ Streitwagen, bei dem ich wette, daß auch er von jener Familie stammt. Ein Händler in Orvieto mit Namen Fuschini war berüchtigt dafür, daß er ›etruskische‹ Antiquitäten so schnell herstellen konnte, wie ein Lireschein zu Boden fällt. Terrakotta ist nicht mein Spezialgebiet, aber ich bewundere einen Künstlerkollegen, wenn ich ihm begegne. Dieses Können! Sieh dir die grimmigen Züge an, die kriegerische Pose! Du willst was ›Etruskisches‹? – Du kriegst was ›Etruskisches‹!«

Dann ging er mit mir zu den ägyptischen Fälschungen, den flämischen Fälschungen, den griechischen Fälschungen – vor allem zu den athenischen Schwarzfigurenvasen.

»Siehst du diese Lekythos, die angeblich aus dem sechsten Jahrhundert stammen soll? Läßt sich unschwer in einem modernen Kiln herstellen. Das kniffligste dabei ist es, den Grund zu oxydieren, bis er rot ist, aber zuvor muß man die Figuren mit einer dicken Mischung aus einem speziellen Lehm abdecken, damit sie nicht im Kiln oxydieren. Ich hatte in Italien einen Lehrer, der seine Familie mit ›antiken‹ Schwarzfigurenvasen ernährte. Fälschungen sind *stets* der Schlüssel zu dem, was wir uns wünschen, was wir begehren. Sie sagen mehr über die *Sammler* aus als über die Fälscher.«

Während wir durch das Museum schlenderten, hatte ich das köstliche, völlig entspannte Gefühl einer Frau, die bis zum Umfallen geliebt und dann mit schmerzenden Schenkeln und tropfendem Schritt wieder in die Welt hinausgelassen wurde. Ich hatte das Gefühl, daß jeder an mir den Sex riechen konnte: die weißhaarigen Matronen in ihren praktischen Schnürschuhen, die Museumswärter, die zeichnenden Kunststudenten ... Es machte mich trotzig, herausfordernd, kühn. Gemeinsam lachten Robin und ich über unsere verschiedenen Intimitäten. Wir kamen gerade aus dem Bett. Wir wußten Bescheid über die Heuchelei in der Welt.

Es war schon spät gewesen, als wir in dem Museum angekommen waren – drei oder so –, und als um fünf die Schlußglocke läutete, kamen wir fast um vor Hunger. Wir gingen zu Schrafft's an der Madison Avenue, freuten uns über die adretten irischen Kellnerinnen mit den Spitzenkragen, die, wie wir aufrichtig hofften, den Sex, den Regelverstoß und den Trotz auf unserer Haut rochen, während wir unsere krustenlosen Sandwiches aßen und dazu englischen Tee aus vornehmen Tassen tranken. Wir beendeten die

Mahlzeit mit den gräßlichen Eiskrem-*sundaes*, die es bei Schrafft's gibt.

»Ist es nicht komisch, wie die *gojim* es fertigbringen, daß einfach alles nach Pappdeckel schmeckt?« fragte mich Robin.

»Du könntest niemals nach Pappdeckel schmecken«, gab ich zurück. »Selbst wenn du ein *goi* wärst.«

»Unmöglich, nicht wahr? Dich mir als *goi* vorzustellen?«

Er fütterte mich mit seinem klebrigen Löffel voll Vanilleeis mit dem zähen, heißen Zuckerguß.

»Wann wirst du mich deinem Dad vorstellen?« erkundigte er sich plötzlich.

»Welchem Dad?« fragte ich zerstreut. Ich hatte vergessen, daß ich Marco und nicht Robin von meinen beiden Papas geschrieben hatte. Manchmal verwechsle ich das, was ich Dr. Zuboff erzähle, mit dem, was ich Marco erzähle, oder mit dem, was ich Robin erzähle. Achtung! Das könnte gefährlich werden!

[NOTIZBUCH]

19. Mai 1952

Gestern nachmittag war Hannah bei Sally zu Hause, als die Handwerker kamen, um das Dach von Papas japanischem Teehaus zu reparieren. Es war von den Frühlingsstürmen beschädigt worden.

Die langgestreckten, rechteckigen Hintergärten der New Yorker Brownstone-Häuser (unseres besteht aus Limestone, aber das macht nichts) können furchtbar klaustrophobisch wirken, daher hatte Papa die Idee, den unseren im japanischen Stil anzulegen, damit er zu den Innenräumen des Hauses paßt. Außerdem hatte er den brillanten Einfall, ans untere

Ende des Rechtecks, aber nicht ganz in der Mitte der Querbegrenzung, einen Noguchi zu stellen und Wogen aus sauber geharktem Sand von ihm ausgehen zu lassen, als sei er ein Fels im Ozean. Das Teehaus ist echt, unter großen Unkosten von Kyoto hierherverfrachtet.

Nun gut. Die Handwerker, die auf dem Dach arbeiteten, vermuteten in dem Noguchi nichts weiter als einen Steinhaufen, trugen ihn ab und warfen die Steine auf den Müll. Als ich mit Marco vom Lunch nach Hause kam und sah, was passiert war, schrie ich entsetzt: »Hannah – was ist mit dem Noguchi passiert?«

»Dem *was*, Mrs. Wallinsky?«

»Der Skulptur in Papas Garten!«

»Das war ein – *was?*«

»Ein Noguchi, Hannah. Ein sehr bedeutender Künstler. Ein sehr bedeutender *japanischer* Künstler!«

»Aber ich dachte auch, daß es nur ein paar Steine sind. So wahr mir Gott helfe!«

Ich lief zum Müllcontainer, um Noguchis wunderschöne Steine aus dem Wust von abgestorbenen Ästen, Flaschen und anderem Abfall zu retten, der in den New Yorker Hintergärten anfällt.

Zum Glück war das Corpus delicti noch vorhanden. Ich mußte Marco bitten, herzukommen und mir zu helfen, damit wir Noguchis sinnliche Brocken aus dem Müll retten konnten. Mit Hilfe von Fotos der Skulptur arrangierten wir die Steine, so gut es ging. Papa wird hochgehen, wenn etwas fehlt. Und Robin würde furchtbar lachen, wenn er es wüßte. Er ist hart gegen nichtgegenständliche Kunst!

Wenn ich dieses Notizbuch durchlese (in das ich Durchschläge meiner Briefe an Marco und Robin geklebt habe), fällt mir auf, daß ich Marco eher sanft, ätherisch, körperlos dargestellt habe. Ich wollte nicht, daß er so wirkt. Genau wie bei den meisten spirituell orientierten Menschen ist es schwer, seine Qualitäten zu Papier zu bringen.

Seine Schönheit läßt mich natürlich dahinschmelzen. Sein Schwanz ist groß, aber er weiß nicht richtig damit umzugehen. Er kommt entweder zu schnell, oder er ist von seinen spirituellen Bestrebungen zu sehr abgelenkt, um sich überhaupt auf Sex konzentrieren zu können. Ständig schwärmt er davon, das Sperma in seinem Gehirn zurückzuhalten, um spirituelle Kraft zu konservieren. Ich versuche ihn mit Phantasien zu verführen, aber er sagt, er kann sich nicht in seine Phantasien hineindenken. Er blockt sie ab, glaube ich. Aus Angst.

Manchmal, wenn ich in sein Atelier komme, spielt er diese seltsame Zwölftonmusik, und ich frage mich, was ich darunter verstehen soll. Bin ich ein Musikbanause? Im Grunde mag ich diese dissonante Art nicht. Dann lenkt er ein und spielt Schubert, Chopin, Beethoven oder Mozart, und schon liebe ich ihn wieder.

Auch er hat Verbindungen zu den Berkshires und möchte mich einladen, wenn er auf dem Musikfestival da oben spielt – Tanglewood heißt es. Aber wenn ich daran denke, ihn so nahe bei Robin zu wissen, gerate ich in Panik. Bestimmt werde ich so oft wie möglich nach Windy Perch rüberlaufen wollen, um meinen lebensspendenden Kontakt mit Robin aufzunehmen, und bestimmt wird Marco das erahnen. Aber vielleicht auch nicht. Marco ist ein Mensch, der keine Ahnung von sexueller Besessenheit hat. Dazu ist er zu rein. Hannah hat einen ganz speziellen Ausdruck: »Kalte Kartoffeln kann man nicht aufwärmen!« Diesen Ausdruck benutzt sie bei jeder nur möglichen Gelegenheit. Dabei muß ich immer an Marco denken, und *dabei* hab' ich dann wirklich ein schlechtes Gewissen.

Soeben erhielt ich einen Brief von – ausgerechnet! – Henry Valentine Miller! Er ist nach langen Reisen – Griechenland, Los Angeles, seinem lange geplanten Air Conditioned Nightmare Trip durch die USA mit seinem Malerfreund Abe Rattner – in Kalifornien gelandet, in einem Ort namens Big Sur. Alles mögliche ist ihm zugestoßen – wie üblich! *Wendekreis des Krebses* hat ihn als Untergrund-Helden berühmt gemacht. *Schwarzer Frühling* und *Steinbock* noch viel berühmter – obwohl sie am Zoll vorbeigeschmuggelt werden mußten. Erleuchtung, mit einem Riesen-E, fand er natürlich in Griechenland. Er hat in Hollywood gelebt, als Filmautor total versagt (wie es scheint, kann er nicht für Geld schreiben) und sich mit surrealistischen Aquarellen durchgeschlagen – die sich auch dann noch verkaufen lassen, wenn alles andere nicht mehr geht! Er hat sich – dank seiner alten Huri Anaïs Nin – an bezahlter Pornographie versucht und festgestellt, daß er so etwas selbst nicht für einen Dollar pro Seite schreiben kann! Die Pornosammler sagen immer wieder: »Viel zuviel Poesie!« und schicken es zurück. Die echten Pornoleser lehnen seine mit Porno gespickte Poesie ab. Die wollen eben Porno pur. Henry hat eine äußerst gelehrte und hübsche Polin namens Lepska geheiratet und sich wieder von ihr scheiden lassen, zwei Kinder bekommen, die er anbetet, und lebt nun in einem Ort namens Partington Ridge mit einem Urweib namens Eve zusammen, die natürlich nur halb so alt ist wie er. Zum Glück für ihn ist sie wie eine Erdmutter für die Kinder.

Nichtsdestoweniger will er, daß ich ihn besuche, legt ständig stapelweise signierte Bücher, Aquarelle, Broschüren bei – Überfülle, wie gewohnt; Vals Füllhorn quillt ständig über. Ich werde ihm meinen letzten Roman schicken und (vielleicht) auch die erotischen Phantasien, die ich für Robin aufgeschrieben habe, werde aber behaupten, sie seien für ihn geschrieben. In was für einen *schlamassel* hab' ich mich da möglicherweise hineinmanövriert! Ich kann's nicht abwarten!

[NOTIZBUCH]

27. *März 1952*
Ich habe Val meinen Roman sowie die Traumphantasie mit den schwanzhackigen Schuhen geschickt – wie ich sie mir vorstelle –, und er hatte eine Menge über beides zu sagen.

[Brief vom 24. Mai 1952, von Henry Valentine Miller in Big Sur, California, an Salome Levitsky Wallinsky in New York, hier eingeklebt. (Hrsg.)]
Salome von den sieben Schleiern, ich bin beunruhigt darüber, daß Du in *Land des Vergessens* den Standpunkt einer Überlebenden der Nazi-Greuel einnimmst, und ich bin beunruhigt über die gefesselte Masochistin Deiner New Yorker Traumphantasie.

Mag sein, daß es in New York so ist, aber der Rest der Welt ist nicht so! Auf mich wirkt New York finster, wimmelnd von Menschen, die Kakerlaken sind, und von Kakerlaken, die tun, als seien sie Menschen. *Kein Wunder, daß jeder in New York einen Analytiker braucht!* Es gibt kein Licht. In Griechenland reist Du ins Licht hinein. Das reicht als Analyse. In Big Sur wirst Du eins mit den Klippen und dem Himmel, den Mohnblumen, dem wilden Flieder und den Lupinen, Klapperschlangen, Taschenratten, dem endlosen Nebel, dem vorzeitlichen Paradies des Meeres, dem lebenden Felsgestein und der Reinheit Deiner eigenen Natur.

Wenn Du herkommst, wirst Du ein Buch schreiben, das wie eine Explosion Deinem Herzen aus Licht entspringt, das weiß ich. Noch hast Du es *nicht* geschrieben – verzeih, wenn ich Dir das offen sage. Niemand verfügt über die pure Kraft Deiner Sprache. Selbst ich bin wie geblendet von Deinem immensen Talent. Aber Du mußt dieses Talent behutsam *ans Licht bringen.* Du mußt Frieden schließen mit Dir selbst. Ohne den kann niemand schreiben.

Wie die Wahrsagerin mir in Athen mitteilte, wanderst Du auf der Suche nach dem klaren, offenen Weg im Kreis. Du bist dazu geboren, der Welt diese Freude und Erleuchtung zu bringen, aber zuerst mußt Du Dich selbst akzeptieren und aufhören, Dich hinter Masken zu verstecken, die andere erfunden haben. Du trägst deutliche Zeichen der Göttlichkeit an Dir, doch Deine Füße sind an die Erde gekettet.

In Deinem *Unartigen Mädchen in Paris* hattest Du die Courage, Dein Innerstes mitsamt den Knochen und allen Mängeln offenzulegen! Damals warst Du auf dem Weg in die Freiheit. Jetzt bist Du *vom Weg abgeraten,* weil Du versuchst, Deinen Kritikern zu gefallen – oder aber sie irrezuführen.

Fuck them! sage ich Dir. Wie kannst Du zulassen, daß Kritiker in Deine Phantasie eindringen? Mit der Tatsache, daß ich, wenn überhaupt jemals, dann erst lange nach meinem Tod bekannt werde, habe ich mich abgefunden. Wenn die Leute mich fragen, warum ich nicht ein paar Jahre lang als Drehbuchautor arbeite und ein bißchen Geld beiseite lege, um anschließend *richtig* zu schreiben (anstatt mit meinen Aquarellen nur eben genug zusammenzukratzen, um eine Ziege füttern zu können), antworte ich: »Warum schikken Sie Ihre Tochter nicht auf die Straße, damit sie sich ein bißchen Geld verdient und Sie sie später dann verheiraten können? Wer merkt denn schon den Unterschied?«

Daß die Welt die Huren anbetet, ist kein Grund für uns, Huren zu *werden*. Wir müssen unsere Göttlichkeit nicht vergessen, nur weil andere die ihre vergessen haben. Häufig sagen mir die Menschen, daß sie mich um mein freies Leben beneiden.

»Beneiden Sie mich nicht«, antworte ich dann. »Machen Sie's mir nach!«

»Aber das kann ich nicht«, sagen sie. »Mein Job, meine Eltern, meine Kinder, meine Frau, blablabla.«

Die Menschheit fürchtet sich vor nichts so sehr wie vor der Freiheit. Aber von den Frauen erwarte ich mehr – vor allem von Dir!

Wenn Du nach Big Sur kommst, bring Deine kleine Tochter mit. Sie, Tony und Valentine werden sich bestimmt gut verstehen! Wenn ich das nächste Mal von meiner Klippe herabsteige, um die Post zu holen, erwarte ich wieder einen Brief von Dir.

Hier wird sich Dir die Erde öffnen wie eine Offenbarung! Bei mir war das so.

Dein fröhlicher Zechbruder und Gelegenheitssatyr

Henry

[NOTIZBUCH – UNDATIERT]
Ich weiß genau, was Henry meint. Wenn ich nur genug Freiheit hätte, um nach Griechenland oder Big Sur zu gehen! Aber Henry denkt keinen Moment daran, daß das Leben eines Mannes anders verläuft als das einer Frau! Die Mutterschaft ändert alles! Gefangen in New York mit Sally, während meine Eltern von Zeit zu Zeit heimkehren, um ihre kleine Unsterblichkeit zu sehen, mit meiner Analyse bei Dr. Zuboff, meinem verrückten Ehemann in der Klapsmühle von Stockbridge, meinen beiden Liebhabern, die mich zerreißen – wie könnte ich da nach Big Sur oder Griechenland gehen und mein Herz dem Licht öffnen?

Warum hat mir niemand gesagt, daß Kinder für Frauen ein kreativer Auftrag sind, ein Kunstwerk, ein kosmisches Unternehmen? Ich habe davon geträumt, mit Sally, sobald die Schule aus ist, nach Big Sur zu gehen, aber wie könnte ich das in der Wirklichkeit, wenn Aaron wünscht, daß sie bei ihm in der Nähe von Stockbridge ist, und alle meine Lieben hier sind, ganz zu schweigen von Sims Gebeinen?

Val (nun, da er seine eigene kleine Valentine, diesen Apfel von seinem Stamm, diese weibliche Inkarnation seiner selbst in die Welt gesetzt hat, nennt er sich immer häufiger Henry) war in seinen Fünfzigern und Sechzigern ein passionierter Vater. Als er Barbara, sein erstes Kind, bekam, nahm er kaum Notiz von ihr. Jetzt, mit Tony und Val, war er zunächst begeistert von seiner Vaterrolle. Und doch hat er, trotz seiner leidenschaftlichen Vaterschaft, die tägliche Kinderpflege sehr schnell wieder aufgegeben. Es sei ihm unmöglich, behauptete er, Ärsche zu säubern, Mahlzeiten zuzubereiten, Kinder zu baden, ihnen zuzuhören, mit ihnen zu reden – und dann noch zu schreiben! Wenn er in Big Sur Adam war, hat er sehr schnell eine Eva gefunden.

Für mich aber gab es keine Eva. Alles lastete auf meinen Schultern. Und Marco und Robin – ganz zu schweigen von Papa Levitsky, wenn er nach Hause kam – wollten ebenfalls bemuttert werden. *Alle* wollten das Baby sein, und so blieb mir nichts anderes übrig, als erwachsen zu werden.

Aber Val hatte recht. Meine Persönlichkeit als Autorin wurde irgendwie von meinem *Leben* verschüttet. Irgendwo zwischen meinem *Unartigen Mädchen in Paris* und der Halina in *Land des Vergessens* lag meine echte Schriftstellerstimme und wartete darauf, geboren zu werden. Ich mußte sie hören, sie üben, mußte lernen, sie zu modulieren. Aber wie konnte ich sie in Besitz nehmen? Wie konnte ich die Unmittelbarkeit meiner Briefe und Tagebücher in Bücher verwandeln? Sie waren zu ehrlich, zu sexuell, zu unfertig, zu *weiblich*. Bücher waren *männlich*, das war mein Dilemma. Und meine Sorge war die Frage, ob irgend jemand überhaupt ein Buch wollte, das die ungeschönten Gefühle des Frauenherzens bloßlegte. Alle großen Bestseller handelten von Männern. Sogar die Schriftstellerinnen gaben sich als Männer!

Das Buch, das ich schreiben möchte, würde so offen und unmittelbar wie dieses Tagebuch sein, würde den Unterschied zwischen den Abstraktionen des Mannes, seiner fürchterlichen Neigung, Leiden und Qual zu verallgemeinern, und dem Einssein der Frau mit dem Mutterleib der Schöpfung aufzeigen, ihrem Vermögen des Mitfühlens bei jedem Schmerz, als wäre sie Gott selbst.

Es würde scharf sein, süß, sauer, satirisch, seltsam, liebevoll und haßerfüllt – alles auf einmal. Es würde die Klarheit des Lebens besitzen, das Mysterium der Träume, die wilde, plötzliche Freude des Frühlings nach einem langen Winter. Es würde Persephones Buch sein, nicht Apollos. Aber *wann* soll ich es schreiben, wenn Männer und Kinder mich mit den Füßen an die Erde fesseln?

Ich habe diesen Traum, daß ich zu schreiben beginnen will, aber von einem Mann auf dem Bett festgehalten werde, der mir die Seele aus dem Leib fickt. »Laß mich los!« schreie ich. »Laß mich los!« Aber da liege ich, festgenagelt unter einem Mann! *Wann* werden meine Hormone mich freigeben?

Aber Sally – Sally hat mein Leben verändert. Ich *möchte* meine Arbeit im Stich lassen und zu ihr gehen. Ich *will* dieses Vergnügen, dieses Ärgernis nicht aufgeben. Sie ist ein Teil von mir. Sie ist das Leben. Sie ist die Zukunft. Aber zuweilen bin ich auch wütend auf sie und wünschte, sie würde verschwinden.

Wir Frauen, die wir schreiben, sind Ungeheuer, tauchen mit unseren schuppigen Flossen und Meerjungfrauenschwänzen ins Traumleben hinab, um gleich darauf wieder aufzutauchen und Luft zu holen, um unsere Kinder mit den Händen – eben noch Flossen, die in Mondstrahlen paddelten – mit Kartoffelbrei und Karotten zu füttern. Halb menschlich, halb beängstigendes Seeungeheuer oder zwinkernde Meerjungfrau – wie können wir uns da mit unserem seltsamen Los im Leben abfinden? Schizophrener zu sein als Verrückte, verlangt man von uns, nur damit wir überleben und unsere problembeladenen Töchter großziehen können!

Ob Val mich verstehen könnte, wenn ich ihm das schriebe? Nein, trotz seines Schriftstellerherzens voll Licht – niemals!

Das einzige Wesen, in das die Männer sich nicht einfühlen können, ist eine Frau. Wenn er »Herz« sagt, meint er »männliches Herz«. Wenn er »Seele« sagt, meint er »männliche Seele«. Wenn er »Licht« sagt, meint er »männliche Abstraktion des Lichts«. Wenn ich »Licht« sage, meine ich Sallys Augen.

8 SALOME KAPITULIERT

1952

*Sagt es, sagt es, das Universum besteht
aus Geschichten, nicht aus Atomen.*
MURIEL RUKEYSER

[NOTIZBUCH]

1. Juni 1952
Heute sind Mama und Papa zurückgekommen; sie bringen mein Leben durcheinander und verwöhnen Sally mit bezaubernden Smokkleidchen, die sie vermutlich nie tragen wird. Sie ist ein Wildfang. Sie liebt Arbeitskleidung, Hosen, Sweatshirts und diese kleinen blauen Kittel, die in den »progressiven« Kindergärten benutzt werden.

Robin bestand darauf, Papa kennenzulernen, wenn er das nächste Mal zu Hause ist. Das bereitet mir Kopfschmerzen. Wieviel Unsinn könnten die beiden zusammen aushecken!

Inzwischen habe ich mir Notizen für ein neues Buch gemacht, sozusagen Bindfäden gesammelt. Ich möchte genauso kühn und frei schreiben wie in meinen Notizheften und Tagebüchern. Selbst wenn das Buch niemals das Licht der Welt erblickt, muß ich wissen, ob ich den Mut besitze, es zu schreiben! Ich muß meine Stimme erheben oder sterben! Das Thema des Romans wird das Innenleben einer Frau im Vergleich zu ihrem äußeren Leben sein: wie diese beiden Leben sich miteinander verflechten und einander widersprechen.

Das Buch im Kopf gegen das Buch des Lebens! Wie kann man in der Reinigung sein oder auf dem Spielplatz oder beim Schlachter und dennoch im Kopf Sex mit jedem Mann haben, dem man begegnet?

In letzter Zeit strahle ich so scharfe Signale aus, daß es offenbar jedem Mann, dem ich begegne, auffällt. Bei einer Dinnerparty mit Papa und Mama und einem Haufen Kunsthändlern und verrückten Künstlern sagte mir ein sehr kahlköpfiger, streitsüchtiger Maler, nachdem er sich während des ganzen Essens mit mir unterhalten hatte, sotto voce: »Ich könnte Sie jetzt gleich hier auf dem Dinnertisch vernaschen.«

Ich lächelte wie Mona Lisa und strömte diesen ganz speziellen Sexduft aus.

»Und wie kommen Sie darauf, daß ich das *will?*«

»Sie wollen es. Ich weiß, daß Sie es wollen. Sie wissen, daß Sie es wollen. Ganz wild sind Sie darauf.«

»Ich habe nicht die leiseste Idee, wovon Sie reden.«

»Den Teufel haben Sie«, gab er zurück und streifte meine rechte Brust.

»Ich sollte Ihnen eine Ohrfeige verpassen«, sagte ich wie eine alte Jungfer in einem alten Theaterstück. Dabei lächelte ich jedoch wie die Cheshire-Katze. Also betatschte er auch noch meinen Arsch.

»Hübsch«, sagte ich.

»Sie sind es, die hübsch sind.«

»Sie auch«, sagte ich und griff nach seinem Arsch.

Er starrte mich entgeistert an, vielleicht sogar verängstigt. Vermutlich hatte noch keine Frau so etwas mit ihm gemacht.

»Was für den Ganter gut ist, schmeckt auch der Gans«, erklärte ich. »Oder meinen Sie nicht?« Damit segelte ich zum Eßzimmer hinaus.

Was ist dieses Parfüm, das ich verströme? Sünde? Es ist schön, zu wissen, daß ich noch immer über die Katzenminze verfüge!

[NOTIZBUCH]

3. Juni 1952
Während Mama und Papa wieder die Kontrolle über den Haushalt übernehmen, ihre Kunden und Freunde bewirten und Sallys Leben mit Beschlag belegen, ist alles in meinem Leben zum Stillstand gekommen. Mama geht mit Sally in den Park, in den Zoo, zum Karussell, stellt sich aber an, als wäre das Kind aus Glas. Es ist, als fürchte sie, daß *jedes* Baby von den Kosaken geraubt wird. Ihr Leben ist völlig anders verlaufen als das meine! Früher hat sie mich wahnsinnig gemacht, jetzt aber habe ich Geduld mit ihr.

Robin kam, um Papa kennenzulernen. Die beiden lachten und redeten und verstanden sich auf Anhieb. Während Mama in der Küche war und Hannah in der Herstellung von Kompott unterwies – niemals würde sie einer Hilfe die *Hilfe* allein überlassen, Gott behüte! –, sah Papa mich an, sah Robin an und winkte mit seiner Rechten von Robin zu mir, von mir zu Robin, als wollte er fragen: »Ihr beide zusammen?« Ich errötete. Robin nickte.

»Nach meiner Meinung kein schlechtes Paar«, erklärte Papa.

Später, als Sally schlief, kam Mama zu mir ins Zimmer.
»Ich traue ihm nicht«, sagte sie ungefragt.

»Ich auch nicht«, gab ich rasch zurück und überraschte mich damit selbst.

»Einen netten Mann kann man ebenso leicht lieben wie eine *wanz*«, sagte Mama. »Da sie alle *zuris* bedeuten, kannst du dir genausogut einen nehmen, der dir keinen Grund gibt, die ganze Nacht wachzuliegen und dir Gram zu machen.«

»Gram« sagte meine Mutter immer, wenn sie versuchte, ihr bestes Englisch hervorzukehren.

»Wenn ein Gauner dich küßt, zähl deine Zähne«, sagte Mama und zitierte damit natürlich meine Großmutter.

Dann deckte sie mich zu, als wäre ich fünf, ging hinüber, um nach Sally zu sehen und eine besondere *broche* über sie zu sprechen, und zog sich dann auch zurück.

Eines Tages werde ich den Mut aufbringen, Mama nach ihrem Liebesleben zu fragen. Das sollte zu dem Roman gehören, den ich schreibe. Und ob! Woran erinnere ich mich? Ich erinnere mich an den weißhaarigen, blauäugigen Mr. Lobel, der Grundstücksmakler war und Mama ständig Blikke zuwarf, und an den englischen Schauspieler, der den Hamlet spielte und einen Ruf als Weiberheld hatte. War der süß! Mama malte ihn als Hamlet kostümiert, mit einem Totenschädel auf den Knien. Er sah phantastisch aus in seiner Strumpfhose. Mit einem Gehänge wie ein Hengst – wenn er nicht ausgestopft war! (Manche Schauspieler und Tänzer stopfen sich Socken in den Schritt.) Und dann war da noch Mr. Slansky, der Produzent, der bei ihren Parties den Gastgeber spielte, wenn Papa auf Einkaufsreise in Europa war. Und natürlich Sim. Von Sim hatte sie mir nicht einmal *erzählt*. Aber nun weiß sie, daß ich Bescheid weiß, und trotzdem reden wir nicht darüber. Das ist meine Mama. Sie weiß, wie man den Mund hält, während meine Generation das nie gelernt hat. Ist dies das Geheimnis des Überlebens?

All diese Probleme im Kopf, schlief ich ein. In meinem Traum zählte Sally mit ihren Händchen meine Zähne. Dann folgte ich ihr zu Fuß auf einen Berg, während sie mit einem Fahrrad fuhr. Hinter uns hechelte ein Hund einher – Dogstojewsky, unser schwarzer Pudel. Jedesmal, wenn ein Tunnel durch den Berg führte, fürchtete ich, den Hund zu verlieren, weil Hunde in den Tunnels nicht geduldet wurden. Aber irgendwie blieb uns der Hund stets auf den Fersen und folgte unserer Witterung. Auf dem Gipfel stellte ich Dogstojewsky eine Schale mit Wasser hin und nahm Sally in die Arme. Tief unter uns, am Fuß des Berges, standen Aaron, Robin, Marco. Sie winkten mit weißen Taschentüchern.

»Soll ich sie retten?« fragte ich mich. Noch als ich aufwachte, dachte ich über diese Frage nach und trug sie den ganzen Tag mit mir herum.

[NOTIZBUCH]

5. Juni 1952
Die Rosenbergs sind jetzt seit fast zwei Jahren in Haft. Nachdem das Todesurteil gegen das Ehepaar bestätigt worden war, entstanden überall Komitees, die den Protest gegen die Hinrichtung organisieren, aber die Lage wird immer trostloser. Papa warnt mich davor, mich an dem Protest zu beteiligen, an *jeder* Art von Protest, aber mir bricht das Herz, wenn ich an die Rosenbergs denke: getrennt von ihren bei-

den kleinen Söhnen, gefangen in einem politischen Mahlstrom, ohne eine Möglichkeit, dem Urteilsspruch des Mobs, der geldgierigen Politiker zu entgehen. Hier sitze ich und weiß, daß ich auch nicht besser bin als jene Deutschen, die zugesehen haben, wie die Juden dahingeschlachtet wurden, und nichts dagegen unternommen haben.

Dies ist unser ganz persönlicher Fall Dreyfus, und ich wende meine Gefühle eher nach innen als nach außen und hasse mich selbst dafür. Ich komme mir wie ein Feigling vor! Wenn sie getötet werden, werde ich zu ihren Mördern zählen. Jeden Abend, wenn ich schlafen gehe, fühle ich mich, als sei ich mit ihnen zusammen im Gefängnis.

Marco glaubt, Meditation sei die einzige Möglichkeit, die menschliche Rasse von innen heraus zu reformieren. Aber es ist schwer, sich Senator Joe McCarthy bei der Meditation vorzustellen. Manchmal denke ich, Marco steckt den Kopf in den Sand. Er vergräbt sich in seinen Kokon der Zwölftonmusik, der Teezeremonien und der Zen-Sprüche, während die Welt in einer schleimigen Spirale zur Hölle fährt.

[NOTIZBUCH]

12. Juni 1952
Offenbar hat Aaron wieder einen Selbstmordversuch begangen. Wir sitzen alle im Wagen und fahren nach Stockbridge. Papa fährt auf seine gewohnte Art, die einen zum Wahnsinn treibt, ständig auf dem Mittelstreifen, und *verursacht* Autounfälle, statt sie einfach zu *haben*! Ich kann kaum noch meine Spiegelhandschrift lesen. Später mehr.

[NOTIZBUCH]

14. Juni 1952
Stockbridge

Aaron ist tot. Er war tot, als sie ihn fanden – tot und knallrot. Ich küßte ihn zum Abschied. Seine Wange war erschreckend kalt.

Papa sagte: »Nach meiner Meinung haben die ihn über Nacht in den Kühlraum gesteckt. Was wissen *gojim* schon vom *malech-amoweß?* Wenn ich nicht hergekommen wäre, hätten die ihn in der *gojischen* Leichenkapelle einbalsamiert!«

»*Scha,* Levitsky!« sagte Mama. Mama sagt immer *Scha!* Anscheinend hatte sich Aaron in einem Wagen mit laufendem Motor eingeschlossen und mit einem Schlauch die Auspuffgase durch das Rückfenster hereingeleitet. Er wurde in der Garage gefunden, die das Küchenpersonal und manchmal auch Ärzte benutzen. Angeblich ging es ihm schon besser. Er galt nicht mehr als »gestört«. Niemand hatte eine Ahnung, woher die Fahrradkette und das Vorhängeschloß kamen, mit denen er sich ans Lenkrad geschlossen hatte. Die Klinik befürchtete, man werde ihr die Schuld geben oder sie gar verklagen: Man erkannte das an der Art, wie sie sich schleunigst von dem »Fall«, wie sie es nannten, distanzierten.

Dr. B. bat uns alle in sein Büro: Mama, Papa, mich. Hannah hatte Sally zu den Weekses mitgenommen, wo sie Erdbeeren mit Sahne bekam, als wolle man sie für einen toten Vater entschädigen.

»Es gibt einen bestimmten Punkt, da muß man sich auf den festen Willen eines Menschen zur Gesundung verlassen«, sagte Dr. Bartlow, »aber Aarons Todeswunsch war leider stärker. Wir hier halten die Depression für eine *Krankheit,* nicht für eine Schande oder einen Skandal, aber die Instrumente, mit denen wir sie behandeln müssen, sind noch nicht perfekt. Vielleicht werden wir eines Tages mehr wissen.«

Aber ich wußte, daß Aaron immer wieder versucht hatte, sich umzubringen, bis er es endlich geschafft hatte. Die Toten besaßen mehr Macht über ihn als die Lebenden.

Das war der wirkungsvollste Mord der Nazis, dachte ich, der Mord am Lebenswillen. Unser Leben besteht aus ganz bestimmten Dingen: vorhersehbaren Zeitabläufen, Schulbesuch, warmen Häusern, Schuhen mit Schnürsenkeln, funktionierenden Toiletten, elementarer Körperpflege, Eltern. Nimmt man den Menschen diese Fixsterne ihrer Gewohnheiten, werden die meisten voraussichtlich zerbrechen und wahnsinnig werden. Bei mir wäre das mit Sicherheit der Fall. Ich hätte niemals die »Aktionen« überleben wollen, geschweige denn Auschwitz!

»Meinen Sie, eine Schockbehandlung hätte geholfen?« fragte ich den Arzt, der diese Therapie einmal als letzten Strohhalm bezeichnet hatte.

»Wir wissen es nicht. Wir können es nie wissen«, gab der Arzt zurück.

»Er hat mir immer gesagt, er *wünschte,* es wäre ihm gelungen, sich umzubringen«, sagte ich.

»Aber vielleicht wäre er froh gewesen, noch am Leben zu sein«, erwiderte der Arzt.

Ich antwortete nicht. Ich hielt den Mund, wie Mama. Ich wußte, daß der Doktor irrte. Aaron wäre niemals froh gewesen, noch am Leben zu sein. Aaron hätte *niemals* Ruhe gegeben, bis er seiner toten Familie gefolgt war. Aaron war zu *schuldbewußt,* um weiterzuleben. Was empfand ich? Erleichterung. Freude. Freiheit. Und dann entsetzliche, ganz entsetzliche Schuldgefühle. Der Vater meines einzigen Kinder war *tot!* Sein Tod würde mein Leben vereinfachen. Und dann brach ich unter dem Gewicht meines schlechten Gewissens zusammen.

Nachdem ich den Toten identifiziert hatte, sagte Mama zusammenhanglos: »Vor Jahren kannte ich eine schöne Frau aus Rußland namens Luba. Sie arbeitete mit mir in diesem Sweater – entschuldige – Sweatshop. Die sagte immer zu mir: ›Ich habe den ganzen Weg nach Amerika *getanzt,* Sarah.‹

›Getanzt? Wer – entschuldige – mit wem hast du getanzt?‹

›Mit einem sehr gut aussehenden Mann – wer kann sich schon an den Namen erinnern? In jenen Tagen mußte ein junges Mädchen nicht gleich mit jedem schlafen.‹

›So *nu,* warum hast du ihn nicht geheiratet?‹

›Er war kein Jude‹, sagte Luba, einfach so.«

»Was soll das heißen?« fragte ich ungeduldig. Ich wußte, daß Mama noch eine Moral dazu auf Lager hatte. Sonst würde sie keine Geschichte erzählen. »Willst du mir sagen, daß es mir bessergeht, nachdem mein verrückter jüdischer Ehemann tot ist?«

»Nein, aber das denkst du doch, Salome.«

Wieso konnte Mama meine Gedanken lesen? Können das alle Mütter? Werde ich das bei Sally auch können?

»Wie wenig du mich kennst«, sagte Mama. »Der springende Punkt ist, Salome, daß wir selbst im Sweater – entschuldige – Sweatshop wußten, was wir waren und was wir nicht waren. Sterben konnte man *immer.* Man brauchte dem Tod nicht mit ausgestreckten Armen entgegenzulaufen. *Für den Tod hat man immer Zeit,* hat Mama dauernd gesagt. Und außerdem sagte deine Großmutter: *Niemand kann dir soviel Schaden zufügen wie du dir selbst.* Das Leben ist ein Geschenk, aber man muß dieses Geschenk auch *annehmen* können.«

Ich wußte genau, was sie meinte, aber ich gönnte ihr nicht die Genugtuung, es auszusprechen. So vieles, was zwischen Eltern und Kindern geschieht, bleibt unausgesprochen und wird doch verstanden. Irgendwie hat sie es trotz all ihrer *meschugas,* trotz all ihrer seltsamen Distanziertheit mir gegenüber geschafft, mir beizubringen, daß das Leben ein Geschenk ist.

Aaron diese Erkenntnis zu vermitteln, hatte ich keine Möglichkeit. Versucht hatte ich es. Aber ich wollte sie Sally eintrichtern – bis zum Umfallen! Und Mama versuchte mir auf ihre Weise die Erlaubnis zu geben, mich selbst zu befreien. Sie versuchte mir die Erlaubnis zu geben, mich von meinem *Schuldgefühl* zu befreien.

Später, als wir allein spazierengingen – Mama war bei Sally –, sagte Papa zu mir: »Das schlimmste am Altwerden ist meiner Ansicht nach, daß dein *minjan* stirbt.«

»*Minjan?*«

»Jene, die Zeugen deines Lebens waren – deine Freunde, deine Feinde. Das fängt mit vierzig an. Mit fünfzig wird es zur Epidemie. Mit sechzig fallen sie wie die Fliegen. *Zum Sterben hat man immer Zeit,* wie deine Großmutter zu sagen pflegte.«

»Das hat Mama mir vorhin auch gesagt.«

»Große Geister denken das gleiche«, sagte Levitsky.

Was ich empfunden habe nach Aarons Tod? Anfangs Benommenheit, dann Wut. Mir scheint, daß er mir jedesmal, wenn ich gerade beginne, mein Leben und Sallys Leben auf die

Reihe zu bringen, einen weiteren Schraubenschlüssel ins Räderwerk wirft. Jetzt muß ich seine Beerdigung organisieren, seinen Nachlaß ordnen, die Schule verkaufen. Für mich ist es inzwischen zu spät, um in die Berkshires zurückzukehren. Ich habe mich in New York eingerichtet.

Ist Aaron gestorben, nur um meinen Roman zu unterbrechen? Ich glaube schon. Ein Jahr wird vergehen, bevor ich diese *chaserei* hinter mich gebracht habe. Ach was, lieber soll der Sturm losbrechen, damit der verfaulte Baum stürzt. Endlich ist es vorbei, und ich bin frei. Das heißt, ich werde vielleicht frei sein. Eines Tages.

[NOTIZBUCH]
15. August 1952
Überschwemmt von dem Chaos, das Aaron bei seinem Tod hinterlassen hat. Die Sorge um ihn hatte mein Leben wieder verschlungen, aber jetzt bin ich wütend auf ihn, weil er mich durch seinen Tod noch einmal ausschließlich in Anspruch nimmt, weil er der Möglichkeit, Sally vaterlos zurückzulassen, gleichgültig gegenüberstand. Er will mir meine kostbare Zeit stehlen. Er will mein Leben verschlingen, selbst noch aus dem Grab heraus! Aber in den frühen Morgenstunden schreibe ich, schreibe mit dem Wind im Rücken, als würde ich vom Todesengel – dem *malech-amoweß* verfolgt. So ist es auch! Mama und Papa haben Sally über den Sommer nach Beverly Hills mitgenommen. Wir haben ihr noch nicht gesagt, daß ihr Daddy tot ist. Hannah ist auch mitgegangen. Und ich sitze hier, in diesem Haus mit den weißen *shoji*-Paravents und dem geharkten Sandgarten und versuche, Sinn in das Leben zu bringen, das ich bisher geführt habe, eine

Frau in der Mitte des Jahrhunderts, die wie mit einem Zug in die Dreißiger nach Paris zurückfährt und dann wieder in die Zukunft reist, auf die Jahrhundertwende zu, das Ende des Jahrhunderts, die Zeit, da ich selbst alt sein werde.

Im Jahr 2000 werde ich achtundachtzig sein. Vermutlich werde ich mich dann nicht mehr erinnern, welche Wunder ich erlebt habe, deswegen sollte ich sie lieber jetzt aufschreiben. Titel für diesen Roman eventuell: *Die letzte Jüdin, Tanzend nach Amerika, Erdachte Erinnerungen, Menschen, die nicht schlafen können, Von Liebe und Erinnerung, Schlaflose Menschen, Tapfere Frauen, Gesegnetes Angedenken.*

Ich schreibe das Buch mit Aarons Selbstmord als Ausgangspunkt. Thema: Was mit einer Frau geschieht, die durch den Selbstmord ihres Ehemanns plötzlich in ihr eigenes Leben hineingeworfen wird. Wie wird sie dadurch verändert? Wieso bewirkt es, daß sie ihren eigenen Lebenswillen behauptet? Und vor allem: Wie macht es sie *frei?* Ich glaube, ich bin da auf etwas Wichtiges gestoßen. Warum müssen Frauen immer erst irgendwie verlassen werden, damit sie ihr Leben selbst in die Hand nehmen?

[Brief von Salome Levitsky Wallinsky in Big Sur, California, an Marco Alberti in Lenox, Massachusetts]

Sommer 1952
Caro Marco,
   weil ich sowieso hier bin, um Sally in der Stadt der Engel abzuholen und zum Schulanfang nach New York zurückzubringen, habe ich die Gelegenheit benutzt, meinen alten

Freund aus Pariser Zeiten zu besuchen, Henry Miller, der hier in glorioser Boheme residiert, umgeben von fröhlichen, hart trinkenden Anhängern, an einem Fleck, der an das Paradies vor dem Sündenfall erinnert.

Ich kann verstehen, warum man hier haltmachen möchte – Wolken, die in den Orient segeln, zerklüftete Landschaften, die freie Luft des Westens, ein anregendes Leben, das geistig und körperlich stark erhält. Und dieses *Licht!* Das Licht in Big Sur ist fast so wundervoll wie das Licht in der Provence, in Venedig, in der Toskana.

Und wenn es auch nur ist, weil ich hier unter diesen verrückten Bohemiens bin – ja, ich sehne mich nach Frieden, Ordnung, Harmonie, und ich bin stark versucht, zu sagen, ja, führen wir unser Leben gemeinsam fort, aber ich weiß genau, daß das nicht geht. Es ist komisch, aber ich habe noch nie meine eigenen Flügel ausprobiert. Ich bin immer von einem Mann zum anderen gegangen. Und sosehr ich Dich liebe – ich muß meinen eigenen Weg als Schriftstellerin finden, bevor ich bei Dir Zuflucht suche.

Salome

[NOTIZBUCH]

August, 1952

Aarons Selbstmord hat alles in meinem Kopf durcheinandergewirbelt. Plötzlich gilt meine Besessenheit nicht mehr Robin, sondern dem Buch, an dem ich schreibe. Vielleicht kommt es von dem Besuch bei Henry und weil ich hinter Eves Rücken, hinter Robins und Marcos Rücken mit ihm geschlafen habe: die alte Unordnung, das alte Chaos von Paris, das mit Sicherheit Teil meiner Inspiration ist, gegen den anderen Teil von mir, den Teil, der sich Ruhe, Raum und Frieden wünscht.

Ich bin wütend auf Aaron. In meinen Träumen schreie ich ihn an, erkläre ihm, er habe kein Recht, einfach davonzugehen und mich zurückzulassen. Das ist alles sehr merkwürdig, weil er mich in Wirklichkeit schon vor langer Zeit verlassen hat. Immer deutlicher begreife ich, daß *die Zeit nicht existiert.* Tote bevölkern meine Träume, während die Lebenden manchmal in die Vergangenheit zu gehören scheinen. Auf dem alten Highway, der am Meer entlangführt, fahre ich nach Los Angeles hinunter und denke über mein Leben nach, habe das Gefühl, mitten zwischen zwei deutlich voneinander getrennten Abschnitten dieses Lebens zu stehen, zwischen der Vergangenheit und der Zukunft. Für manche Dinge bin ich zu jung, für andere zu alt. Was soll ich tun? Weiterfahren. Das Buch beenden, bevor ich es begonnen habe. Gott gebe mir die Zeit, mein brodelndes Gehirn zu benutzen!

Es gibt einen französischen Film von Carné (ist das richtig?), in dem eine Frau, die plötzlich Witwe geworden ist, alle Männer besucht, die für ihr Leben wichtig waren, und die durch diese Besuche all ihre ehemaligen Ichs wiederfindet. Das gleiche versuchte ich bei Henry zu tun. Aber man *kann* so einfach weder in die Vergangenheit zurückkehren noch den Glamour zurückholen, den ein Mann besaß, als er für dich noch ein Haken war, den du in die Zukunft schlagen konntest. Während ich am Meer entlangfuhr, dachte ich an Henry, Ethan, Robin, Marco und fragte mich, ob ich Marco heiraten sollte. Soll ich ihn heiraten, weil er mich anbetet, und wird er mir niemals Schmerz zufügen? Ich glaube, das ist der Grund, warum Mama Papa geheiratet hat. Sonst wäre es unverständlich. Man stelle sich vor, er hat sie *nie* gefickt! Warum ist sie bei ihm geblieben? Wegen der Sicherheit. Weil sie sich gemeinsam ein Leben und ein Geschäft aufgebaut hatten. Weil sie es verstand, den Mund zu halten, was ich überhaupt nicht kann! Aber von Mamas alter Freundin Fritzi Goldheart, die auch im Jahre 1905 aus Rußland nach Amerika kam, erfuhr ich, daß Mama viele Liebhaber hatte. Das freut mich wirklich für sie. Aber mein Weg verläuft anders, ich werde dafür sorgen, daß die Heldin meines Romans heiratet und ein zweites Kind bekommt, aber das werde *ich* bestimmt nicht tun.

[NOTIZBUCH]

August 1952
Los Angeles
Ich bin hier mit Mama und Papa an der Summit Ridge Road, wo einst Pickford und Fairbanks ihr Flitterreich regierten. Das Haus ist wunderschön, weiß, hoch über der Stadt und dem Meer. Sally hat hier einen Swimmingpool. Mama möchte, daß sie nie wieder nach New York zurückkehrt.

»Erzähl mir noch mal von der Frau, die den ganzen Weg nach Amerika getanzt hat. Das warst du, nicht wahr, Mama?«

Mama, vor ihrer Staffelei, fährt zu mir herum, Palette in der Hand, die goldene Halbbrille auf die Nase heruntergerutscht. Mit dem rechten Zeigefinger schiebt sie sie wieder hoch.

»*Das wünschte ich!*« sagt sie.

»Mama, ich kenne dich doch! Du leugnest nur, wenn ich auf der richtigen Spur bin.«

»Nein. Das war nicht ich, aber ich habe immer so sein wollen. Außerdem, was macht das schon, ob ich es war oder Luba?«

»Luba wer?«

»Das war vor deiner Zeit. Du hast sie nie kennengelernt.«

»Mama, ich muß dich was fragen. Warum bist du nach Amerika getanzt, als du jung warst, und dann, als du älter wurdest, gestolpert? Warum hast du aufgehört, zu denken, du könntest das System besiegen? Warum hast du kapituliert?«

Mamas Augen blitzten auf, als seien sie Flammen: »Deinetwegen und wegen der Familie.«

»Soll das heißen, ich habe dir die Flügel gestutzt?«

»Natürlich nicht! Deinetwegen wurden sie nur stärker. Aber mein Ziel hat sich verschoben. Du wurdest das Ziel. Alles andere war unwichtig. *Das Leben* wurde wichtiger als die anarchistischen Ideen, als die Kunst, als jede Theorie. Wenn das Stolpern heißt, dann laß mich weiterstolpern. Ich bereue nichts. Ich betrachte dieses Stolpern als das eigentliche Tanzen! *Das Leben* ist der Tanz, der niemals endet! Selbst wenn du nicht mit einem Hintern auf zwei Hochzeiten tanzen kannst!«

Hat sie das wirklich gesagt, oder habe ich das geträumt? Ich flog mit Sally nach New York zurück, und der erste Mensch, den ich anrief, war Marco. Dann machte ich mich wieder an mein Buch.

[NOTIZBUCH]

Juli 1953
An dem Tag, an dem die Rosenbergs von der Regierung der Vereinigten Staaten ermordet wurden, habe ich meinen Roman beendet, den ich letztlich *Tanzend nach Amerika* genannt habe. Ich hätte in der Menge auf dem Union Square mitschwimmen können. Ich hätte ein Plakat tragen können. Aber ich protestierte gegen den Tod auf die Art, die mir am geläufigsten war: indem ich meinem Buch das Leben schenkte.

Ich ahnte nicht, daß ich auch auf andere Weise gegen den Tod protestierte: Es könnte sein, daß ich schwanger bin!

[NOTIZBUCH]

11. August 1953
Ich bin eindeutig schwanger. Obwohl es das letzte ist, was ich wollte, stelle ich fest, daß ich mich freue. Was ist, wenn dies mein Sohn ist? Ich denke an Abtreibung und streiche sie sofort. Wen kümmert's, wer der Vater ist? Ich habe das Gefühl, daß dieses Baby nur mir gehört! Marco ist begeistert. Ebenso Robin. Henry wage ich nichts zu sagen, weil ich fürchte, er würde mich nach Big Sur entführen. Das Baby soll im März geboren werden. Ich bin sicher, daß ich bis dahin alles auf die Reihe bringen werde!

[*Tanzend nach Amerika, das Salome für ihr wichtigstes Werk hielt, wurde niemals veröffentlicht. »Zu ethnisch«, sagte der eine Verleger. »Zu feminin«, sagte ein anderer. »Man wird uns verklagen«, sagte ein dritter. »Es ist obszön«, behauptete ein vierter. »Wir kommen alle ins Gefängnis«, sagte der letzte.*

Daraufhin ging Salome ins Kunstgeschäft, in dem sie Erfolg hatte. Sie bekam tatsächlich einen Sohn, Lorenzo, dessen Vater jedermanns Phantasie überlassen blieb. Sie heiratete Robin Robinowitz, doch Marco blieb ihr bester Freund und Liebhaber, ihre Inspiration. Eine Zeitlang fuhr sie noch fort, Notizbücher zu führen, dann hörte sie allmählich damit auf. Das Manuskript von Tanzend nach Amerika *ist leider verschollen. Vielleicht wird es eines Tages wiederauftauchen. (Hrsg.)]*

[NOTIZBUCH]

12. April 1954

Sally scheint durch Lorenzos Geburt ganz aus dem Häuschen zu sein. Dies ist mehr als nur Geschwisterrivalität. Sie dreht sich auf der Stelle, bis ihr schwindlig wird. Sie fragt mich: »Was passiert, wenn wir das Babybad über dem Baby zusammenklappen?« In meiner panischen Angst um meinen kleinen Mann werde ich, wie ich fürchte, zu streng mit ihr. Jeder bemüht sich so um Lorenzo, wie sich die Leute früher um sie bemüht haben. Ich fürchte für sie und für ihn. Ich bin mit meiner Mutterschaft und mit der Galerie so beschäftigt, daß ich fast keine Zeit mehr zum Schreiben habe – nicht einmal in meinem Notizbuch.

Das Leben hat mich verschlungen. Irgendwie habe ich immer gewußt, daß das geschehen würde. Von Zeit zu Zeit mache ich mir kurze Notizen, aber längst nicht mehr mit der früheren Begeisterung. Lorenzo und Sally nehmen mich ganz und gar in Anspruch. Was von mir übrigbleibt, bekommt die Galerie. Immer mehr gleicht sich mein Leben an das von Mama an. Manchmal, wenn ich in den Spiegel blikke, sehe ich ihr Gesicht. Manchmal höre ich, wie ich sie zitiere, wie sie ihre Mutter zitiert. »Wenn du reich bist, bist du klug und schön und kannst gut singen«, hörte ich mich neulich zu Sally sagen.

»Was?« fragte sie mich.

»Eines der Sprichwörter, die meine Großmutter benutzte«, murmelte ich. Dann staunte ich plötzlich über mich selbst und lachte laut auf. Am Ende erwischen einen die Gene doch. Es ist unvermeidlich. *Das* ist der Roman, den ich gern schreiben würde.

[BRIEF VON SALOME LEVITSKY WALLINSKY AN IHRE TOCHTER, SALLY WALLINSKY ROBINOWITZ, MANCHMAL AUCH BEKANNT ALS SALLY LEVITSKY WALLINSKY ROBINOWITZ, FÜR IHRE FANS ABER SALLY SKY. (HRSG.)]

3. Mai 1988

Liebe Sally,

als Du noch klein warst und ich dachte, ich hätte mich ernsthaft entschieden, nur noch Romane zu schreiben, warst Du, wie ich mich erinnere, völlig verwirrt, wenn ich zu Hause arbeitete. Ich war da und doch nicht da. »Sieh mich an! Sieh mich an!« hast Du mich in Deiner panischen Angst angeschrien. Diese Panik nahm zu, als Dein Bruder geboren wurde. Und ich erinnere mich, daß ich von Schuldgefühlen geplagt wurde, als hätte ich Dich zuerst durch das Schreiben und dann durch Lorenzo ersetzt.

Nach einer Weile hatte ich das Gefühl, das Leben sei wichtiger als das Schreiben. Wie könnte eine Mutter auch anders empfinden? Sobald ich dieser Möglichkeit Tür und Tor öffnete, wußte ich, daß ich eine Schwelle überschreiten und es kein Zurück mehr geben würde. Damit hatte ich recht.

Aber es *muß* für Frauen doch eine Möglichkeit geben, Leben und gleichzeitig Kunst zu schaffen, denn wofür hätten wir sonst all diese Jahre gekämpft? Nachdem ich einen Sohn geboren hatte, schien sich der Kampf ums Schreiben für mich nicht mehr zu lohnen. Ich habe das Gefühl, daß ich uns beide, Dich und mich, im Stich gelassen habe. Dich, weil ich Dir ein schlechtes Beispiel gegeben habe. Mich, weil ich jetzt unter meinen zu Asche gewordenen Träumen leide.

Ich habe gerade daran gedacht, wie ich mich über meine Mutter lustig gemacht habe, weil sie »ihre Träume aufgegeben« hatte. Nun aber, da sie nicht mehr da ist, begreife ich, daß sie nie wirklich aufgegeben hat. Sie hat nur ihre Prioritäten verändert. Sie war Mutter geworden, hat aber nie aufgehört, Künstlerin zu sein, das Leben zu lieben. Sie hatte ein *ganzes* geheimes Leben, das ich eines Tages mit Dir teilen werde.

Die Anforderungen des Lebens und die Anforderungen der Kunst lassen sich nur schwer miteinander vereinbaren. Es ist unmöglich, so zu tun, als wäre es anders. Wenn ich bei Dir war, wollte ich bei meinem Buch sein. Wenn ich bei meinem Buch war, wollte ich bei Dir sein. Jetzt weiß ich, daß es *vielen* von uns so geht. Wir tragen diesen Widerspruch in uns und glauben, daß wir deswegen Heldinnen sind.

Warum erzähle ich Dir das? Weil ich will, daß Du Dir *kein* Beispiel an mir nimmst, daß Du Deine Träume *nicht* aufgibst! Dulde den Widerspruch in Dir. Er wird Deine Arbeit bereichern, obwohl er Dir die Zeit nimmt, sie zu bewältigen. Aber was immer Du tust – gib Deine Arbeit nicht auf! Reue ist keine Lösung.

Wenn du jemals einen Zeitpunkt erlebst, da Du Dich

schlecht fühlst und glaubst, nicht mehr weiterzukönnen, denk daran, daß Du die Tochter einer Frau bist, die die Tochter einer Frau war, die daran glaubte, daß Kraft daraus erwächst, daß man die Widersprüche des Lebens hinnimmt, statt so zu tun, als gäbe es im Leben keine Widersprüche.

Dies alles ist zutiefst jüdisch. Und zugleich zutiefst weiblich. Als Volk haben wir Juden den Essig mit dem Honig hinnehmen müssen, und das haben wir gut hingekriegt. Unser ganzer Humor dreht sich darum, unsere ganze Kunst, unsere Musik, unsere Literatur. Und die Frauen wissen auch, daß das Leben nicht vervollkommnungsfähig ist. Das ist nur die Kunst. Und das Leben ist *immer* wichtiger als die Kunst. Aber die Kunst ist, was bleibt.

Letztlich werden die Frauen, aufgrund dessen, was ich getan und nicht getan habe, was meine Mutter getan und nicht getan hat und was Du bisher getan hast und noch tun wirst, ein weniger eingeschränktes Leben führen können. Verzweiflung ist Verschwendung. Wir leben weiter in den Möglichkeiten der anderen. Wir erweitern unsere Freiheiten in die Zukunft hinein.

Ich hätte nie gedacht, daß meine Mama sterben könnte. Für mich war sie unsterblich. Weil sie der Ursprung meines Lebens war, schien mir ihr Tod unvorstellbar zu sein. Sosehr sie mich auch zur Weißglut gebracht hat. Ich bin überzeugt, daß alle Töchter ihren Müttern gegenüber so empfinden.

Der Gedenkgottesdienst für Mama war sehr bewegend. Sie hat das Leben so vieler Menschen berührt. Alle ihre alten Freunde waren dort, und alle wirkten etwas gebrechlich. Überall waren ihre Porträts. Ich hatte keine Ahnung, daß sie so viele gemalt hatte. Viele berühmte Personen sprachen, aber es war ihre Haushälterin Daisy, die das ganze Haus rührte.

»Miss Levitsky verhielt sich immer wie eine Freundin zu mir, nicht wie ein Boss. Sie nahm Rücksicht auf meine Gefühle. Eines Tages, als es regnete, kam sie nach Hause und sagte zu mir: ›Daisy, aus meinen Strümpfen sind heute Seifenblasen gekommen. Bitte, versuchen Sie sie von heute an zu *spülen*.‹«

Alle Anwesenden brüllten vor Lachen.

Aber von allen Andenken an sie sind die mündlichen Erinnerungen, die Du von ihr aufgenommen hast, als Sara noch ein Baby war, dieses umfassende Interview – oder wie immer Du es nennen willst –, bei weitem das beste Gedenken. Wenn ich mich recht erinnere, wandte sie sich mit ihren Worten an Sara, deren Erbe es sein wird. Vergrab es nicht, mein Liebling – mach irgendwas damit. Ihre Geschichte ist wichtig. Jeder hat eine Vorfahrin wie Mama, und alle werden sich damit identifizieren. Schenk ihnen die Freude, sie kennenzulernen. Sie war einzigartig. Sui generis. Sie war eine tapfere Frau.

Wir waren nie das, was man als religiöse Juden bezeichnet, aber wir glauben daran, daß jede Generation die vorherige durch die Erinnerung fortsetzt. Die Erinnerung ist etwas Heiliges für uns. Deswegen verehren wir Worte, Bücher, Kunst, Musik – all die Dinge, welche die Vergangenheit am Leben erhalten, all die Dinge, welche den Tod leugnen, gegen das Sterben des Lichts ankämpfen.

Wenn die Juden trotz aller Schicksalsschläge überlebt haben, dann wegen ihrer Ehrfurcht vor der *Erinnerung*. Wir glauben, daß die Vergangenheit bei uns und *in* uns lebt. Wir glauben nicht, daß wir die Vergangenheit auslöschen können, und unsere Feinde können das auch nicht. Daß wir unsere Vergangenheit dokumentieren, ist unsere Art, sie zu ehren. Irgendwie sind wir alle Historiker. Wir sind überzeugt, daß wir die Vergangenheit hervorholen, wiederbeleben, bis in die Zukunft hinein verändern müssen. Das Geheimnis unserer Kraft ist nichts weiter als folgendes: Wir wissen, daß die Erinnerung die Crux unserer Menschlichkeit ist. Wir wissen, daß Worte heilig sind. Und wir wissen, daß das Leben wichtig ist, obwohl die Kunst unsere Menschlichkeit definiert. Gib es weiter.

Ich liebe Dich
Salome (Deine Mutter!!!!!)

9 SALLYS GESCHICHTE
In the Sky with Diamonds
1953–1969

> *Juden sind die intensive Form einer jeden Nationalität, deren Sprache und Bräuche sie übernehmen.*
>
> EMMA LAZARUS

Sally hatte als kleines Mädchen fest daran geglaubt, daß sie für ein ganz besonderes Schicksal bestimmt war. Das kam daher, daß ihr Großvater Levitsky – ein bärtiger Mann mit buschigen Augenbrauen und glitzernder Goldrandbrille, der russische Lieder pfiff, wenn er sie zu Bett brachte und ihr den Rücken massierte – ihr immer wieder klarmachte, daß sie etwas Besonderes sei. Jeden Morgen machte er ihr gekochte Eier und Toast. Er brachte sie den ganzen Weg von ihrem Stadthaus in der Fifty-sixth Street zu Fuß zu ihrer Schule gegenüber dem Central Park. Und am Nachmittag, wenn er sie wieder abholte, ließ er alles liegen und stehen, um mit ihr zu spielen.

Daß sie etwas Besonderes war, wußte sie außerdem, weil es (von ihrer Großmutter gemalte) Porträts von ihr in jedem Stadium ihres Lebens gab: Babyporträts, Porträts im elisabethanischen Kostüm, Porträts in Engelsgewändern und japanischen Kimonos, Porträts in Pastell, Öl, Aquarell. Vor allem aber wußte sie, daß sie etwas Besonderes war, weil ihre Mutter sie wollte und ihre Großeltern sie wollten und weil sie, wenn sie morgens vor dem Aufstehen im Bett lag, zwischen ihren Wimpern einen Regenbogen machen konnte. Es gab eine schwarze Wolke über diesem Regenbogen, und das war ihr Vater, der weit weg in einer Art Krankenhaus lebte, und über ihn sprach man nur im Flüsterton. Aber wenn sie nicht an diesen Schatten dachte, den sie einige wenige Male von fern über einen grünen Rasen hinweg gesehen hatte, sondern an ihre Großeltern und ihre Mutter, schien sie von Sicherheit umgeben zu sein.

Im Haus ihrer Großeltern in Kalifornien hatte sie ein weißes Tutu und weiße Ballettschuhe, im Haus ihrer Mutter in New York das gleiche in Rosa. Manchmal lag sie stundenlang im Bett, wickelte sich rosa Seidenbänder um die Beine und stellte sich vor, sie tanze *en pointe*. Sie hatte jede Menge Zeit, heranzuwachsen und das berühmteste Mädchen der Welt zu werden, und genau das hatte sie auch vor.

»Sally!« rief ihre Kinderfrau Hannah dann immer. »Komm sofort aus dem Bett!« Aber sie wollte nicht aus dem Bett kommen. Im Bett konnte sie sich vorstellen, alles mögliche auf der Welt zu sein. Das Bett war ihr Lieblingsplatz. Es ließ ihr Raum für Phantasien.

Ihre Mutter war wunderschön: große goldene Augen und rotes Haar. Sie war die schönste Mutter der ganzen Schule. Sie schien jünger zu sein als die anderen Mütter, und sie liebte es, auf der Straße zu hüpfen, im Rockefeller Center eiszulaufen, Ballettstunden zu nehmen und überhaupt Dinge zu tun, die andere Mütter nicht taten. Andere Mütter waren langweilig und trugen Biber- oder Persianermäntel. Sallys Mutter kleidete sich wie eine Schauspielerin oder eine

Tänzerin in indische Seide und Silberschmuck, der klingelte wie Glöckchen. Sallys Mutter hatte Stil.

Als Sally fünf oder sechs Jahre war, schlich sie mitten in der Nacht ins Zimmer ihrer Mutter, drückte behutsam die Tür auf und sah etwas, das sie nicht sehen sollte: ihre Mutter mit über die Bettkante zurückgeworfenem Kopf, während ihr Stiefvater Robin – war er damals schon ihr Stiefvater? –, der auf ihrer Mutter lag, ein böses Gesicht machte und immer vor- und zurückstieß. Die Tür hatte leise in den Angeln gequietscht. Hatten die beiden etwas gehört? Sallys Herz klopfte und hämmerte in ihren Schläfen. Aber sie hörten nichts und sahen nichts. Sie waren weit weg, an einem anderen Ort. Wie angewurzelt stand sie da und sah zu. Sie hörte ihre Mutter stöhnen, als füge ihr jemand Schmerzen zu. Sie wollte ihr helfen, wußte jedoch, daß sie sich nicht rühren durfte. Ihr wurde übel, aber sie war fasziniert. Sie vermochte buchstäblich kein Glied zu regen. Plötzlich wandte Robin den Kopf und entdeckte sie. Sein Blick war wild. Sie lief davon, als wäre sie geschlagen worden.

Noch jahrelang erinnerte sie sich an diese Szene, als wäre sie tatsächlich geschlagen worden. Und als ihr Bruder Lorenzo geboren und ihr ganzes Leben auf den Kopf gestellt wurde, war sie überzeugt, das sei die Strafe dafür, daß sie zugesehen hatte. Sie war besessen von dem Gedanken, daß ihre Mutter eines Tages auch von ihrem Geheimnis erfahren und etwas noch unvorstellbar Schrecklicheres geschehen würde. Doch ihre Mutter erwähnte niemals ein Wort davon, und das schlimmste war die Nervenspannung angesichts dieser schrecklichen Strafe, die wie ein Damoklesschwert über ihrem Kopf hing. Manchmal betete sie zu Gott, er möge sie tot umfallen lassen, damit sie nicht mehr auf diese Strafe warten müsse, die jederzeit auf sie herabkommen konnte. Alles war besser als dieses Warten. Manchmal lag sie im Bett und dachte, die Nagelschere würde aus ihrem Etui geflogen kommen und ihrem kleinen Bruder das Herz durchbohren. Alle paar Minuten stand sie auf und warf einen Blick in die Wiege, um sich zu vergewissern, daß es *nicht* geschehen war. Und manchmal kam ihre Mutter hereingerauscht und fragte vorwurfsvoll: »Was machst du da mit dem Baby?« Daß die Mutter ihre Gedanken lesen konnte, versetzte Sally in Schrecken. Jetzt drohte ihr mit Sicherheit eine noch härtere Strafe.

Obwohl sie keine besonders gute Ballerina war, wählten die Fernsehleute, die in die Schule kamen, ausgerechnet sie aus, um im Fernsehen aufzutreten und über das Ballett zu sprechen: weil sie anders war als die anderen kleinen Mädchen. Sie war klein, aber sie sprach wie eine Erwachsene. »Beim Ballett geht es um Präzision«, erklärte sie präzise. Sie gab sich selbstsicher, ja, trotzig. Irgendwie war das eine Tarnung, weil sie wußte, daß sie Dinge getan hatte, die sie nicht hätte tun dürfen – im Haus einer Spielkameradin hatte sie eine Puppenmilchflasche stibitzt, weil sie die einfach haben *mußte;* ihre Mutter in der Nacht beobachtet; sich vorgestellt, ihr kleiner Bruder sei tot; war dreist im Fernsehen aufgetreten, obwohl sie wußte, daß sie nicht am besten tanzen, sondern am besten reden konnte. So kam es, daß sie, wenn die Leute ihr sagten, wie wundervoll sie sei, nicht so recht daran zu glauben vermochte. Ihr Gefühl, für ein besonderes Schicksal bestimmt zu sein, und ihr Gefühl, böse und schuldbeladen zu sein, gerieten irgendwie durcheinander.

Wenn sie sich ganz besonders böse fühlen und sich an all die Dinge erinnern wollte, die sie falsch gemacht hatte, dachte sie an sich selbst mit fünf Jahren, wie sie im Haus der Freundin auf dem Fußboden gespielt und sich überlegt hatte, ob sie das Fläschchen mit dem kleinen roten Sauger mitnehmen sollte oder nicht. Es würde perfekt zu ihrer Puppe passen. Aber stehlen durfte man nicht. Wenn sie jedoch darum bat, sie mitnehmen zu dürfen, sagten sie vielleicht nein. Also steckte sie das Fläschchen unter angstvollem Herzklopfen in die Tasche, ohne jemandem etwas davon zu sagen. Noch jahrelang brannte es ihr ein Loch ins Gewissen.

Sie erinnerte sich gut an jenes Fläschchen, noch Jahre später. Es hatte einen langen, spitzen roten Sauger, ganz und gar nicht wie bei einer richtigen Babyflasche, es war wie eine Babyflasche, die sich ein bizarrer Comiczeichner ausdenkt. Der springende Punkt war, daß sie sie nicht hätte stehlen müssen. Mutter, Großvater, Großmutter, jeder hätte ihr sofort ein Babyfläschchen geschenkt. Aber sie wollte *dieses* Babyfläschchen; auf ein anderes konnte sie nicht *warten*. Vielleicht gab es ja nie ein anderes. Aus diesem Zwischenfall lernte sie, wie unwiderstehlich Impulse sein konnten. Das Bedürfnis, dieses Puppenfläschchen zu besitzen, ließ ihr keine Wahl. In ihrem Leben geschahen die Dinge häufig so.

Ihre Großmutter malte, ihre Mutter schrieb und leitete die Galerie, und sehr lange wußte sie nicht, was sie nur tun sollte, um selbst auch etwas Besonderes zu sein. Sie war sehr musikalisch, das wußte sie – ihre Klavierlehrerin schwärmte von ihr –, doch erst als sie mit zwölf Jahren eine Gitarre bekam, fand sie zu ihrer wahren Bestimmung. Als sie mit dieser Gitarre eins wurde, fühlte sie sich zum erstenmal absolut sicher, als seien das Instrument und die Musik, die sie darauf machte, ein allmächtiger Schutzschild gegen alle Gefahren der Welt. Wenn sie die Gitarre vor sich hielt, konnte niemand sie als Diebin bezeichnen. Konnte niemand sie zur Rede stellen, weil sie nachts im Haus herumschlich oder weil sie böse Gedanken über Lorenzo gehegt hatte, als er noch ein Baby war. Sie suchte sich die Akkorde zusammen und sang immer wieder *Greensleeves* vor sich hin, stellte sich eine wunderschöne Geliebte vor, der sie klagend vorsang:

> *Alas, my love, you do me wrong*
> *to cast me off discourteously,*
> *For I have loved you so long*
> *Delighting in your company...*
> *Greensleeves were all my joy*
> *Greensleeves were my delight...*
> *Greensleeves were my heart of gold*
> *and who but my lady*
> *Greensleeves...*

Sally pendelte von Plaza 7 nach Riverside 9, um bei einem Folksinger aus den Dreißigern namens Mason Herbst Unterricht zu nehmen, der auf der Schwarzen Liste gestanden hatte und weit uptown in einer verstaubten Wohnung hauste, die mit Stapeln zerfledderter Noten vollgestopft war. Sein Klavier war verstimmt. Seine Zähne waren gelb, sein Magen machte Baßgeräusche, und er roch komisch.

Als sie einmal den Fehler machte, ihm gegenüber ihren Großvater Levitsky zu erwähnen, wurde seine Miene so finster, daß sie fürchtete, er werde sich weigern, sie weiterhin zu unterrichten.

»Nicht deine Schuld«, murmelte er vor sich hin, »daß dein Großvater ein Denunziant ist.«

»Sie kennen meinen Großvater?« fragte sie.

»Den würde ich in der Hölle wiedererkennen«, sagte Herbst. Dann fuhr er fort, ihr seine Technik beizubringen.

Zu jener Zeit verstand Sally nicht ganz, was geschehen war, später jedoch wurde es ihr klar. Vor ihrer Geburt waren Dinge passiert, die manche Leute immer noch in Wut brachten.

Mason Herbst wußte alles über Child Ballads, Woody Guthrie, Alan Lomax. Er strich gern mit seinen zitternden Fingern über ihr langes rotes Haar. Sie haßte es, wenn er ihr Haar berührte. Vor allem haßte sie den flehenden Ausdruck, mit dem er sie ansah und dabei schief und mit gelben Zähnen lächelte. Aber sie tat nichts, um ihn abzuwehren. Sie wollte ihn nicht kränken. Sie ließ ihn ihr Haar berühren und ihr seinen stinkenden Atem ins Gesicht blasen. Doch eines Tages, nachdem er ihr *Barbara Allen* und *Black is the Color of My True Love's Hair* beigebracht hatte, verließ sie seine Wohnung und kam nie mehr zurück. Er war einfach zu schauerlich.

Ich werde mir selbst das Gitarrespielen beibringen, beschloß sie; wie ein Schwamm werde ich sein, der überall Musik aufsaugt. Gewiß, später würde ihr dieses Bindeglied zur radikalen Vergangenheit fehlen – *We Want Bread and Roses too* war ein weiteres Lied, das sie von ihm gelernt hatte –, aber dann fand sie selbst heraus, wo sie danach suchen mußte. Nie hätte sie sich träumen lassen, daß ihr geliebter Großvater alles wußte, was man über jene vergessene Zeit wissen mußte. Er hatte in den Fünfzigern aufgehört, darüber zu sprechen, und außerdem war er alt und ein wenig vergeßlich geworden.

Als Sally auf der High-School war, entdeckte sie die *Coffee Houses* in Greenwich Village, wo sie sich nur so aus Spaß Sally Sky nannte. (Sally Wallinsky schien ihr ein viel zu umständlicher Name für eine Sängerin zu sein, und außerdem liebte sie die Weite des Himmels.) »*This land is your land, this land is my land*«, sang sie. »*This land was made for you and me.*«

Außerdem fand sie es höchst vergnüglich, ihren Großvater in den Wahnsinn zu treiben, indem sie die Internationale sang:

> *Wacht auf, Verdammte dieser Erde,*
> *Die stets man noch zum Hungern zwingt!*
> *Das Recht wie Glut im Kraterherde*
> *Nun mit Macht zum Durchbruch dringt!*

»Was für ein Durchbruch?« fragte ihr Großvater dann. »Die Kommunisten sind allesamt Kapitalisten geworden, mehr nicht! Die Verdammten dieser Erde haben wir schlichtweg *vergessen* – nach meiner Meinung. Die Verdammten dieser Erde waren verdammt undankbar – und haben außerdem schlecht gerochen!«

»Was ist aus deinem Idealismus geworden, Opapa?« Das wußte Sally von ihrer Mutter.

»Eine lange Geschichte. In Amerika ist kein Platz für Idealisten und Träumer. Amerikas Religion ist das Geldverdienen.«

»Hoffentlich werde ich niemals so zynisch wie du, Opapa.«

»Du brauchst nur lange genug zu leben«, gab er seufzend zurück. »Sehr lange habe ich mich gefragt, warum wir Alten sterben müssen. Nicht weil das Herz uns anfällt oder wegen Krebs-Schrebs – sondern weil wir die Illusionen verlieren. Ohne Illusionen sterben wir. Ohne Illusionen gibt es keine Kraft, keine Begeisterung für das Leben. Also müssen wir ersetzt werden – durch die Jungen, die neue Illusionen haben. Alles nach Gottes Plan.«

»Du glaubst an *Gott?*« fragte Sally.

»Ich habe entschieden, daß Gott an mich glaubt.«

Mit einer Gitarre konnte man damals in New York überall hingehen. Sally trug ihr wildes, gekräuseltes erdbeerrotes Haar bis zur Taille und an den Füßen grobe Sandalen, die sie im Village gekauft hatte. Sie kleidete sich ganz in Schwarz. Und sie sang, als hinge ihr Leben davon ab. Was es in gewisser Weise auch tat.

Als sie vierzehn war, begannen die Boys aufzutauchen, zuerst in Gestalt von Gaiter Rowland, einer einsachtzig großen Bohnenstange vom Washington Square. Er hatte seelenvolle schwarze Augen, und an seiner Unterlippe klebte eine qualmende Gauloise. Gaiter war Banjospieler, Pickelkratzer, Potraucher, Fingerficker und Allzweckrebell. Er hing mit Izzy Young im Folklore Center herum. Dort, im Hinterzimmer, führte er Sally mit seinen banjozupfenden Fingern in die Geheimnisse des Orgasmus ein, und lange glaubte sie, das einzige Mädchen der Welt zu sein, das diese keuchende Erleichterung kennengelernt hatte. Vor Gewissensbissen begann sie zu hungern. Nichts zu essen, kein Wasser, lange, quälende Telefongespräche mit Gaiter, bei denen sie mit ihm zu brechen versuchte und er sie anflehte, ihn zu behalten. Er schrieb Songs für sie. Sie schrieb Songs für ihn. Er versuchte sie zurückzugewinnen, indem er mit zwei Musikerfreunden unter dem Fenster ihres Hauses sang und die Vortreppe mit Rosenblättern bestreute.

Die Gewissensbisse, die Sally wegen der Dinge plagten, die sie mit Gaiter trieb, vermischten sich mit dem Diebstahl des komischen Babyfläschchens und ihrem Auftritt im Fernsehen, obwohl sie nicht die beste Tänzerin gewesen war. So groß waren der Schmerz und die Angst, daß sie sie irgendwie dämpfen mußte. Mit der Musik vermochte sie die Anfälle für eine Weile auszuschalten, und Pot half auch dabei. Das Problem war nur, daß man immer mehr und mehr brauchte, um die Panik zu überwinden und in die sanften, konzentrischen Wellen des Gefühls hineinzugleiten. Sally hatte immer zuviel Gefühl. Manche Leute nehmen Drogen, um *mehr* zu fühlen, sie aber rauchte das Zeug, um *weniger* zu empfinden. Wenn sie nüchtern war, fand sie die Menschen gräßlich. Sie sahen aus wie Goyas groteske Figuren. Wenn sie ein bißchen angetörnt war, glätteten sich ihre Züge. Sie wurden hübscher. Sie waren nicht mehr so grotesk.

Und auch der Sex war eine Möglichkeit, die Panik zu besiegen. Sex war eine Möglichkeit, alles auszugleichen. Aber dann wurde man abhängig davon. Und das war gefährlich, denn manchmal ging derjenige, von dem man abhing, auf und davon. Es war unberechenbar. Man lieferte sich den Männern auf Gnade und Ungnade aus.

Wenn es nur eine Möglichkeit gäbe, in dieses sanfte, tröstliche Gefühl hineinzukommen, ohne sich jemandem auszuliefern. Das war es, was Sally sich wünschte. Aber sie wußte nicht, wie sie das anstellen sollte. Alles hätte sie getan, um hinter das Geheimnis zu kommen.

Später im Leben sollte sie sich jedesmal, wenn sie nüchtern war, nur allzu deutlich daran erinnern, warum sie getrunken und Drogen genommen hatte. Um die Welt weniger häßlich zu machen. Um allem die Schärfe zu nehmen. Um so zu tun, als seien die Menschen netter, als sie wirklich waren.

Sally wurde trocken, wurde nüchtern, die Welt bekam wieder diese häßliche Schärfe, und es gab nichts, das irgend etwas ein wenig sanfter gemacht hätte. Die Gespräche waren endlos und langweilig. Die Menschen waren grotesk, dumm, enttäuschend. Dem Leben fehlte jegliche Süße. Denn wir müssen uns eingestehen, daß die Süße zeitweiligen Vergessens für das Leben unerläßlich ist. Ohne Illusionen sind wir verloren. Der Fels birgt Essig, keinen Honig.

Wenn die Dinge am trostlosesten waren, geschah es jedesmal wieder, daß Sally sich auf katastrophale Weise verliebte, weil sie auf das chemische Endorphin-Hoch hoffte, das ihr die Liebe schenkte, dabei aber vergaß, wie sehr sie sich durch diese Liebe demjenigen auslieferte, der ihr die Erlösung brachte. Liebe führte unweigerlich zu Drogen. Lockerheit in der Liebe erforderte die Lockerheit der Drogen. Und dann befand sie sich wieder auf der Berg-und-Tal-Bahn.

Es gab nichts, was Sally so sehr genoß wie den Anfang einer Liebesaffäre. Ausgedehnte Mahlzeiten, bei denen man einander tief in die Augen blickte. Phantasien von sämtlichen Qualitäten, nach denen man sich in dem anderen sehnte.

Phantasien von der vollkommenen sexuellen Vereinigung, alle Bedürfnisse gestillt, alle Kontaktpunkte genau aufeinander passend, so daß der Liebessaft direkt durch die Knochen strömen konnte. Sally fiel es so leicht, sich zu verlieben! Und wieder zu entlieben. Sally lebte für das Verlieben. Und sie verliebte sich stets in den falschen Mann. Dadurch wurde ihre Musik beflügelt. Und ihr Wahnsinn. Waren die Musik, der Wahnsinn und die Liebe alle irgendwie dasselbe?

Der Puls ihrer Musik vibrierte durch ihren Körper wie ein Orgasmus, verlieh ihr das Gefühl, sie selbst sei ein Instrument und der ganze Kosmos spiele ihren Song. »Lieber Gott«, sagte Sally dann, »mach mich zu einem Instrument für deine Musik. Spiel durch mich, was das Universum hören soll. Mach mich zum Leiter für deine Botschaft.« Dafür versprach sie alles zu opfern. Sie hatte ihren Pakt mit dem Teufel geschlossen. (Doch einen Pakt, den man mit zwanzig mit dem Teufel schließt, muß man mit dreißig nicht unbedingt halten wollen.)

Auf der Bühne vermochte Sally alles zu erreichen. Dann fühlte sie sich nicht mehr von ihren Zuhörern getrennt. Sie wurde zu ihrer Begeisterung, schrie, sang, bewegte sich zu ihrem Rhythmus. Sie war in Trance, entrückt. Probleme hatte sie nur außerhalb der Bühne.

Alle anderen verstehen es zu leben, dachte sie, nur ich nicht. Insgeheim glaubte sie, daß in ihr etwas zerbrochen sei. Oder daß ihr etwas fehle. »Es ist die Unruhe, die mir fehlt – wie bei der Uhr«, formulierte sie es einmal bei einem ihrer zahlreichen Therapeuten. Und so fühlte sie sich buchstäblich: innerlich zerbrochen. »Lehr mich zu leben, lehr mich zu lieben«, hieß es in einem ihrer Songs. »Lehr mich, mein Herz ins Gleichgewicht zu bringen.«

Daß Sally sich jedesmal in den Falschen verliebte, kam daher, daß sie von der Liebe eine Verwandlung erwartete. Bei dem verbissenen Bohemeleben ihrer Mutter und dem selbstmörderischen Wahnsinn ihres Vaters wurde sie häufig der Mutter- und Vaterliebe ihrer Großeltern überlassen. Und die waren uralt. Sie waren in einem anderen Jahrhundert groß geworden. Natürlich erwarteten sie von ihr, daß sie sie jung machte. Erwarteten, wie alle Eltern, Unsterblichkeit. Sie hatten ihre eigenen Eltern verlassen und waren in die Welt hinausgezogen, als sie Teenager waren – obwohl es dieses Wort damals noch nicht gab. Doch es erschreckte sie zutiefst, den gleichen Drang bei ihr zu entdecken. Sie verhätschelten sie. Versuchten zu angestrengt, sie festzuhalten. Wie vorauszusehen war, lief sie davon. Aber das, wohin sie davonlief, erwies sich als schlimmer als das, wovor sie davonlief. Das Musikgeschäft war eine weit strengere Familie als die Familie ihrer Geburt.

Sie merkte, wie sehr sie die Konzertreisen haßte. Sie hatten einen Beigeschmack von Verlassensein, und nichts fürchtete sie mehr, als verlassen zu werden. Die Hotelzimmer stanken nach den Zigaretten anderer Menschen. Nikotin am Telefonhörer, Nikotin in den Aschenbechern, Brandflecken auf der Tischplatte. Bei den Dinners schwamm auf den Eiern immer ein dünner Fettfilm. Und der Haferbrei im gesamten Süden war entweder dünnflüssig oder klumpig, während die Bratkartoffeln im Westen mit braunen Stückchen durchsetzt waren, die aussahen wie gebratene Kakerlaken. Im Mittelwesten wurden zum Abendessen Becher mit wäßrigem Kaffee serviert. Dort gab es auch riesige, blutige Steaks, die aussahen wie Miniatur-Schlachthäuser. Sally haßte das Essen, das man außerhalb von New York und Kalifornien bekam. Es war eine barbarische Kost, eine Kost für Kannibalen. So wurde sie früh zur Vegetarierin (wegen der Tiere, behauptete sie) und schleppte auf der Tournee stets Dörrobst und Nüsse mit sich herum und kaufte unterwegs Bananen. Lange lebte sie von Sandwiches mit Bananen und Erdnußbutter, die sie mit *Screwdrivers* oder Cranberrysaft mit Wodka hinunterspülte. Sie lebte von Vitaminpillen und Obst und Nüssen und Wodka. Unmengen von Wodka. »Meine russischen Wurzeln«, pflegte sie zu sagen.

Später, viel später, als sie ihre zweite Band – Nobodaddy's Daughter and the Suns – gegründet hatte, kaufte sie einen Bus. Einen riesigen silbernen Boliden, der an ein mit Steroiden vollgepumptes Luftschiff erinnerte und mit allem ausgestattet war, was eine Band auf Tournee brauchte, sogar ganz hinten einem Wasserbett, das natürlich leckte. Dieser Silberzeppelin war in Day-glo-Farben mit psychedelischen Mustern bemalt. Day-glo-Gänseblümchen und Day-glo-Sonnenblumen blühten über Day-glo-Dahlien und Day-glo-Tulpen. Im Bus hing immer ein Duft nach Cannabis, und er war von Ameisen befallen (zum Glück nicht von Kakerlaken). An die Seite war in grellem Pink *Nobodaddy's Daughter and the Suns* gemalt. Er wurde häufig fotografiert. Aber der Geruch! Den konnte niemand fotografieren.

Es war in den Sechzigern, und da Eifersucht *uncool* war, schlief jeder mit jedem. Sally schlief mit ihrem Main Man, dem Drummer Peter Gootch, mit dem Keyboard Man Harrison Travis und außerdem mit jedem, der ihr unterwegs gefiel. Sie hatten sich von ihren reinen Folkwurzeln zu einem hybriden Sound entwickelt, den die Puristen als Ausverkauf empfanden, den die Kids, die Plattenkäufer, jedoch über alles liebten. Das Geld kam hereingerollt und rollte sofort wieder hinaus. Geldmanager schossen wie Pilze aus dem Boden, redeten von Steuerparadiesen, Vier-zu-eins-Abschreibungen und so weiter. Erst kurz vor einem endlosen Steuertrauma wurde Sally von ihrem Großvater Levitsky gerettet, der genügend gesunden Menschenverstand besaß, um den Sally Sky Trust zu gründen, der die Tantiemen für ihre Songs auffangen sollte. Dem Himmel sei Dank dafür, denn sonst wäre sie den Steuerbehörden auf Gnade und Ungnade ausgeliefert gewesen.

Im Grunde erinnerte sich Sally an fast gar nichts aus ihren Tourneejahren. So stoned war sie. Wenn man sie fragte: »Hat es Spaß gemacht, berühmt zu sein?«, antwortete sie: »Keine Ahnung.« Und das stimmte. Sie war fast immer so gut wie bewußtlos. Das, woran sie sich erinnerte, hätte auch eine Schattenspielshow sein können. Säle voller Geschrei und Schweiß, Busse, die schaukelnd durch die Nacht fuhren, und immer wieder der Versuch, durch beliebigen Sex high zu werden. Daß sie überhaupt noch singen konnte, war ein Wunder. Ebenso wie es ein Wunder war, daß ihr Herz nicht stehenblieb. Sie gab ihm wahrhaftig jede Gelegenheit dazu.

Sie war zweiundzwanzig, in jenem wundervollen Jahr 1969, da ihre Stimme von Tin Pan Alley bis Haight Ashbury gehört wurde, von Soho bis zur Casbah, ein süßer Sopran, der von Frieden, Liebe und der Warnung sang, man solle keinem über Dreißig trauen. Sally Sky war mehr als eine Sängerin: Sie war ein Symbol ihrer Generation, und was mit Symbolen geschieht, ist hinreichend bekannt. Sie werden in den Dreck gezogen.

Nachdem sie mit ihrem dritten Album *Listen to Your Voice* Platin erreicht hatte und aufs Titelblatt von *Newsweek* kam – himmlisch schön in dem Himmelblau, das ihre Erkennungsfarbe war –, bekam sie alle möglichen Angebote aus Hollywood, entschied sich statt dessen aber dafür, einfach zu verschwinden. Bei diesem Verschwinden – dem ersten von vielen – hatte sie einen Verbündeten.

Es war ein Mann, dessen Schriften sie schon während der High-School geliebt hatte. Als sie den Brief sah, vermochte sie es zuerst nicht zu glauben. Max Danzig war ihr Held. Sein Roman *Ein Mädchen namens Ginger* über eine junge jüdische Bohemienne, die im Village aufwuchs, war das Buch, mit dem sie sich am stärksten identifizierte, mehr als mit allen anderen Romanen, die sie jemals gelesen hatte. Immer wieder hatte sie das unscharfe Bild des Autors geküßt. Sie glaubte, Max Danzig sei der einzige Mann, der sie jemals verstehen würde. Wie man wußte, lebte er sehr zurückgezogen. Er gab niemals Interviews. Aber da war er nun und lud sie ein, ihn zu besuchen. Und unterzeichnete mit seinem Namen »Max«. Sie wäre nie auf die Idee gekommen, daß irgend jemand ihn Max nennen könnte.

Liebe Sally Sky,
 wenn ich Ihre Musik höre, habe ich das Gefühl, daß Sie das traurigste und schönste Mädchen der Welt sein müssen. Sie erinnern mich an meine Heldin Ginger. Genau wie sie haben Sie ein bißchen Glück verdient. Würden Sie mir gestatten, Ihnen dabei zu helfen, es sich selbst zu gönnen? Wenn Sie jemals das Gefühl haben, daß die Welt zuviel für Sie ist, haben Sie einen Freund und Fan im Königreich des Nordostens.

Die Einladung kam gerade zur rechten Zeit. Sally haßte die Tourneen, haßte es, wie man sich im Gefolge ihrer Platinschallplatte auf sie stürzte, und Danzig schien das auf wundersame Weise zu ahnen.

Sie fuhr nach Waitsfield, Vermont, und fragte die Besitzerin eines Ladens für antike Teddybären nach Danzigs Adresse. Die Besitzerin zeigte auf eine Anhöhe, auf der, von Wildnis umgeben, eine rote Scheune zwischen den Birken hervorlugte. Zu ihrem eigenen Erstaunen fand Sally ohne Mühe zu Danzigs Scheune.

Später erinnerte sie sich daran, wie *alt* er wirkte, als sie ihn zum erstenmal vor seiner Behausung sah. Hoch gewachsen, mager, mit langem, weißem Haar. Weiße Haarbüschel, die aus den Ohren wuchsen. Das muß der Farmarbeiter sein, dachte sie. Einen Augenblick meinte sie, er sei so alt wie ihr Großvater, und wäre fast wieder in den Wagen gestiegen. Dann stellte sie sich vor, wie unglücklich ihre Mutter sein würde, wenn sie verschwand, ohne eine Spur zu hinterlassen, und beschloß, zu bleiben.

»Ich wußte, daß Sie kommen würden«, sagte der Schriftsteller, der sie durchdringend musterte. »Ich bin viel älter, als Sie erwarteten? Das muß ich wohl sein. Das Foto auf dem Buch wurde schon vor sehr langer Zeit gemacht.«

Sally war erstaunt, daß er wußte, was sie dachte. Sie wünschte sich vor allem anderen, daß jemand sie kannte, und dieser Mann kannte sie. Gewiß, es gab da noch einen weiteren Moment der Panik, als sie die weißen Haare sah, die sich aus seinen Ohren ringelten, nach einer Weile nahm sie seine weißen Haare jedoch überhaupt nicht mehr wahr.

Seine Scheune war mit Büchern angefüllt und wurde von einem Holzofen geheizt. Katzen patrouillierten auf den Dachbalken. Ein Husky namens Nanook bewachte die Tür. An jenem ersten Abend bereitete Danzig ihr einen köstlichen vegetarischen falschen Hasen mit Nüssen. Sie blieb zwei Jahre.

Danzig erhielt Briefe aus aller Welt. Seine Bücher wurden in Sprachen gedruckt, von denen Sally noch nie etwas gehört hatte, Sprachen wie Serbokroatisch und Mazedonisch. Die fremdsprachigen Ausgaben seiner Bücher bedeckten die Wände der Scheune. Die Briefe, die Danzig erhielt, waren herzzerreißend. »Lieber Mr. Danzig, ich bin ein Junge aus Indien, der genauso ist wie Ihre Ginger. Was soll ich mit meinem Leben anfangen?« Oder: »Lieber Mr. Danzig, ich würde gern zu Ihnen kommen, um bei Ihnen zu lernen. Ich schicke Ihnen meinen ersten Roman in der Hoffnung, daß Sie den Verleger überreden können, ihn anzunehmen.« Oder: »Lieber Mr. Danzig, Sie sind der Lieblingsschriftsteller meiner Schwester. Sie hat Leukämie und muß bald sterben. Wären Sie so freundlich, sie in Leeds im Krankenhaus zu besuchen?«

Sallys Aufgabe war es, ihm diese Briefe vorzulesen und Antworten zu entwerfen – Antworten, die freundlich waren, aber nicht allzu ermunternd. (Im Laufe der Jahre hatte Danzig festgestellt, daß allzu ermunternde Briefe weitere Forderungen nach sich zogen, die dann, wenn sie nicht erfüllt wurden, reinen Zorn und Haß auslösten. Es war eine nahezu unmögliche Aufgabe. Das Elend und das Herzeleid der ganzen Welt war in diesen Briefen enthalten, und keine Antwort darauf schien angemessen zu sein. Danzig war der Mr. Lonelyhearts aller Heranwachsenden der Welt.)

»Das Traurigste, was ich jemals gelernt habe, ist die Tatsache, daß die Grenze zwischen Fan und Meuchelmörder so gefährlich schmal ist«, sagte Danzig zu Sally. »Die Welt ist *voll* von Leuten, die niemals genug Liebe bekommen haben, niemals, und sie alle schreiben mir. Wenn ich allzu begeistert zurückschreibe, verlangen sie immer mehr von mir, bis ich sie letztlich enttäuschen muß. Dann wollen sie mich umbringen. Ich vermag ihnen die Träume nicht zu erfüllen. Ich frage mich, ob es Gott möglicherweise genauso geht.«

Danzig beschloß, nie wieder ein Buch zu veröffentlichen, als ein Häftling, dem er viele Jahre lang geschrieben hatte, aus dem Gefängnis entlassen wurde und stehenden Fußes nach Vermont kam, um sich bei dem Schriftsteller einzuquartieren. Als Danzig ihm nach einem Monat zu erklären versuchte, daß er, sosehr er auch mit ihm empfinde, allein sein müsse, um arbeiten zu können, fühlte sich der Häftling verraten und versuchte ihn zu erwürgen. Ein Handgemenge folgte, bei dem Danzig den Mann versehentlich erschoß.

»Damals sagte ich mir, Ruhm ist nichts weiter als Schwindel«, erzählte Danzig Sally. »Man schreibt, um die Welt zu verführen, macht sie zu seinem besten Freund, aber wenn diese Welt dann kommt, hat man keine Zeit, weil man viel zu sehr mit dem Schreiben beschäftigt ist. Und wenn man schreibt, bedeutet das, andere Menschen auszuschließen. Weit ehrlicher ist es, keine falschen Hoffnungen zu wecken.«

Statt falsche Hoffnungen zu wecken, meditierte Danzig.

Er schrieb Haikus und lehrte Sally, seine Kalligraphie zu kopieren.

»Nur, was nicht verkauft werden kann, bleibt unberührt«, erklärte Danzig. »Die Lyrik ist frei, weil die Verleger sie nicht wollen. Sie bleibt privat, nicht kommerziell und somit ein geweihter Akt.«

Seine Philosophie war so beschaffen, daß eine Zweiundzwanzigjährige, die von ihrem plötzlichen Ruhm im Musikgeschäft traumatisiert worden war, Ruhe und Trost darin finden konnte. So geschah es auch mit Sally.

Max Danzig las Sally Gedichte vor: Dickinson, Roethke, Rukeyser. Er ermunterte sie, ebenfalls Lyrik zu schreiben – eine Gewohnheit, die sie bis ans Ende ihres Lebens beibehielt. Sally sang ihm Folksongs vor, lehrte ihn Gitarre spielen. Lange schliefen sie in einem Bett, ohne ein Liebespaar zu werden. Das war nach ihrem zwanghaften Herumgeschlafe im Drogenrausch, wie es in der Musikszene üblich war, etwas ganz Neues für Sally. Max begriff, daß Sally niemandem mehr trauen konnte, und wollte ihr Vertrauen gewinnen.

»Ich verspreche dir, dich niemals zu ficken«, sagte er, »sondern dich nur zu lieben.«

Sally fand, das sei das Netteste, was jemals ein Mann zu ihr gesagt hatte. Als es schließlich doch zur körperlichen Vereinigung kam, blieb Max, der Tantra und viele andere meditative Techniken studiert hatte, ewig in ihr, ohne sich zu rühren. Während sie immer wieder zum Höhepunkt kam, betrachtete er sie mit unendlich sanfter Miene, verlor aber niemals die Erektion.

»Warum kommst du nicht?« fragte sie ihn.

»Wenn du kommst, kommt der weibliche Teil von mir«, gab er zurück, »und das Manna fließt in meine Seele.« Stunden um Stunden lagen sie umschlungen da. Und Sally war so glücklich wie damals als kleines Mädchen in ihrem Bett.

Dennoch schlug sie sich mit quälenden Fragen herum. Lag es an ihrer Vaterlosigkeit – ihr Vater hatte Selbstmord begangen, als sie ein kleines Mädchen war, aber man hatte ihr das erst Jahre später erzählt –, daß sie mit einem vierzig Jahre älteren Mann zusammen war? War das gesund? War das richtig?

Sie besprach diese Fragen mit Max.

»War das, was du *zuvor* getan hast, gesund?« fragte er sie. »Derartige Fragen sind sinnlos, sind nur Selbstquälerei. Selbstquälerei ist deine größte Begabung. Wenn ein anderer so brutal zu dir wäre, wie du zu dir bist, würdest du vor Schmerzen schreien. *Laß es gut sein,* Sally! Hauptsache, du trinkst nicht und du rauchst kein Pot. Du bist noch nie zuvor so gesund gewesen, so gelassen. Das hast du selbst gesagt.«

»Aber ich kann doch nicht einfach hierbleiben, während die Welt draußen an mir vorüberzieht!«

»Was ist die Welt eigentlich? Was ist das Musikgeschäft? Die Welt ist, wozu du sie machst. Dies hier ist deine Welt, unsere Welt. Wir machen sie selbst. Alles andere ist eine Täuschung.«

Mit Schneeschuhen machten Sally und Danzig im Tiefschnee Rundgänge auf seinem Grundstück. Sie folgten Tierfährten, streuten Futter für die Vögel, Salz für das Hochwild aus. Sogar die Waschbären fütterten sie.

»Das hier ist keine Täuschung«, sagte Danzig. »Alles andere schon.«

Die Berge waren nicht grün, sondern purpurrot, und der Duft der Holzfeuer folgte ihnen, wenn sie durch den knirschenden Schnee stapften und dabei diskutierten, was real war und was nicht.

Nanook sprang ihnen voraus. In solchen Augenblicken fühlte sich Sally vom Himmel gesegnet. Sie dachte weder an die Vergangenheit noch an die Zukunft. Nur das Knirschen unter ihren Füßen existierte noch und der Duft nach brennendem Holz in der Luft – der Duft nach Apfelholz und Eiche. Das gestohlene Puppenfläschchen war weltenfern. Sie wollte nicht einmal daran denken, daß sie eine Mutter hatte.

Auf dem Land gibt es viel zu tun. Danzig las ihr Blake vor – nicht nur die *Songs of Innocence and Experience*, sondern die *Prophetic Books*, die sie kaum verstand.

»Mach dir keine Sorgen, die versteht niemand – nicht einmal Blake.«

»Und Mrs. Blake?«

»Die auch nicht.«

Eine Zeitlang stapften sie durch den Schnee.

»Wer ist Nobodaddy?« fragte Sally.

»Blakes Gott – die enttäuschende Vaterfigur.«

»Genau wie mein Vater!« rief Sally aus.

»Wenn du so willst...«

»Nobodaddy, Nobodaddy... Ich muß unbedingt einen Song für Nobodaddy schreiben!«

»Tu das!«

So kam es, daß Sally *Nobodaddy's Daughter* schrieb – einen Song, der die Sehnsucht einer ganzen Generation nach einem ständig abwesenden Vater beschrieb.

Silent and invisible
as a misplaced glove,
my nobodaddy daddy
sends me nobodaddy love.
I seek him in the darkness,
I seek him in your arms,
my nobodaddy daddy
cannot shelter me from harm.
Shall I bind him with my singing?
Shall I bind him with my joy?
My nobodaddy daddy
My winged life destroys.
I could fly
without him, I could fly
I know why,
without him I could fly...

Blakes Schriften, die Danzig ihr vorgelesen hatte, inspirierten Sally zu diesem Song, und seine Erzählungen von Irland, das er mehr als alle anderen Länder liebte, inspirierten sie zu vielen anderen Liedern. Die beiden planten sogar, gemeinsam nach Irland zu reisen, aber das sollte wohl nicht sein.

»Ich würde so gern mit dir nach Irland reisen, ins Black Valley, wo die Elfen und *sidhes* spielen und wo Gletscher die Gesteinsschichten auf den Kopf gestellt haben. Es ist ein Land, das von Geistern und Propheten bewohnt ist. Es ist ein Land der Gelehrten und der Heiligen – Irland. Ein Land, wo der Regen klagt und ›ihr Name weiterklingt wie eine Glocke in einem unterirdischen Glockenturm...‹ So oder ähnlich sagte es Louis MacNicee. Ich würde so gern mit dir zu diesem letzten unverdorbenen Stückchen Erde der Welt reisen!«

»Und ich würde so gern mitkommen.«

»Ich würde so gern mit dir teilen, was ich über das Machen von Dingen gelernt habe. Als ich noch schrieb, um zu veröffentlichen, war ich ständig angespannt. Wenn ich ein Buch beendete, verkrampfte sich mein Rücken. Nun aber, da ich nur noch für mich selbst schreibe, kommt mir alles wie ein Spiel vor. Zu bewirken, daß die Wörter miteinander tanzen, ist auch nur *eine* Möglichkeit, Glück zu empfinden. Ich tanze mit ihnen. Ich mache mir keine Sorgen mehr. Und ich wünsche mir, dich lehren zu können, wie man diesen Zustand erreicht.«

»Bitte, zeig's mir! Bitte!«

»Vor allem habe ich in Irland gelernt, daß die Anspannung die Feindin der Kunst ist. Wenn du dich entspannst, alles als ein Spiel betrachtest, einen Fuß vor den anderen setzt und die Gigue tanzt, den Kritiker mit einem geschickt geführten Wanderstock von deiner Schulter fegst, gibt es nichts, das dir unmöglich wäre. Wir sind dazu geboren, Dinge zu machen, zu spielen, zu tanzen. Mit Konkurrenzdenken, wenn wir immer nur der Beste sein, einen Preis gewinnen oder einen Dollar machen wollen, verderben wir nur alles, weil es im Grunde keinen Besten gibt und der Preis das Tun an sich ist. Der Kosmos befindet sich konstant im Zustand der Schöpfung. Wir brauchen den Fluß nur anzuzapfen, weil wir schon Bestandteil von ihm sind. Wir brauchen nur ja zum Universum zu sagen.«

Sally wäre ewig bei Danzig geblieben, doch gegen sie formierten sich bereits Truppen, die das unmöglich machen sollten. Danzig war alt. Und seine Kinder waren besitzergreifend. Der zweite Akt wartete in den Kulissen. Es sollte nicht sein, daß sie schon damals den Blarney Stone küßte – das konnte sie erst sehr viel später. Und dann war es zu spät. Als sie auf den Zinnen auf und ab ging und hinabblickte, als sie sich aufraffte und zur Lake Isle of Innisfree ging, war der Frieden kein Ziel mehr, das leicht zu erreichen war.

10 SARA
Ein verborgener Schatz
2005

Alle Formen des Gedankenflusses beruhen – direkt oder indirekt – auf Erinnerungen. Die Geschichte läßt darauf schließen, daß die älteste Art, Informationen zu sammeln, mit der Erinnerung an die eigenen Vorfahren zusammenhängt, mit der Abstammung, die jedem Menschen seine oder ihre Identität als Mitglied eines Stammes oder einer Familie verleiht.
MIHALY CSISKZENTMIHALYI

Lisette de Hirsch hatte Sara zu einer Luncheon Party in ihrem Haus in Connecticut an einem Sonntagnachmittag im Mai eingeladen. Da dies keine Party war, zu der man ein kleines Kind mitbringen konnte, mußte sie für Dove einen Babysitter besorgen. Dann fuhr sie in dem peinlichen Bewußtsein, daß dies nicht die feine Art war, an ihrem Ziel anzukommen, mit dem Zug nach Darien. Die feine Art wäre gewesen, mit einem Oldie oder einem neuen, ökologischen Elektrowagen vorzufahren, doch diese Möglichkeiten blieben Sara leider versagt. Immerhin wußte sie, daß sie sehr gut aussah in ihrem Jumpsuit aus beigefarbenem Leinen, den beigefarbenen drei Zoll hohen Plateauclogs und dem schikken neuen Tropenhelm mit den Schleierwolken gegen die Verheerungen der Sonne.

Am Bahnhof wurde sie von David erwartet, Lisettes Sohn, einem sehr hoch gewachsenen jungen Mann mit dunklen Augen und langen Wimpern, der sie mit einem dieser neuen chinesischen Elektrowagen abholte und mit ihr zu Lisettes Haus auf einer mit Toren versperrten Felsnase hoch über dem Sund kutschierte. Kellner in weißen Jacken boten auf großen Tabletts Champagner in Flöten an, aber Sara trank keinen Alkohol. Sie trank nie Alkohol. Weil ihre Mutter genügend für sie beide getrunken hatte.

David, ein Anwalt, der ein paar Jahre jünger zu sein schien als Sara, führte sie über den grünen Rasen, wo Lisette wartete, um ihre Gäste mit doppelten Luftküßchen auf die Wange zu begrüßen.

Sara wurde mit verschiedenen wohlbeleibten, älteren Tycoons bekannt gemacht, die in die Rubrik »Vorstandsmitglieder« gehörten. Einige von ihnen hatte sie schon beim Council kennengelernt. Sie hatte den Eindruck, als trügen die Herren alle die Namen von Investmentbanken – Lazard, Morgan, Goldman, Rothschild, aber das war sicher nur Einbildung.

Nachdem sie so herumgereicht worden war, ergriff David de Hirsch ihren Arm und machte mit ihr einen Spaziergang auf einem Weg, der einen schönen Blick auf den Sund gewährte.

»Wie gefällt Ihnen Ihre Arbeit beim Council?« fragte er sie.

»Ist das eine Trickfrage?« gab Sara zurück.

»Keineswegs. Meine Mutter sagt, Sie seien brillant. Sie setzt große Hoffnungen in Sie.«

Sara beobachtete die Segelboote, die unter den wattigweißen Wolken dahinglitten.

»Das ist gut. Ich setze nämlich selbst auch die größten Hoffnungen in mich«, sagte Sara.

Beim Lunch saß Sara am Tisch mit einer berühmten abstrakten Expressionistenmalerin der sechziger Jahre zusammen, die gerade einen Investmentbanker geheiratet hatte, einer berühmten schwarzen Opernsängerin der achtziger Jahre, die gerade einen Investmentbanker geheiratet hatte, und einer berühmten Feministin aus den siebziger Jahren, die gerade einen Investmentbanker geheiratet hatte.

Jede dieser Damen war früher einmal dafür bekannt gewesen, daß sie ein äußerst »befreites« Leben führte, und nun erging sich jede von ihnen im Lobeshymnen auf geprägtes Briefpapier, gemeinsame Bankkonten und die Renovierung von Multi-Millionen-Dollar-Immobilien. (Ein Haus am Sund kostet heutzutage zwölf Millionen und mehr, direkt am Atlantik dreißig Millionen und mehr.)

Rebecca Lewin, die Malerin, eine gertenschlanke Brünette mit dreimal geliftetem Gesicht, sagte mit anhimmelndem Blick auf ihren neuen Ehemann Laurence Morgan: »Ich hatte das Gefühl, die ganze Welt sei Noahs Arche und ich sei die einzige, die nicht zu zweit war.«

»Ich kenne dieses Gefühl«, erklärte Roberta Chase, die stattliche Opernsängerin.

»Ich hätte nie gedacht, daß ich mein *Leben* lang mit einem anderen Menschen zusammen sein würde«, sagte Lily Crosswell, die schlanke, hochgewachsene Feministin, »aber als ich Philip kennenlernte, da wußte ich...« Trinksprüche wurden auf die Liebe ausgebracht, auf den Ehestand und auf die Heirat mit dem besten Freund. Sara wurde übel. Unvermittelt sagte sie: »Aber wenn Sie, meine Heldinnen, sich alle in die Ehe ergeben – wer soll dann Frauen wie mir noch als Vorbild dienen?«

»Natürlich ist es nicht unbedingt *notwendig,* verheiratet zu sein, um ein erfülltes Leben zu führen«, sagte Lily.

»Ich war ja so produktiv, während der etwa zwanzig Jahre, in denen ich allein war«, sagte Rebecca.

»Ich glaube, daß eine ehrgeizige Frau an Ehe nicht einmal *denken* sollte, bevor sie fünfzig ist«, sagte Roberta. »Danach ist auch noch reichlich Zeit dafür, sogar für Kinder. Meine beste Freundin hat gerade Drillinge bekommen. Mit vierundfünfzig!«

Saras Übelkeit verstärkte sich. Sie dachte an Dove, so unwillkommen und dennoch so liebenswert.

Unter dem Tisch drückte David Saras Hand und warf ihr einen Blick zu, der besagte: »Ich verstehe.« Aber verstand er das wirklich?

Als sie später auf dem Rasen Kaffee tranken, erkundigte er sich:

»Hat meine Mom Ihnen schon die Schlüssel zum geheimen Lagerraum gegeben?«

»Zum geheimen Lagerraum?«

»Aha, also nicht«, sagte David. »Aber ich weiß, wo sie sind, und wenn Sie nett zu mir sind...«

»Ist das Erpressung?« fragte Sara.

»Schon möglich«, antwortete David. »Hat Ihnen schon mal jemand gesagt, wie schön Sie sind?«

»Ja«, sagte Sara, »das haben tatsächlich schon ein paar getan... Und nun erzählen Sie mir von dem geheimen Lagerraum. Bisher habe ich mich nur durch Fotos gewühlt und beim Katalogisieren für die Datenbank wahre Zeitreisen gemacht. Die Fotos sind phantastisch – eine ganze versunkene Welt, die längst versunkene Welt unserer Mütter.«

»Ich weiß nicht, ob ich Ihnen von dem Lagerraum erzählen soll... vorerst.«

»Ich kenne Möglichkeiten, Sie zum Sprechen zu bringen«, sagte Sara und trat ihn sanft gegen die Schienbeine.

»Erst muß ich Sie besser kennenlernen«, behauptete David.

»Sie scheinen mich jetzt schon recht gut zu kennen«, sagte Sara. »Was für ein ekelhaftes Gespräch vorhin beim Lunch!«

»Man beginnt sich zu fragen, nicht wahr?«

»Ich versuche herauszufinden, wie ich mich scheiden lassen kann, und alles, was diese Frauen wollen, ist die Ehe. Die Ehe wird weit überbewertet.«

»Nur wenn man den falschen Partner hat. Wenn man jemanden hat, der zu einem paßt, ist sie das Schönste auf der Welt – zwei beste Freunde, die durch Raum und Zeit zusammenhalten. Die drei Grazien da drüben« – er nickte zu den drei ehemaligen Feministinnen hinüber – »haben im Grunde recht. Die Ehe kann gemeinsame Bankkonten bedeuten, sie kann aber auch bedeuten, einander freizugeben, um zu arbeiten, einander in guten wie in schlechten Zeiten zu lieben.«

»Waren Sie schon mal verheiratet?«

»Nein. Deswegen bin ich ja Experte.«

»Also – wo ist der geheime Lagerraum?«

»Ach ja«, sagte David. »Was, meinen Sie, ist das eigentliche Ziel des Council on Jewish History?«

»Keine Ahnung«, antwortete Sara.

»Na, kommen Sie! Was wünschen sich Menschen, wenn sie reich genug sind, um alles andere schon zu besitzen?«

»Hmmm... Unsterblichkeit? Ewiges Leben? Ihren Namen auf Marmor? Vergoldet? Ihr Gehirn in Nährflüssigkeit konserviert? Ihren Körper für alle Zukunft tiefgefroren?«

»Sie haben's erraten!«

»Sie konservieren also reiche alte Juden und legen sie auf Eis?« fragte Sara. »Ist das der geheime Lagerraum?«

»Fast...«, sagte David. »Aber bei weitem nicht so gruselig. Nein, sie sammeln Familienarchive, und meine Mutter hat den Auftrag, zu überlegen, was man damit anfangen soll. An diesem Punkt kommen Sie ins Spiel.«

»Ich dachte, Ihre Mutter sei mit dem Spendensammeln befaßt.«

»Damit und mit allem anderen«, sagte David. »Sie hat das Haus gestiftet und ist, wie viele andere Leute auch, der Meinung, daß Geld mit *Kontrolle* einhergeht. Zum Glück ist der Vorstand ihrer Meinung. Deswegen ist es *ihr* Vorstand. Sie hat sich ein paar von diesen Familiendokumenten angesehen, wissen Sie, doch die beweisen nicht unbedingt das, was sie sich wünscht.«

»Und was ist das?«

»Was meinen Sie denn?«

»Daß die Juden die vollkommensten Menschen auf dem Planeten sind...«

»Genau!« David lachte.

»Menschen sind Menschen«, wandte Sara ein. »Das Interessante an ihnen ist, wie unterschiedlich sie sind.«

»Wenn man Sie also bitten würde, Ihre Familiengeschichte mit Hilfe eines Archivs zu erzählen – was würden Sie tun?«

»Ich würde es dem Material überlassen, wie die Geschichte erzählt werden und was sie aussagen soll.«

»Richtig«, sagte David. »Das finde ich auch. Aber es gibt

eine Menge Leute, die am liebsten alles aus den Unterlagen entfernen würden, woraus sich Negatives über das auserwählte Volk lesen läßt.«

»Aber waren wir nicht auserwählt, *menschlich* zu sein?« fragte Sara.

»Ich glaube schon... Und Sie glauben das offensichtlich auch. Aber meine Mutter findet, wir sollten alle Einzelheiten löschen, die schlecht für die Juden sind oder den Antisemiten Munition liefern könnten... Lassen Sie uns dieses Gespräch später fortsetzen«, schlug David vor. »Da kommt die Lady des Hauses.«

In ihrem weißen Seidenkaftan kam Lisette de Hirsch zu ihnen herübergesegelt.

»Da seid ihr!« sagte sie.

»Hier sind wir«, antworteten Sara und David unisono.

Im Juni dampfte New York vor Hitze wie die Tropen. Ein graugelblicher Dunst hing über der City, und die Luftfeuchtigkeit wurde zum Hauptthema eines jeden Gesprächs. Im unterirdischen Gewölbe des Council on Jewish History, Davids sogenanntem geheimen Lagerraum, herrschten jedoch eisige Temperaturen.

Sara hatte einmal von einem Mann gelesen, der seinen Schatz über seine ganze Heimatstadt verteilt und an verschiedenen Orten vergraben hatte. Seinen Enkeln hinterließ er dann nichts anderes als grobe Handzeichnungen. Ob sie den Schatz fanden oder nicht, war ganz allein ihre Sache.

So fühlte sich Sara, als sie in der Krypta des Council Ahnen ausgrub.

Sie war von den Fotos über die mündlichen Interviews bis

zu den Briefen und Tagebüchern in Spiegelschrift aufgestiegen, doch welche Bedeutung dies alles hatte, war ihr ein Rätsel, und was sie letztlich damit anfangen sollte, war ihr genauso rätselhaft. Lisette sprach von einer großen Ausstellung, einem reich bebilderten Buch, einem Dokumentarfilm. Vielleicht alle drei. Geld war kein Thema. Das war es bei Lisette nie. Der springende Punkt war, aufzuzeigen, wie die Vergangenheit Informationen an die Gegenwart weitergab, war die heilige Verpflichtung der Erinnerungen und das Heldentum der Menschen, die diese Erinnerungen verkörperten.

Am Abend zuvor war Lloyd gekommen, um Dove zu sehen, und hatte Saras Wohnung betreten, als habe er ein Recht, dort zu sein. Er war in die Küche marschiert, hatte den Kühlschrank geöffnet und sich einen Apfel genommen. Es war ein symbolischer Apfel. Krachend biß er ein Stück heraus.

»DADDY! DADDY!« hatte Dove gejubelt und mit den Ärmchen die langen Beine ihres Vaters umschlungen.

Sara war nach einem langen Tag des Wühlens in den Archiven des Council damit beschäftigt, das Dinner zu machen. In Gedanken überlegte sie immer noch, was sie mit diesem Material anfangen sollte, und Lloyds Erscheinen war eine unwillkommene Ablenkung für sie. Als er das merkte, schien er erst recht bleiben zu wollen.

Er zog sich einen Küchenstuhl heran und setzte sich. Dove kletterte auf seinen Schoß. Eine rührende Szene! Der seitenspringende Vater kehrt heim! Alles vergeben und vergessen. Saras Zorn auf ihn war vorübergehend verflogen. Das schien er zu spüren.

»Was macht dein neuer Job?« erkundigte er sich.

»Dem geht's gut«, antwortete Sara. Sie dachte nicht daran, ihm die Genugtuung zu verschaffen und etwas anderes zu sagen.

»Ist es okay, wenn ich Dove bade und zu Bett bringe?« fragte Lloyd.

»O ja!« rief Dove. Wie konnte Sara diese Begeisterung dämpfen?

Während Lloyd Dove badete und aus dem Badezimmer fröhliche Stimmen herüberklangen, dachte Sara: Wenn es mir möglich wäre, die Zeit hier und jetzt anzuhalten, könnten wir wieder zusammensein. Und warum nicht? Schließlich sind wir eine biologische Einheit. Sie erinnerte sich an das starke Gefühl der körperlichen Verbindung, als sie Dove zum erstenmal in den Armen hielt und Lloyd mit Augen betrachtete, deren Blick vor Tränen verschwamm. Wer hätte ein solches Wunder erwartet? Ein solch *alltägliches* Wunder, so normal und dennoch so transzendent! Die Allgegenwart dieses Wunders bewirkte, daß man an Gott glaubte. An Göttin.

Als Dove warm eingepackt in ihrem Bett lag, kam Lloyd zu Sara in die Küche, um mit ihr zu sprechen.

»Ich liebe dich immer noch«, sagte er.

»Und was habe ich davon?« gab sie zurück.

»Vielleicht können wir irgendwie zusammenkommen«, sagte er.

»Vielleicht bin ich die Königin von Rumänien«, entgegnete sie.

Sie gingen trotzdem ins Bett. Das schlimmste daran war, daß das Bett bei ihnen immer noch funktionierte. Es hatte nie aufgehört, zu funktionieren. Sein Geruch, seine Berührung, sein Atem auf Saras Hals – das alles wirkte perfekt. Ganz gleich, wie wütend sie auf ihn war, er konnte sie aufschneiden und Zucker in ihre Wunden reiben.

Was hätte die unbezwingbare Sarah Sophia Solomon Levitsky getan? Sofort suchte Sara bei ihr Rat. Und die hatte, wie immer, die richtige Antwort parat.

»Man kann nicht mit einem Hintern zwei Pferde reiten«, sagte Sara zu Lloyd.

»Wie bitte?« fragte er verblüfft.

»Das ist ein weiser Spruch der Großmütter unseres Stammes. Entweder bleib oder geh, aber versuch nicht, mit einem Hintern zwei Pferde zu reiten. Oder auf zwei Hochzeiten zugleich zu tanzen.«

Sagte sie das zu ihm, oder sagte sie sich das selbst? Sie glaubte, daß sie es sich selbst sagte.

So wunderbar der Sex mit ihm auch war – im Grunde wollte sie ihn nicht *die ganze Zeit* um sich haben. Sie war im Begriff, sich einiges von der Unerschrockenheit jener anderen Sarah anzueignen, und zum erstenmal in ihrem Leben war sie versucht, hundertprozentig auf sich selbst zu setzen – etwas, das ihrer eigenen Mutter Sally niemals so richtig gelungen war.

Als Sara ihre Mutter kennenlernte, war sie schon halb erwachsen. Vierzehn, mit Busen, Periode und jeder Menge Fragen, die sie nicht zu stellen wagte. Ihr Vater und seine Freundin Sandrine hatten sie, als sie zwei war, zu sich nach Montana geholt. Mit vierzehn war sie weggelaufen und wollte ihre Mutter suchen, nachdem sie einen wütenden Brief von ihr gefunden hatte, den ihr Vater in seiner Sockenschublade versteckt hatte.

Weglaufen war ja so *aufregend!* Mit dem Geld, das sie gespart hatte, fuhr sie – bei dem Gedanken, daß sich ihr Vater furchtbare Sorgen machen würde, von tiefer Genugtuung erfüllt – mit einer Reihe von verdreckten Bussen nach New York. In New York angekommen, wollte sie in einem billigen YWCA absteigen und ihre Mutter in London anrufen. Die würde sie dann bitten, ihr ein Ticket rüberzudrahten.

Aber, o Wunder, als Sara in New York ankam, war Sally *dort.* Die Familiengalerie zeigte eine Ausstellung zu Ehren ihrer verstorbenen Gründer Sarah und Lev. Und Sally war zur Eröffnung nach New York gekommen.

Überwältigt vom Anblick ihrer lange verlorenen Tochter, nahm Sally ihre Tochter und ging mit ihr überallhin in New York – vom Tee im Mayfair (wo sie sie mit Scones, Marmelade und Schlagsahne verwöhnte) bis zum Einkaufsbummel auf der Fifth und Madison Avenue (wo sie Sara Kleider kaufte, wie diese sie in Montana nicht einmal *gesehen*, geschweige denn getragen hatte!)

Nie würde Sara den Weg vom Port-Authority-Busbahnhof bis zum Mayfair vergessen! Ebensowenig das, was für sie ihr Holden-Caulfield-Tag allein in New York gewesen war, an dem sie sich mit Tauben, Busfahrern und Pennern auf Parkbänken unterhalten hatte. Obwohl es gar kein ganzer Tag gewesen war, sondern höchstens ein paar Stunden, hatte Sara ihn als Wendepunkt in ihrem Leben mythologisiert.

Sally war der glamouröseste Mensch, den Sara jemals gesehen hatte, und ihre Wiedervereinigung verlief heftig. Nach jenem ersten Ausbruch von Ekstase jedoch hatte es mit ihrer Beziehung zueinander nie mehr so richtig klappen wollen. Sara hatte ihre Mutter stets Sally genannt, nie Mom. Es fiel ihr schwer genug, überhaupt eine Anrede für sie zu finden, denn der Vater hatte immer behauptet, ihre Mutter sei tot. Das würde sie ihm niemals verzeihen: eines der vielen Dinge, die sie ihm niemals verzeihen würde.

Natürlich hatte es einen Skandal gegeben und eine Sorgerechtsklage, aber die Einzelheiten erfuhr Sara erst später von Sally. Außerdem erfuhr sie später, daß ihre Mutter mehr als nur eine Sängerin, daß sie ein Symbol ihrer Generation gewesen war – und was mit Symbolen passiert, ist hinlänglich bekannt.

Mit zweiundzwanzig war Sally auf dem Titelblatt von *Newsweek* erschienen. Mit zweiunddreißig war sie beim Entzug, und Sara wurde ihr weggenommen. Salome, ihre hitzige Großmutter – auch mit über Sechzig noch immer schön und mit kastanienbraunen Haaren – hatte sich bereit erklärt, einzuspringen und Sara mit Geschichten aus dem Paris der wilden Jahre großzuziehen, Geschichten, die immer verrückter wurden, je weniger Zeugen noch lebten und ihnen widersprechen konnten. Aber Ham Wyndham, Saras Vater, ein Dichter, der früher einmal als Kriegsgegner eingesperrt worden war, hatte einen Prozeß um das Sorgerecht angestrengt und gewonnen und Sara nach Montana geholt. Während eines großen Teils ihrer Kindheit hatte sie – während sie dachte, sie habe keine Mutter, und keine Ahnung hatte, woher sie kam – beim Hüten der Rinder im Schatten der zerklüfteten Berge geholfen.

Sara sah ihre Mutter dann wieder, als sie mit vierzehn auf die verrückte Idee kam, die Initiative zu ergreifen und wegzulaufen. Sie bereute diese Entscheidung nie, auch nicht, als daraus nicht das wurde, was sie sich erhofft hatte.

Nach ihrer leidenschaftlichen Wiedervereinigung schickte die Mutter sie natürlich in ein Schweizer Internat, das von den Söhnen arabischer Ölscheichs und anderen vernachlässigten Töchtern von Rockstars besucht wurde. Schließlich landete Sara in England, wo sie Geschichte studierte. Inzwischen lebte Sally von ihren Tantiemen in Europa, zumeist nüchtern, aber irgendwie ein Schatten ihres früheren Ichs. Sie haßte den Ruhm und alles, was er nach sich zog, duldete keinen Fernseher in ihrem Haus und sorgte dafür, daß Sara eine europäische Erziehung zuteil wurde, die in Amerika jeden auf ewig zum Außenseiter stempelte. Sara war fest entschlossen, Historikerin zu werden statt irgendeine Künstlerin. Es war die empirische Wahrheit, die sie suchte – Wissenschaft, nicht Kunst.

Sally hatte versucht, Sara nahezubringen, was es hieß, in den Sechzigern aufzuwachsen, daß Yoko Ono damals eine konzeptuelle Künstlerin gewesen war, die Fotos von menschlichen Hinterteilen machte (bevor sie die berühmteste Beatles-Ehefrau wurde), daß man durch die Straßen von New York gehen und plötzlich auf eine dichte, duftende Wolke von Marihuanarauch stoßen konnte, daß die Menschen sich unvermittelt wie Maharadschas, afrikanische Stammesfürsten, zerlumpte Zigeuner kleiden konnten. Durch all das, erklärte Sally, seien »die Sechziger« im Grunde nichts als ein Produkt sehnsüchtiger Journalisten gewesen.

Eine Zeitlang lebte Sally in London, weil ihre AA-Gruppe dort war. Den Anonymen Alkoholikern widmete sie sich wie einer Religion, und ihre Offenbarung war Nüchternheit.

Tag und Nacht war sie für Menschen mit Problemen da, Menschen, die Gefahr liefen, ihre Nüchternheit zu verlieren. Sie diente. Sara erinnerte sich daran, daß sie auf Sallys »Tauben« eifersüchtig gewesen war und sich gefragt hatte, was sie tun müsse, um eine von ihnen zu werden. Sie schienen weit mehr mütterliche Fürsorge zu erhalten als Sara. Sie wünschte sich so dringend, Sally möge eine Mutter für sie sein, daß sie *Sally* bemutterte, um sie gnädig zu stimmen. Es klappte nicht.

Wovon lebte Sally? Von Tantiemen und Kunst. Aber sie lebte weitaus bescheidener, als es nötig gewesen wäre. Levitsky hatte ihr genügend Bilder hinterlassen, um mehr als nur *ein* Alter für sie zu sichern; und überdies erhielt sie einen ständigen Strom von Einkünften aus ihren Songs, die noch immer auf der ganzen Welt gespielt wurden.

Von Zeit zu Zeit machte jemand einen Film, dem Sallys Balladen zugrunde lagen; dann gab es endlose Sitzungen, endlose Verhandlungen, bis Sally schließlich die Hände hob und das Projekt wegen irgendeiner Nichtigkeit platzen ließ. Sie suchte die Zurückgezogenheit und haßte die Vorstellung, sie zu verlieren. Doch all ihre Proteste waren vergebens, weil Hollywood, da es eben Hollywood war, sämtliche Einzelheiten ihrer Geschichte nahm und sie trotzdem zu mindestens einem halben Dutzend Filmen verhackstückte. Ihr Leben drohte zum Klischee zu werden.

»Meine Generation«, pflegte sie zu sagen, »meine Generation lernte, daß Ruhm das höchste Gut im Leben sei. Wir Dummköpfe glaubten das, glaubten es jedenfalls als naive

Teenager. In Wirklichkeit heißt Ruhm lediglich, daß man von Millionen Menschen mißverstanden wird.«

Als Beispiel dafür wies Saras Mutter immer wieder darauf hin, daß die Menschen sofort ihr Verhalten änderten, wenn ihnen klar wurde, daß sie »Sally Sky« war.

»Sie wurden sofort ehrfürchtig, unsicher, suchten nach irgendeinem Vorteil, irgendeinem Verhaltensmuster. Aber ich bin derselbe Mensch – ein strauchelndes menschliches Wesen. Warum wollen sie, daß ich allmächtig bin?«

Sara *wollte,* daß ihre Mutter allmächtig war. Das wollen alle Kinder. Sara wollte *nicht,* daß ihre Mutter eingestand, ein strauchelndes menschliches Wesen zu sein. Sara brauchte einen Fels, einen Altar, eine Göttin. Doch was sie statt dessen bekam, war Nur mit der Ruhe, Gefühle sind keine Fakten und Ego heisst Gott vertreiben.

Allmählich begann Sara das Programm der Anonymen Alkoholiker zu hassen. »Eine billige synthetische Religion für eine gottlose Generation«, nannte sie es insgeheim. Und sobald sich die Gelegenheit bot, bezeichnete sie es auch in der Öffentlichkeit so. Sally war verletzt. Sally war niedergeschmettert. Sally begriff ihre einzige Tochter nicht. Und das war der Grund, warum Sara so blindlings bereit war, sich in einen Mann wie Lloyd zu verlieben.

Sara verliebte sich in Lloyd, wie nur ein Waisenkind sich verliebt. Er war natürlich älter und in allen Dingen ihr Lehrer.

Kennengelernt hatten sie sich bei einem Sonntagslunch in Hampstead. Eine bunte Menschenmischung: Sallys Freunde, ein paar Dichter, Romanciers, kreatives Treib- und Strandgut. Zuerst einmal sah er gut aus, und außerdem hatte er dieses zynische Lächeln, das besagt: Ich gehöre nicht hierher und du auch nicht. Er war dunkelhaarig, grünäugig, clever, hoch gewachsen. Er sah Sara an, als sei sie die einzige Frau auf Erden.

Sie verabschiedeten sich und machten einen Spaziergang auf der Heath. Es war Ende März. Überall blühten Osterglocken. In seiner Gegenwart fühlte sich Sara plötzlich sehr erwachsen. Mehr als alles andere wünschte sie sich, den Fängen ihrer streitenden Eltern zu entkommen. Ganz oben auf der Heath, inmitten der Osterglocken, küßte er sie. Dann erklärte er ihr, sie sei zu jung und sie sollten lieber umkehren.

»Zu jung – wofür?« fragte sie ihn. Sie verfügte über die perfekte Selbstbeherrschung, die Kindern von Alkoholikern eigen ist. Darum wirkte sie weit älter, als sie war. Wenn er ihr Widerstand leisten wollte, mußte sie ihn unbedingt haben. So einfach war das. Wie sie wußte, waren die meisten Menschen so unentschlossen, daß man, wenn man selbst unbedingt etwas haben wollte, irgend etwas, es auch von ihnen bekommen konnte. Und sie wollte unbedingt Lloyd haben. Er wußte gar nicht, wie ihm geschah. Sara hielt in seinem Leben Einzug und machte es ihm leichter, indem sie ihm, genau wie sie es für ihre Mutter getan hatte, einfach alles abnahm.

»Ich glaube, es gibt keinen Mann, den man nicht haben kann, wenn man alles für ihn tut«, erklärte sie Cecily Hargrove, ihrer besten Freundin in London.

»Keine Ahnung«, sagte Cecily.

Aber Cecily war schließlich eine Tochter aus reichem Haus, mit einem eigenen BMW, einem Familien-Herrenhaus in St. John's Wood, einem Schloß aus dem sechzehnten Jahrhundert in Kent, einem aufpolierten Bauernhaus in der Toskana und einer verblüffenden Art-déco-Villa in Beaulieu, die nur zwei Monate im Jahr benutzt wurde: im Dezember und im August. Außerdem gab es noch eine Hochseejacht namens *Cecily*, registriert in Panama, wo Cecily noch nie gewesen war.

Cecilys Banker-Vater sammelte Spenden für die Konservative Partei. Ihre Mutter war eine berühmte Innenarchitektin, die in der ganzen Welt Hotels eingerichtet hatte. In London gab es sogar ein Hotel, das nach ihr benannt worden war. Das Augusta hieß es, winzig, ständig voll ausgebucht und wahnsinnig chic. Berühmte Schauspieler stiegen dort ab. Opernstars. Und betuchte junge Matronen aus Chelsea, die an Wochentagen ein Zimmer für den Nachmittag buchten und ausschließlich bar bezahlten.

Cecilys Mutter war eine Dame, ihr Vater ein Lord. *Arise, Sir Rafe* (geschrieben Ralph). Kein Mensch erinnerte sich daran, daß die Eltern ihres Vaters in Ungarn geboren worden und 1956 geflohen waren. Und ganz gewiß durfte niemand wissen, daß ihre Mutter ein russisch-jüdisches Baby gewesen war, das im Alter von ungefähr einem Jahr – wann immer das gewesen sein mochte – von Moskau über Berlin nach London gebracht worden war. Dame Augusta war so plastisch operiert, daß sie die Augen nicht mehr schließen konnte. Natürlich verriet sie niemandem ihr Alter oder ihren Geburtsort. Soweit man wußte, war der Landsitz in Kent das Schloß ihrer Ahnen.

Cecily war in so viele Privilegien hineingeboren worden, daß sie träge wurde. Sie liebte Sara, weil Sara alles andere als träge war. Sie bewunderte Saras Unternehmungslust. Sie bewunderte Saras eisernen Willen, niemals Alkohol zu trinken oder Dope zu rauchen. Cecily hatte ein Problem mit Dope. Sie hatte schon drei der kostspieligsten Entziehungskuren in den Staaten hinter sich. Und sie hielt sich an Sara, weil sie hoffte, daß sie ihre vierte sein würde.

Was Lloyd betraf, so hatte Sara recht. Sie hatte ihn durchschaut. Sie trug dick auf mit ihrem Charme, und Lloyd ging ihr in Rekordzeit an die Angel. Sie befolgte alle Regeln eines Buches, das den Frauen erklärte, wie man Männer einfing, es behauptete, daß Männer Jäger, Frauen dagegen Sammler seien, und das müsse man begreifen, wenn man sich einen Mann angeln wolle.

Sara begriff. Sie hatte es sogar schon begriffen, *bevor* sie das Buch las. Sie wußte es instinktiv.

Lloyd war baff, als er feststellen mußte, daß Sara noch Jungfrau war.

»Heutzutage sind die Mädchen keine Jungfrauen mehr«, behauptete er.

»Wenn deine Mutter fünf Ehemänner gehabt hat«, gab Sara zurück, »brauchst du *irgend etwas,* um dich von ihr zu unterscheiden.«

»Wie kann ich mit dir schlafen, wenn mir das eine so große Verantwortung aufbürdet?« fragte er sie.

»Hör auf, eine schwere Verantwortung darin zu sehen!«

»Das kann ich nicht«, gestand er.

Also verführte sie Lloyd. Obwohl sie noch Jungfrau, er dagegen »erfahren« war, setzte sie ihren Kopf durch. Und für ihn war es Ehrensache, daß er sie heiratete. Darauf hatte sie sich von Anfang an verlassen.

Natürlich verführte sie Lloyd in der Londoner Wohnung ihrer Mutter. Wie denn auch nicht? Sie nahm Lloyd mit nach Hause und schlief mit ihm in ihrem eigenen Bett. Am anderen Morgen machte Sally ihnen das Frühstück.

Sally und Lloyd waren ein wenig verlegen. Sara triumphierte. Es war der bisher schönste Augenblick in ihrem Leben, als Sally kam, um sie zu wecken, und entdeckte, daß Lloyd sich splitternackt um sie herumgewunden hatte. Sara war zufrieden mit sich!

»Dinge, die du nicht ändern kannst, wirst du wohl akzeptieren müssen«, sagte sie zu ihrer Mutter.

»Es ist dein Leben«, gab ihre Mutter zurück, die so dringend einen Drink brauchte, daß Sara es spüren konnte.

Sara gestaltete ihre Ehe mit Lloyd bewußt altmodisch. Sie sorgte für ihn. Sie sorgte für Dove. Sie ließ ihre Identität in der seinen aufgehen. Das ganze Elend, das sie im Leben ihrer Mutter spürte, kam von deren Verlangen, das glanzvollste Mitglied eines glanzvollen Clans zu sein, davon war Sara überzeugt. Sie selbst dagegen würde sich an *Kinder, Küche, Kirche* halten. Und in die Vergangenheit zurückkehren.

»Vermutlich bin ich ein typisches Beispiel für den Jahrgang zweitausend«, schrieb Sara in ihr Tagebuch:

Da unsere Eltern so naiv waren, daß sie glaubten, ein Tropfen LSD im Wasserreservoir würde der Welt Frieden bringen, waren wir so zynisch, daß wir an *alles* glaubten. Da unsere Eltern sich alle scheiden ließen, als wir noch klein waren, waren wir fest entschlossen, uns *niemals* scheiden zu lassen. Wir waren so skeptisch wie sie gutgläubig, so hart, wie sie sanft waren. Wir hielten sie für Trottel – undisziplinierte

Hippies. Wir haßten ihren Narzißmus, ihre Zügellosigkeit. Wir hielten ihre Wertmaßstäbe für Scheiße. Wir nannten uns *slacker* – voller Stolz. Ein *slacker* war das Gegenteil eines Hippies. Ein *slacker* wußte, daß das Leben kein Zuckerlecken ist. Ein *slacker* erwartete so wenig, daß er niemals enttäuscht werden konnte. Ein *slacker* war desillusioniert, bevor er – oder sie – noch wählen durfte.

Im College schrieben wir alle Memoiren, obwohl es noch nicht viel gab, an das wir uns erinnern konnten. Man sagte uns, der Roman sei tot und alles, was zählte, sei die persönliche Erfahrung. Aber wir hatten so wenig persönliche Erfahrung, daß es uns schwerfiel, zu entscheiden, *womit* wir anfangen sollten. Ich entschied, daß es besser sei, Geschichte zu studieren. In Oxford studierte ich bei Historikern, die der Überzeugung waren, daß *alle* persönlichen Daten suspekt seien; inzwischen aber frage ich mich allmählich, ob es überhaupt etwas anderes gibt als persönliche Daten.

Als Lloyd seine Dissertation über die Geschichte des Dritten Reiches schrieb – damals lautete seine These natürlich, daß jeder normale Deutsche es genoß, Juden zu morden –, hatte er alle möglichen Beweise gefunden: Fotos, Familienfilme, Tagebücher, Journale. Ich half ihm, dieses Material zusammenzutragen. Wir zollen der Vergangenheit zuvörderst Respekt, indem wir sie dokumentieren. Das ist eine wichtige Lektion, die der Historiker zu lernen hat. Natürlich war Lloyd von Historikern ausgebildet worden, die glaubten, ausschließlich neutrale Dokumente könnten die Geschichte einer bestimmten Zeitperiode wiedergeben. Also hatten sich seine Recherchen stets weitgehend auf Auflistungen von *Dingen* beschränkt: Bankunterlagen, juristischen

Dokumenten, Geburts- und Todesurkunden. Er liebte Primärquellen, mißtraute Sekundärquellen. Dies wird sich vermutlich als eine großartige Vorbereitung auf meine Arbeit beim Council herausstellen – wie immer sie auch aussehen mag.

Dann schrieb sie noch ganz unten auf die Seite: ICH WERDE NIE WIEDER MIT LLOYD SCHLAFEN!

11   SARAH AN SARA
Probleme der Liebe

*Kleine Kinder lassen dich nicht schlafen,
große Kinder lassen dich nicht leben.*
JIDDISCHES SPRICHWORT

Saritschka, mein Liebes, ich habe meine Erzählung abgebrochen, als Mama, Tanja, Bella und Leonid aus der alten Heimat hier ankamen. Du wirst dich erinnern, daß Levitsky verschwunden war, daß Sim im Gefängnis saß, daß Lucretia den armen, schwachen Sim für sich beanspruchte, der nicht über genug Kraft verfügte, um sich gegen sie zu wehren. Als Mama mit der ganzen Familie eintraf, wurde mir klar, daß ich, sosehr sie mir auch gefehlt hatten, *niemals wieder* frei sein würde. Denn jetzt mußte ich mein Leben damit verbringen, für ihr Wohlergehen zu sorgen. Jede Entscheidung, die ich traf, mußte als Teil einer Familie getroffen werden. Und Familien sind zwar alles, was wir vom Himmel kennen, aber sie sind auch alles, was wir von der Hölle brauchen.

Ich sage dir das, weil ich möchte, daß du diesen einzigartigen Augenblick genießt, in dem du dich jetzt befindest: einsam, ja, aber auch frei! Meine Mama sagte immer: *Heiraten kann man innerhalb einer Stunde, doch die Probleme währen ein Leben lang.* Das gleiche gilt für Familien. Man vermißt sie, man sehnt sich nach ihnen, dann kommen sie zurück – und die Probleme währen ein Leben lang.

Mein Bruder Leonid dachte zum Beispiel, Leonid Solomon sei zwar ein recht guter Name für *Rußland,* in Amerika müsse er jedoch Lee Swallow sein. Nicht genug, daß er ein Vermögen verdiente, er hatte auch noch eine Ehefrau, die es verschwendete. Das ist es, was Amerika für ihn bedeutete. Bella und Tanya gründeten einen Sweatshop und beuteten genauso junge Mädchen aus Rußland aus, wie ich selbst früher ausgebeutet worden war. Dann heirateten Bella und Tanja, und ihre Ehemänner beuteten sowohl die jungen Mädchen als auch ihre Frauen aus. Du kannst dir nicht vorstellen, womit die meisten aus deiner Familie ihr Vermögen verdienten – und das war lange *bevor* Salome Levitsky mit dem Fälscher Robin bekannt machte, der der Levitsky Gallery schließlich seinen Stempel aufdrückte und wiederum einen beträchtlichen Batzen damit verdiente. Ich sage nur, daß es auf der Welt ein paar mehr Vermeers gibt, als der Meister selbst wußte.

Wenn du dir die Namen der Spender an den Gebäuden ansiehst, wirst du feststellen, daß darauf nicht vermerkt steht, wie ihre Vorfahren das viele Geld verdient hatten. Hinter jedem großen Vermögen steckt ein großes Verbrechen. Ich glaube, es war George Bernard Shaw, der das gesagt hat. Der wußte recht gut Bescheid für einen *goi.*

Niemand würde dich jemals ermutigen, darüber zu sprechen, wie *sejde* wirklich sein Geld verdient hat: hier mal die Waren der Konkurrenz aus den Regalen fegen, da mal ein bißchen harmlose Preisabsprache, dort *a bissl* augenzwinkernde Schummelei oder ein *soupçon* Antitrust... Die Familie wäre empört, wenn du dich an so etwas erinnerst. Als *sie* ihn kannten, hatte der süße kleine *sejde* schon keinen Bodyguard mehr. Oder einen Fahrer mit Schießeisen, entschuldige den Ausdruck. Oder einen Steuerbeamten, dem er, sobald eine Steuerprüfung drohte, Hüte schenkte. (»Kauf ihm einen Hut«, pflegte Levitsky seinen Schwiegersohn Robin aufzufordern, wenn es Probleme mit dem Finanzbeamten gab.) Die Steuerprüfungen wurden prompt auf geheimnisvolle Weise vergessen. In jenen Tagen waren die Steuerbeamten *nudnicks,* die sich, wie alle anderen, einen Hut wünschten. Stell dir das vor!

Wenn ich mir heutzutage meine Familie ansehe, bin ich nicht sehr glücklich und erfreut darüber, wie sie sich entwickelt hat – von dir abgesehen, meine kleine Namensvetterin; ich glaube, du hast wirklich eine echte Chance, deine Mutter zu retten. Du könntest so werden wie die Frau, die ich kannte und die den ganzen Weg nach Amerika tanzte. Deine Großmutter Salome war, ehrlich gesagt, ziemlich wild, eine *kurvej,* wie wir auf jiddisch sagen. Aber Salome hatte eine Menge gute Theorien, das muß man ihr lassen. Sie war so etwas wie eine Philosophin. Was den Antisemitismus betraf, da irrte sie sich niemals. Sie hatte eine Nase dafür. Viele Juden haben diese Nase, aber Salome hatte noch mehr. Sie war brillant. Sie schrieb Gedichte, die sie nie veröffentlichte. Du weißt, daß sie einen der ersten Romane über das schrieb, was heute als Holocaust bezeichnet wird, obwohl sie selbst nicht dabei war. Aber ihr *meschuggener* Aaron, seligen Angedenkens, hat es natürlich erlebt.

Jetzt haben sie aus dem Holocaust sogar eine Fernsehserie gemacht. Damals war das noch nicht so. In den vierziger Jahren war es verteufelt schwer, die Menschen auch nur davon zu überzeugen, daß es so etwas wie den Holocaust gab.

Die Presse in Amerika schrieb nichts darüber, nicht einmal die Zeitungen, die Juden gehörten. Sie wagten es nicht, allzuviel Mitgefühl mit Ausländern an den Tag zu legen. Deswegen war der Holocaust ein Geheimnis.

O ja, wir hatten alle Freunde aus Europa, die hierherkamen und schreckliche Dinge erzählten: von Massenmorden im Osten, von Verwandten, die spurlos verschwanden, von Post, die mit dem Aufdruck »unbekannt verzogen« zurückkam, von Firmen, die »arisiert« wurden, Häusern, Bauernhöfen... Aber wir wußten nicht immer, was wir davon halten sollten. Flüchtlinge sind immer voll *bubamejses*. Sind immer *a bissl meschugge* – und wer könnte es ihnen verdenken?

Aber Salome verstand den Holocaust lange, bevor er zu einer Serie gemacht wurde. Gewiß, sie hatte von Aaron, seligen Angedenkens, Geschichten gehört, und natürlich hat sie einige seiner Erfahrungen in ihrem Roman, den du übrigens lesen solltest, verarbeitet. Seit sechstausend Jahren schreiben Männer Romane, die auf Geschichten ihrer Frauen basieren, sobald aber eine Frau so etwas tut, soll das eine *schande* sein?

Salome war der Mensch, der für mich einem Genie am nächsten kam, der schlaueste Mensch in einer äußerst schlauen Familie, aber sie war so *meschugge*,, daß sie ihre Talente nicht immer einsetzte. Mit Männern war sie viel zu *meschugge*. Mannstoll, schon in der Jugend. Laß dir das eine Warnung sein. Außerdem hatte sie kein *sizflejsch*.

Talent ist Talent, aber das *reicht* eben nicht. Man muß sich auf den Stuhl setzen und arbeiten können. Und arbeiten. Und *arbeiten*. Und **arbeiten**. Und wenn sie deine Arbeit ablehnen oder dich um die Bezahlung betrügen, arbeitest du eben *weiter*. Und gibst *niemals* auf. Niemals. *Ich* besaß diese Hartnäckigkeit. Salome nicht. Sie war eine regelrechte Prinzessin von Israel. Meine Schuld. Ich hab' sie viel zu sehr verwöhnt. Ich hab' ihr all die Liebe geschenkt, die ich von Levitsky nicht bekam, alle Küsse, die ich, du weißt schon wem, nicht geben konnte. Das hat sie verdorben. Und das Geld. Inzwischen konnten wir ganz gut leben. Es ging uns gut. (In Wirklichkeit waren wir reich, aber ich war zu abergläubisch, um das zuzugeben. Gott könnte mich tot umfallen lassen.)

Als Salome nach Paris ging, hatte ich schreckliche Sehnsucht nach ihr, so schrecklich, wie nur eine Mutter Sehnsucht nach ihrer Tochter haben kann. Ich fühlte mich zurückgestoßen, verlassen. Ich wußte, daß sie ihr Leben selbst in die Hand nehmen mußte – aber mußte das auf meine Kosten sein? Ich wollte sie bei mir zu Hause haben, für immer. Und da sie das wußte, blieb ihr keine andere Wahl, als wegzulaufen. Sie mußte zuerst weglaufen, damit sie schließlich wieder nach Hause kommen konnte. Sie mußte sich selbst verlieren, um sich zu finden.

Mütter und Töchter – das ist eine Komödie, aber auch eine Tragödie. Wir statten unsere Töchter mit der ganzen *chuzpe* aus, die wir uns für uns selber wünschten. Wir wollen, daß sie so frei sind, wie wir es nicht waren. Und dann nehmen wir es ihnen übel, daß sie so frei sind. Wir nehmen es ihnen übel, daß sie das sind, was wir aus ihnen gemacht haben! Mit Enkelinnen ist es viel leichter. Erst recht mit Urenkelinnen.

Tatsache ist, daß Salome weit mehr so war wie ich, als ich es jemals gedacht hätte. Das war das Problem. Genau wie ich dachte sie zuviel nach. Über alles: das Leben, die Kunst, den Antisemitismus. Vor allem den Antisemitismus. Sie glaubte immer, daß man uns Juden hauptsächlich haßt, weil wir uns weigern, Kompromisse zu schließen. Wir glauben daran, daß unser Gott der höchste Gott von allen ist, und lachen, wenn die *gojim* uns bekehren wollen. Später weinen wir dann.

Salome sagte ganz unverfroren zu den *gojim:* »Wir verehren ein Buch, und ihr verehrt einen blutigen Leichnam an einem Kreuz – ich sehe nicht ein, warum das besser sein soll.« Dann starrten die Leute sie an, als hätte sie den Verstand verloren. Sie sagte alles, womit sie schockieren konnte, normalerweise beschränkte sie diese Kommentare jedoch auf die Bohemekreise, in denen sie sich bewegte. Doch als sie es auf einer Cocktailparty in meiner Galerie zum Kanonikus von Saint John the Divine sagte (Levitsky und ich hatten immer gern ein paar Kleriker dabei – das verlieh den Anlässen mehr Klasse, fanden wir), wußte der, so ökumenisch er sich auch gab, nicht recht, was er dazu sagen sollte. Ich glaube, er sagte: »Aha.« Das ist wohl das *gojische* Äquivalent von *gewalt.*

Warum sind Juden komisch? Wir lachen, damit wir nicht in den eigenen Tränen ertrinken. Denk an die Alternative. Ich rede, weil ich dir helfen will, stark zu sein.

»Warum soll ich stark sein?« fragst du vielleicht. Weil du der Stärke deiner Vorfahren dein Leben verdankst. Weil wir uns alle darauf *verlassen,* daß du stark bist. Deine Stärke ist jetzt *unsere* Stärke. Wir leben durch dich. Und übrigens, wir *beobachten* dich! Nicht, damit du dich schuldig fühlst oder so... Sondern weil wir jetzt deine Schutzengel sind.

Nie werde ich den Tag vergessen, an dem Mama und der Rest der Familie auf Ellis Island eintrafen. Es war der Tag nach Jom Kippur im Jahre... es muß 1912 gewesen sein, aber an Daten konnte ich mich noch nie besonders gut erinnern. Mit vielen anderen Leuten wartete ich auf meine geliebte Familie, auf meine ganz persönlichen *greeners,* die von der Insel der Tränen aufs Festland kommen sollten.

In der Menge, die von hoch behelmten irischen Cops mit Gummiknüppeln zurückgehalten wurde, warteten die amerikanischen Verwandten ungeduldig darauf, mit ihrem gebrochenen Englisch, ihren Bowlerhüten, ihren glattrasierten Gesichtern und ihrem Yankee-Aufputz angeben zu können. Welch ein Kontrast zwischen den Neuankömmlingen und jenen, die auf sie warteten! Die *greeners* trugen Kopftücher, Perücken und Schals und hatten ramponierte Töpfe und Pfannen und dicke Packen Bettzeug auf dem Rücken. Völlig verschmutzt von den qualvollen Tagen auf See, blinzelten sie in die amerikanische Sonne und waren buchstäblich grün im Gesicht, als sie ihre geschniegelten amerikanischen *landslajt* begrüßten: eine andere Rasse, nein, eine andere Spezies.

Die Yankee-Verwandten hatten kein Gepäck zu schleppen, trugen Anzüge mit Weste, Querbinder, elegante Röcke und Taillen, Hüte mit üppigen Federn und Blumen. Sie hatten Goldzähne, während die Einwanderer Zahnlücken hatten. Goldzähne waren ein Zeichen von Wohlstand. Dort im Battery Park trugen sie ihren feinsten Yankee-Staat. Sie wollten ihre Verwandten mit den Beweisen ihres Erfolges blenden.

Am Vortag war Jom Kippur gewesen, der höchste Feiertag des Jahres. Ich fragte mich, was Mama an jenem geheiligten Tag wohl getan hatte, um ihn zu heiligen. Und ich machte mir Sorgen. Ich war schon im sechsten Monat schwanger und konnte meinen Zustand kaum noch verbergen.

Und plötzlich waren sie da! *Mamele* mit *schajtl* und Kopftuch, mit ihrem Schal, den klobigen Schuhen – und Bella mit ihrem riesigen Busen, den roten Wangen, der lärmenden Art. Meine Schwester Tanja war in den sieben Jahren seit meiner Abreise erwachsen geworden. Und Leonid war ein Mann! Er drängte sich vor, mir entgegen, legte mir die starken Arme um die Schultern und sagte: »*Majne schwester, majne schejne schwester...*«

Und *mamele* weinte. Sie konnte kaum reden, so sehr weinte sie. Und dann tätschelte sie mir den Bauch.

»*Nu?*« fragte sie mich.

Bestätigend senkte ich den Kopf mit dem phantastischen Hut. »Dieses Kind ist gesegnet«, sagte ich. (So genau konnte ich Salomes Zukunft voraussehen!)

Die ersten paar Tage mit ihnen waren wundervoll. Sie schwärmten von meinem Atelier am Union Square, erzählten endlose Geschichten von Rußland, vom Schiff, dem *vaterland,* vom Jom-Kippur-Gottesdienst auf Ellis Island, wo feine Damen ihnen zum Ende der Fastenzeit eine köstliche Mahlzeit vorgesetzt hatten: Matzenkloßsuppe, Fisch, Lamm, Dörrpflaumen und -aprikosen, Kuchen und Tee, alles auf Papptellern, damit man gleich sehen konnte, daß das Essen koscher war. Als die *greeners* den Eßsaal verließen, bekam jeder einzelne Dörrpflaumen, frische Äpfel oder Orangen.

»In Rußland haben sie uns geprügelt und verbrannt. In Amerika füttern sie uns mit *pflommen,* Orangen und Äpfeln!« sagte Leonid. »Selbst auf dem Schiff habe ich Dutzende von

Geschäften abgeschlossen... *God bless America, kiddo!* Ich habe Englisch gelernt. In Amerika muß man Englisch sprechen, stimmt's, *schwester?*«

Ich musterte Leonid mit seinen klobigen Greenhorn-Schuhen und seinem einzigen guten Anzug aus schwerer russischer Wolle, der viel zu warm für den New Yorker September war. Er sah aus wie ein *greener*, und doch hatte er bereits alles begriffen, was es über Amerika zu begreifen gab.

»*Time is money* – *nu, schwester?*« fragte er und kniff mich in die Wange. Dann machte er mit Daumen und Zeigefinger die universell gültige Geste für Geld.

»*Gelt*«, sagte er, »ist der König von Amerika, *nu?*«

Tanja dagegen umarmte mich, und Bella musterte meine elegante Kleidung.

»*Sura*«, sagte Bella, »du bist eine Yankee!« Ich lachte und zog sie alle an meinen Bauch, in dem deine Großmutter Salome heranwuchs. Dann kehrten wir gemeinsam zum Union Square zurück.

Da ich zu jener Zeit für die Bilderfälscher Filet und Cooney arbeitete, mußte ich oft verreisen. Wenn ich den Nachtzug nach Palm Beach nahm, sorgte sich Mama jedesmal um »das Kind, das Kind...«

»In Amerika arbeiten auch schwangere Frauen, *mamele*. Sie fahren Bahn, sie gehen durch die Straßen...«

Dann schnalzte Mama mit der Zunge, holte Amulette aus der alten Heimat hervor, die mein Baby beschützen sollten, und machte sich Sorgen, Sorgen, Sorgen.

Sie war entsetzt darüber, daß die Juden in Amerika so

unreligiös waren. Wo war die *mikwe?* Warum rasierten sich die Männer im Gesicht und arbeiteten am Sonnabend? Warum trugen die verheirateten Frauen ihr eigenes Haar? Warum waren die Kinder den Erwachsenen gegenüber so respektlos? Wo konnte man frisch gelegte Eier kriegen?

Ich deponierte Mama in der Küche, wo sie sich am wohlsten fühlte, und fand für Tanja und Bella Stellen als Näherinnen, Leonid dagegen brauchte meine Hilfe nicht. Er war wie ein Wirbelwind, machte Geschäfte, lernte Englisch, arbeitete zunächst als Schlachterlehrling, besorgte sich irgendwie die Erlaubnis, einen geliehenen Karren zu benutzen, und tat sich mit einem Chinesen zusammen, der die Arbeitskleidung der Schlachter wusch und stärkte. Aus diesen bescheidenen Anfängen wurde er mit der Zeit »Gründer und Präsident« (wie er sich stets zu bezeichnen pflegte) der Firma Sanitary Star, die gegen Ende des Ersten Weltkriegs alle eleganten Restaurants von New York mit Wäsche belieferte. So wurde aus Leonid Solomon allmählich Lee Swallow mit Brillantmanschettenknöpfen, Brillanthemdknöpfen und einer langen Reihe von Mätressen, zumeist Ziegfeld-Girls, ganz zu schweigen von seiner glitzernden Ehefrau Sylvia, die ich nicht leiden konnte.

Ach, meine kleine Mama – *majn mamele* –, wie sehr sie mir fehlt! Und je älter ich werde, desto näher ist sie bei mir. Sie ist immer bei mir. Mit ihrer ständigen Besorgnis hat sie mich absolut *meschugge* gemacht, aber sie ist ein Teil von mir. Und sie ist auch ein Teil von dir.

Es war Sally, deine Mutter, die mit dem Projekt begann, mich auszufragen. Das war, als du noch sehr klein warst und sie ganz von Familiengefühlen überwältigt war. Sie konnte selbst kaum glauben, wie stark ihre Gefühle waren. Sie hatte sich Hals über Kopf in dich verliebt – so, wie wir uns eben in unsere Babies verlieben. Und als dein Vater dich dann entführte (sie schmiedete alle möglichen Pläne, dich ihrerseits zu entführen) und mit all diesem juristischen Pipapo ankam, wollte sie, daß ich für dich über die Familienwurzeln berichte, daß ich für dich und deine Zukunft auf Band spreche, damit du weißt, woher du kommst und warum.

Die Zukunft ist ein so seltsamer Begriff. Was wissen wir von der Zukunft? Ja, was wissen wir auch nur von der Gegenwart und der Vergangenheit? Deine Mutter war im Grunde kein schlechter Mensch. Sie hat es nie leicht gehabt, etwa mit ihrem Vater, der ständig drohte, sich umzubringen, was ihm schließlich dann auch gelang. Auch für den Alkoholismus mache ich übrigens jene Seite der Familie verantwortlich. Levitsky sagte immer: »Meiner Meinung nach waren die alle *schickers,* diese Wallinskys; und wenn Hitler sie nicht gekriegt hätte, dann wäre das der Flasche gelungen.« *Oj oj oj, schicker is a goi* lautete einer seiner Lieblingssprüche, ganz gleich, ob er nun paßte oder nicht, wobei die Wallinskys natürlich genauso jüdisch waren wie wir.

Sallys Leben war schwer, von Anfang an. Salome verfrachtete sie hin und her, nach Kalifornien und zurück, je nach ihrem Liebesleben mit Marco, Robin, Gott weiß wem. Levitsky und ich liebten sie heiß, aber wie sollten wir ihr den Vater ersetzen, den sie nicht hatte? Versucht haben wir's weiß Gott. Ich glaube, sogar Robinowitz hat es versucht, doch wie sich herausstellte, war auch er wieder eine *wanz.*

Er versuchte uns allen die Galerie zu stehlen, und schließlich warf deine Mutter auch *ihn* hinaus. (Selbst Sallys längst verschollener Halbbruder Lorenzo entpuppte sich als ein *nogoodnik*. Deswegen glaube ich, daß er tatsächlich Robins Fleisch und Blut ist, obwohl Salome niemals hundertprozentig sicher sein konnte, wer der Vater war.) Nachdem Salome Robin rausgeworfen hatte, bat sie ihren alten Freund Marco, mit ihr zusammenzuleben, aber geheiratet hat sie ihn nie. Sie hatte die Nase voll von der Ehe. Doch nun entschied sie, daß Lorenzo – dein Onkel, der schließlich die Levitsky Gallery übernahm – *Marcos* Sohn sei. »Wajß nit«, wie meine Mutter zu sagen pflegte. »Kleine Kinder hält man auf dem Arm; große Kinder stehen einem auf dem Kopf.« Auf jiddisch klingt es natürlich besser, genau wie alle diese Weisheiten...

Als Sally die Gitarre entdeckte, schien sie schließlich auch wieder zu sich selber zu finden, aber dann wurde sie *zu* berühmt – das gibt es tatsächlich, *zu* berühmt sein. Als sie verschwand und niemand wußte, wo sie diese ganze, furchtbare Zeit hindurch war, verlor Salome fast den Verstand.

»Mama, Sally ist verschwunden!« schrie sie mir am Telefon entgegen. Dann engagierte sie alle möglichen Detektive, um sie suchen zu lassen. Ich versuchte sie zu trösten. »Töchter kommen immer wieder zurück«, behauptete ich. »Schließlich bist ja sogar *du* zurückgekommen.«

»Du verstehst nicht, das hier ist etwas anderes«, schrie Salome.

Sally hatte sich mit dem alten Schriftsteller in Vermont eingelassen, wie du vermutlich inzwischen weißt. Wer wüßte es nicht? Es war ja im *Time Magazine*. Als er dann starb, kamen seine Kinder an und warfen sie raus. Sie lief davon und schloß sich diesmal einer Kommune von Frauen an, die sich als Hexen bezeichneten. Sie erklärten, die jüdische Religion sei *patriarchalisch* – ihr Ausdruck – und Hexerei sei besser. Sie war ständig auf der Suche nach irgendeiner Art Erlösung. Das war ihr Problem. Es gibt keine einfache Erlösung – patriarchalisch, matriarchalisch, schmatriarchalisch. Mama sagte immer: *Gott hat den Frauen mehr Verstand gegeben als den Männern.* Aber ich fürchte, Sally war die Ausnahme, die, wie es heißt, die Regel bestätigt.

Nein, das habe ich nicht so gemeint. Ich habe Sally geliebt – und *wie* ich sie liebte! Sie war ein wundervolles kleines Mädchen, so klug, so clever, so *musikalisch*. Sie komponierte, bevor sie überhaupt gelernt hatte, Noten zu schreiben. Sie sang Lillian Zemann vor, ihrer Klavierlehrerin, und Lillian sagte: »Absolutes Gehör! Dieses Kind hat das absolute Gehör! Und komponieren tut sie wie ein Mozart! Ein richtiger Mozart ist sie! Noch nie habe ich ein Kind wie sie kennengelernt! Gott helfe ihr. Manchmal denke ich, sie ist zu begabt für ein Mädchen.«

»Lilly«, sagte ich dann, »hüte deine Zunge! Wie kann ein Mädchen zu talentiert sein?«

»Willst du wirklich, daß ich *dir* das erkläre, ausgerechnet *dir*?« fragte Lilly zurück. »*Du* weißt doch, was es heißt, *zu* talentiert zu sein. Es ist ein Fluch, und das weißt du genau: Kluge, talentierte, halsstarrige, eigensinnige Frauen setzen überall ihren Kopf durch, nur nicht im Bett! Und das soll ich *dir* erklären? *Du* solltest es vielmehr *mir* erklären!«

Auch Lorenzo war ein Teil des Problems. Salome konnte

nicht anders, sie mußte ihn lieben, den einzigen *boychik,* und Sally fühlte sich verdrängt. Er war auch eine kleine *wanz,* verwöhnt von Levitsky, verwöhnt von seinen beiden Daddies (sie erhoben beide Anspruch auf ihn), und von allen wurde er behandelt wie der Prinz von Wales. Er bekam Reitstunden im Central Park, trug handgearbeitete Stiefel von Hermès, wurde von einem Chauffeur zur Schule gefahren. Ich riet Salome davon ab, aber sie konnte einfach nicht anders. Sie machte ihren eigenen Sohn zum Ungeheuer. Natürlich setzte er voraus, daß das Familienunternehmen ihm gehörte, und ehrlich gesagt, Levitsky hätte nie im Leben daran gedacht, ein Mädchen dazu zu erziehen, so intelligent es auch sein mochte. Später, als Sally entdeckte, wie sehr sie den Ruhm mit all seinen Folgen haßte, war sie der Meinung, Renzo müsse ihr einen Platz im Familienunternehmen geben, aber Renzo wollte keine Konkurrenz. Er glaubte sein Erbe bereits in der Tasche zu haben. Dann heiratete er diese eiskalte Person, und die wollte auch keine Schwägerin in der Nähe haben, weil sie wollte, daß *ihre* Kinder alles erbten. Es war ja nicht so, daß es Sally an Geld fehlte. Sie brauchte nur einen Job, eine sinnvolle Beschäftigung, aber Renzo und Babs ließen sie draußen vor der Tür. Und das war der Anfang vom Ende.

Lorenzo litt wahrhaftig an Größenwahn. Er behandelte die Angestellten schlecht, ließ seine Anzüge in London anfertigen, schickte Kisten voll Wein aus Frankreich nach Hause, sammelte Starlets und Polo-Ponys. Levitsky pflegte zu sagen, er gebe sich Mühe, eine Vorhaut wachsen zu lassen. Er schickte seiner Mutter Fotos von sich zu Pferde, und die freute sich. *Meine* Mama sagte immer: »Wenn ein

Armer ein Huhn ißt, muß einer von den beiden krank sein.« Was die wohl über die Polo-Ponys gesagt hätte! Vermutlich: »Wenn ein Jude ein Polo-Pony reitet, muß einer von den beiden lahm sein.« Aber sag das bloß nicht deinem Onkel Lorenzo. Der hat keinen Humor und kann nicht über sich selber lachen.

12   Verglühende Sternschnuppen

*Wenn die Reichen Leute bezahlen könnten,
damit sie für sie sterben, würden die
Armen ein hübsches Stück Geld verdienen.*

JIDDISCHES SPRICHWORT

David de Hirsch rief immer wieder an, doch als Sara immer wieder behauptete, keinen Babysitter zu haben und daher nicht zum Dinner ausgehen zu können, erbot er sich, zu ihr in die Wohnung zu kommen und für sie zu kochen, und schließlich, beim fünften Anruf, stimmte sie zu.

David entpuppte sich als ausgezeichneter Koch. Er brachte frisches Gemüse vom Anwesen seiner Eltern in Connecticut mit, lebende Hummer von einem Fischmarkt downtown, Schalotten, Kräuter, Wein, frisch gebackenes Brot. Während Sara Dove zu Bett brachte, kümmerte sich David fröhlich um das Dinner.

»Machen Sie das immer so? Oder tun Sie das speziell für mich?« fragte Sara.

»Letzteres.«

»Wieso?«

»Weil ich es möchte. Weil dies, wie ich mir dachte, die einzige Möglichkeit war, Sie wiederzusehen. Sie sind ziemlich hartnäckig in Ihrem Widerstand.«

»Wie ein Stamm Grippeviren, der die Antibiotika immer wieder austrickst?«

»Wenigstens bin ich bei Ihrem Vergleich die Kur, nicht die Krankheit.«

»Seien Sie nicht so sicher. Ich bin ein schlechtes Opfer für eine Romanze. Erstens bin ich noch verheiratet. Und mit der Liebe bin ich fertig.«

»Niemand, der so aussieht wie Sie, ist mit der Liebe fertig.«

»Sie irren sich. Aussehen kann täuschen.«

»Nehmen Sie sich doch Hummer«, sagte David.

»Im Zweifelsfall immer *trejfe* essen.«

»Ich kenne den Weg zum Herzen der Frauen: erst füttern, dann ficken.«

»Welch überaus vornehme Ausdrucksweise«, sagte Sara.

»Ich bin bemüht«, sagte David, »meine Angst mit Tollkühnheit zu übertünchen.«

Sie sprachen über ihr Leben. Sara erzählte David von ihren Kindheitserinnerungen in Montana – inzwischen so ewigfern wie der Mond –, wie seltsam es war, so plötzlich zu erfahren, daß sie doch eine Mutter hatte, wie sie Sally gefunden hatte, von ihrer Entfremdung von ihrem Vater. Sie sprach über vieles und war erstaunt, daß sie davon erzählen konnte.

»Und wo ist Ihre Mutter jetzt?«

»Tot, leider. Ich hätte ihr gern noch so viele Fragen gestellt. Ich bin noch nicht so recht bereit, mutterlos zu sein. Obwohl ich auch oft mutterlos war, als sie noch lebte.«

»Was ist mit Ihrer Mutter geschehen?«

»Nachdem ich Lloyd geheiratet hatte und mit ihm nach London ging, fing sie wieder an zu trinken. Auf ihren Bruder war sie wegen irgendwelchem finanziellen Mumpitz wütend. Sie fühlte sich im Stich gelassen – von mir, von allen. Sie brach zusammen. Angeblich war es ein Autounfall, der sie das Leben kostete. Aber ich weiß, daß es der Schnaps in ihrem Blut war. Sie war allergisch, gegen Alkohol. Wenn sie nach einem Drink griff, sagte sie damit eigentlich, daß sie sterben wollte. Sie war Alkoholikerin, aber ich machte mich über ihr Hilfssystem lustig, weil ich unwissend war und dumm und zornig – eine Rotznase; und ich fühle mich verantwortlich. Sie war zerbrechlicher, als alle wußten. Und all diese Zusammenkünfte hielten sie aufrecht. Ich hätte mich niemals über das lustig machen dürfen, was für sie lebenswichtig war: ihre Religion.«

»Es ist nicht Ihre Schuld.«

»Aber ich bilde mir ein, daß es meine Schuld ist.« Sara brach in Tränen aus. »Ich hab's vermasselt, mit meiner einzigen Mutter. Man kriegt keine zweite Chance. Oder eine zweite Mutter.«

»Vielleicht hat sie's mit Ihnen vermasselt. Eine Mutter sollte in der Lage sein, einiges von ihrer eigenen Tochter einzustecken, ohne gleich zusammenzubrechen. Das gehört zur Abmachung.«

»Wirklich?«

»Hören Sie«, sagte David, »ich habe erst letztes Jahr erfahren, daß ich adoptiert wurde. Ich war wütend auf meine Mutter, weil sie es mir nicht gesagt hatte; aber dann hab' ich die Sache nach und nach verarbeitet. Einige Monate lang habe ich getobt und geschrien – und dann sah ich auf einmal ein, daß mir keiner ein auf Rosen gebettetes Leben versprochen hat. Wer hat schon ein unkompliziertes Leben? In Wirklichkeit müssen wir alle unser eigenes Leben gestalten, unsere eigenen Vorfahren erfinden, unsere eigenen Erinnerungen.«

»Woher wissen Sie das in Ihrem jugendlichen Alter?«

»So jung bin ich nun auch wieder nicht«, sagte David.

»Wie alt sind Sie?«

»Ich bin 1980 geboren. Alt genug, um zu wissen, daß ich wahnsinnig in Sie verliebt bin und nicht beabsichtige, Sie je wieder aus den Augen zu lassen.«

»Das können Sie doch gar nicht wissen. Sie kennen mich ja kaum.«

»Ich kann. Und ich kenne Sie.«

»Das ist doch lächerlich, David«, sagte Sara.

»Wieso? Weil ich so sicher bin, die Leute aber niemals sicher sein sollten? Hören Sie, ich bitte Sie um gar nichts, nur um das Recht, von Zeit zu Zeit für Sie kochen und mich mit Ihnen unterhalten zu dürfen. Was soll daran so beängstigend sein?«

Sara blickte in sein liebes, ernstes Gesicht und fragte sich selbst, warum sie so große Angst hatte.

»Ich will nicht noch einmal fallengelassen werden«, sagte sie. »Und außerdem brauche ich keinen Mann... Warum sollte ich einen Mann brauchen?«

»Zum Spaß«, antwortete David. »Ist das nicht Grund genug? Und natürlich, weil ich derjenige bin, der Ihnen Zutritt zu dem geheimen Lagerraum verschafft hat.«

Er spülte das Geschirr und ging nach Hause, ohne ihr zu nahe getreten zu sein. Es war der erste von vielen Abenden, an denen er das tat.

Als Lloyd entdeckte, daß Sara nahezu jeden Abend beschäftigt war, daß sie regelmäßig zum Dinner verabredet zu sein schien, obwohl sie immer zu Hause war, wurde er wütend.

»Warum kann ich nicht raufkommen und Dove besuchen?« fragte er sie. »Versuchst du etwa, mich von meinem Kind fernzuhalten?«

»Du kannst sie an den Wochenenden nehmen. Ich will nur nicht, daß du unangemeldet bei uns auftauchst, als wärst du hier immer noch zu Hause. Das ist zu problematisch für mich.«

»Du hast einen Liebhaber.«

Sara schwieg. Sie hatte keinen Liebhaber. Sie hatte lediglich einen Freund. Es war schön, einen Freund zu haben. Sie sagte nicht: »Du hast auch eine Freundin.« Sie sagte nicht: »Du hattest zuerst eine.« Sie wußte, daß Lloyd gefährlich werden konnte, wenn er gereizt wurde. Sie wollte ihn überlisten. Es war eine Frage des Überlebens.

»Wir sehen uns am Freitag, wenn du Dove abholen kommst«, sagte sie. »Ich muß jetzt weg.«

»Gut gemacht«, sagte David, als sie auflegte. »Du schuldest ihm nichts.«

Wie sollte sie ihm erklären, daß sie das Gefühl hatte, ihm alles zu schulden, obwohl es keinen Grund dafür gab?

»Warum habe ich dann das Gefühl, daß mein Leben aufs engste mit ihm verflochten ist?«

»Weil es das *war*. Aber du hast begonnen, es zu entflechten. Und jetzt werde ich dir hausgemachte *orechiette* vorsetzen.«

»Nun, da du von mir geleitet wirst, Saritschka – wovor fürchtest du dich noch?« schien ihr Sarah Sophia Solomon Levitsky ins Ohr zu flüstern.

»Vor allem und vor nichts«, antwortete Sara.

»Was sagst du da?« erkundigte sich David.

»Ich glaube, ich hab' Selbstgespräche geführt«, sagte Sara. In Wirklichkeit suchte Sara nach Mängeln an David, nach Zeichen dafür, daß er unaufrichtig war, ein Lump, die Sorte Mann, auf die Sally reingefallen wäre, aber sie konnte keine finden – noch nicht. Ihre Mutter war eine furchtbar schlechte Menschenkennerin gewesen, hatte sich ständig in Speichellecker, Interviewer, Manager verliebt, Menschen, die ihre wahren Ziele verbargen. Sara hatte immer gefürchtet, die schlechte Menschenkenntnis der Mutter könnte sie zu Fall bringen. Deswegen war sie sehr hart gegen sich selbst und suchte ständig nach ihrer eigenen Achillesferse.

»Weiß deine Mutter, daß wir Freunde sind?« fragte Sara David später, als sie sich an den Tisch setzten, um seine hausgemachte Pasta zu essen.

»Von mir nicht. Ich glaube, es würde nur alles unnötig komplizieren, wenn sie es wüßte. Du hast ihr doch auch nichts davon gesagt, oder?«

»Das wäre das letzte, worüber ich mit ihr sprechen würde.«

»Gut«, sagte David. »Halte dich an deine Arbeit. Sprich mit ihr über das, was du im Archiv findest.«

»Das ist ja gerade das Problem«, sagte Sara. »Was ich finde, wird ihre Theorie über die jüdischen Frauen nicht untermauern. Was ich finde, wird ihr nicht gefallen. Ich habe das Gefühl, daß sie sich strahlende Heldinnen wünscht, doch was ich finde, sind Frauen, die mit bleiernen Füßen tanzen.«

»Dann ist das möglicherweise die Geschichte, die du erzählen mußt.«

»Es *kann* nicht meine Geschichte sein.«

»Laß deine Geschichte sein, was sie will«, entgegnete David. »Laß sie sich entwickeln.«

Sara dachte daran, wie sie nach London zurückgerufen wurde, um von ihrer toten Mutter Abschied zu nehmen. Sie hatten versucht, sie wieder zusammenzuflicken, aber es war nicht zu übersehen, daß ihr Körper nur von den Kleidern zusammengehalten wurde. Weinend warf Sara sich über den Sarg, aber noch während sie das tat, fragte sie sich, um was sie weinte. Um die Mutter, die sie nie wirklich gehabt hatte? Um ihre eigene Schuld? Um das verschwendete Leben der Mutter?

Die AA-Tauben versammelten sich und gurrten. Sie waren freundlich, aber sie hatten keine Ahnung, was Sara brauchte. Lorenzo tauchte auf, weinte über die eigene Sterblichkeit und versuchte Sara für seinen Plan zu gewinnen, die übriggebliebenen Artefakte ihrer Mutter an ein Rock-and-Roll-Museum zu verkaufen. Sara fühlte sich so gekränkt, daß sie regelrecht vor ihm floh. Und diese Menschenmengen, die auftauchten! Hunderte von unbeirrbaren Fans kamen im Regen und hielten Spruchbänder und Bilder von Sally Sky empor. Ein Mann trug einen Schirm, an dem Bilder von Sally hingen, handgemalt von einem restlos unbegabten Künstler. Sein Regenmantel war mit Buttons von Sallys Konzerten in den Sechzigern und frühen Siebzigern besteckt. Ein armseliger alter Hippie sang tonlos Sallys berühmteste Songs. *Listen to your voice*, krächzte er. *My Nobodaddy Daddy*, winselte er.

Sogar in die Kapelle drängten sie sich, um Sallys Leichnam zu berühren, einen Fetzen von ihrem Totenhemd zu reißen oder eine Locke von ihrem Haar zu ergattern. Aber der Sarg war geschlossen. Und so richteten sie ihre Aufmerksamkeit statt dessen auf Sara. Versuchten sie zu fotografieren, Fetzen aus *ihren* Kleidern zu reißen, sie wenigstens zu berühren. Sie zuckte zurück. Bekam eine Gänsehaut. Warum wollten diese Leute *Reliquien?* Der beste Teil von Sally lag in ihrer Musik. Warum wollten sie Fetzen von den Kleidern ihrer Tochter? Kein Wunder, daß John Lennon niemals das Haus verlassen hatte! Wenn Sallys Fans ihre Songs so sehr liebten – warum wußten sie dann nicht, daß alles, was von ihr übrig war, in ihrer Musik verborgen lag?

Sara fand die Beisetzung so aufwühlend, daß sie am liebsten geflohen wäre, damit sie niemanden sehen mußte, aber sie war in der Kapelle bei den Fans gefangen. Von der Menge bedrängt, *konnte* sie einfach nicht entkommen. Sie wollte schreien, aber kein Ton kam heraus.

Sara litt stark unter Klaustrophobie, die sie, solange sie ruhig blieb, im Griff hatte; bei Anlässen wie diesem jedoch kam es zu einem heftigen Ausbruch. Sie geriet in Panik. Sie glaubte, Menschen schlagen oder ihr Höschen nässen zu müssen. Das schlimmste war jedoch, daß niemand merkte, wie hysterisch sie war. Bis auf eine einzige Frau, eine Amerikanerin, die in den glorreichen Tagen Hollywoods mit einem Filmregisseur als Vater aufgewachsen war. Sie war mindestens zwanzig Jahre älter als Sally, winzig klein, mit einem hübschen Puppengesicht und lockigen Haaren. Sie verströmte den Duft von Rosenwasser.

»Ich möchte Ihnen etwas über Ihre Mutter sagen«, begann die Frau. »Sie hat Sie mehr geliebt als irgendein anderer Mensch auf der ganzen Welt. Sie wollte immer nur das Beste für Sie. Das konnte sie nicht immer zeigen. In dieser Hinsicht war sie komisch. Aber sie wollte, daß Sie erfahren, wie sehr sie Sie geliebt hat.«

Worte können nicht viel ersetzen, aber zuweilen können die richtigen Worte zur richtigen Zeit eine Tür öffnen. Die Tür öffnete sich, wie sich schon bald die Tür zum Krematoriumsfeuer öffnen würde. Saras Tränen strömten und wollten nicht mehr aufhören.

Die puppenhafte Frau hatte einen puppenhaften Namen: Shirlee Tuck. Sie nahm Sara bei der Hand und blieb während der gesamten Feierlichkeiten in dem stillen Beerdigungsinstitut in Chelsea bei ihr: bei dem Abspielen von Sallys Aufnahmen, den Ansprachen von Judy Collins, Lucy und Carly Simon, Joni Mitchell, Joan Baez, Patti Smith und einem äußerst wortreichen Dylan, der verkündete, wie sehr er Sally *geliebt* habe, wie sehr er wünschte, er hätte sie retten können, wie sehr sie *immer* seine Muse gewesen sei. Dann kam die religionsneutrale Verbrennung, als der Sarg in die Flammen rollte. Wenigstens, dachte Sara, muß ich nicht eine Schaufel voll Erde auf ihren Sarg werfen und sie allein auf dem Friedhof zurücklassen. Diesen Augenblick hatte sie schon immer gehaßt. Sie dachte immer, die Toten würden frieren und sich einsam fühlen. Aber Sally würde in die englische Luft hinausgeblasen werden. Und letztlich würden die Moleküle, die einst ihre Mutter gewesen waren, auf das Dorf in Rußland zutreiben, wo ihre Vorfahren sie erwarten würden.

Endlich würde sie Dovie, den Engel, sehen, den *malechamoweß,* der zugleich der Messias ist. Hat jeder Mensch seinen eigenen Engel? fragte sich Sara.

Als der endlose Tag vorüber war, nahm Shirlee Sara mit zu ihrem Haus im West End. Dort setzte sie sich zu ihr und versuchte sie zu trösten.

Shirlee bewohnte ein schmales Haus am Berkeley Square, wo die Nachtigall sang. Drinnen gab es weiße Wände, rote Rosen, ein warmes Feuer, eine schmale Treppe. Der Tee wurde von einer sanften Filipina in weißem Pyjama und weißen Sandalen gebracht.

»Das ist Sallys Tochter Sara«, sagte Shirlee.

»Herzliches Beileid zu Ihrem Verlust«, sagte die Filipina, deren Name Dolores war. Sie hatte ein trauriges Gesicht, das zu ihrem Namen paßte. Was war zuerst gekommen, der Name oder die Traurigkeit?

Shirlee ließ Sara so lange weinen, wie sie es brauchte. Dann holte sie einen Brief von Saras Mutter herbei, den diese nur wenige Tage vor ihrem Tod geschrieben hatte:

Liebe Sara,

wenn ich nicht mehr bin und Du versuchst, die losen Enden meines Lebens zusammenzuknüpfen, wirst Du, wie ich annehme, nicht viel damit anfangen können. Es liegt in der Natur der Dinge, daß Töchter eher ihre Mütter verlassen als umgekehrt. Wenn die Tochter ohne Deine Erlaubnis zum Haus hinausstürmt, dann weißt Du, daß Du Deine Tochter richtig erzogen hast.

Das Leben wird einem nicht geschenkt; man muß es sich nehmen. Wenn Du eine gute Mutter bist, schenkst Du Deinem Kind Ungestüm, das Ungestüm eines jungen Adlers, der seiner Mutter das Futter aus dem Schnabel reißt und dann davonfliegt. Wir müssen lernen, uns *selbst* als Eltern zu gratulieren. Es ist müßig, von unseren Kindern Komplimente zu erwarten. Mit Dir habe ich nicht alles getan, was ich gern getan hätte. Den Rest mußt Du selber tun. Jetzt mußt Du lernen, loszulassen. Das schwerste auf der Welt ist es, ein Kind ungestüm zu lieben und es dann loszulassen – aber das sind die beiden Seiten der Liebe. *Dies* ist nur eine Möglichkeit für mich, loszulassen, damit Du eines Tages Dein Leben selbst in die Hand nehmen kannst. Ich weiß, daß Du mir verzeihen wirst – wenn nicht jetzt, dann vielleicht später.

                            Deine Dich liebende Mutter
                            Sally Sky

PS: Ich war fasziniert, als ich eines Tages in einem Buch über Genetik las, daß Mütter und Töchter (und vor ihnen die Großmütter und Urgroßmütter) identische mitrochondrische DNA in ihren Zellkernen tragen. Also hat das Gefühl, daß sie sich gleichen, eine *biologische Basis*. Es ist nicht nur Einbildung. Aber daß die Sache die gleiche ist, heißt noch nicht, daß das *Schicksal* das gleiche sein muß. Wir haben im Leben immer eine Wahl, und unser Schicksal liegt nicht ganz und gar außerhalb unserer Kontrolle. Ich meine nicht etwa, wir könnten gottgleich sein oder mit unserem eigenen den Willen Gottes umstoßen, aber die Absicht zählt eine ganze Menge. Ich habe in meinem Leben entdeckt, daß ich alles, was ich mir von ganzem Herzen wünschte, letztlich auch erreicht habe; und wenn ich träge und achtlos war, ist es mir durch die Finger geglitten.

Ich wollte Dich. Nie war ich so glücklich wie bei Deiner Geburt. Doch irgendwo unterwegs habe ich den Kampfeswillen verloren und vor den anderen Mächten kapituliert.

Vielleicht fürchtete ich mich vor dem Kampf, weil ich mich vor dem Verlieren fürchtete. Die Wahrheit ist, daß wir uns konzentrieren, unsere Aufmerksamkeit auf jeden einzelnen Tag unseres Lebens richten müssen. Sonst rutschen wir aus und fallen. Sei Du der Teil von mir, der nicht ausgerutscht ist. Bitte, fall nicht. Wenn du weiterkämpfst, geht die Furcht vorbei. Versuch immer daran zu denken. Irgendein alter Rabbi hat einmal gesagt: »Die ganze Welt ist wie eine sehr schmale Brücke, und die Hauptsache ist, keine Angst zu haben.« Ich habe mich in letzter Zeit sehr für das Judentum interessiert. Es liegt eine große Weisheit in unserer Tradition – eine große und sehr mannigfaltige Weisheit. Heute bereue ich es sehr, daß ich Dich nie für die *bar-mizwa* lernen ließ, aber andere Dinge haben mich davon abgelenkt. Zum Beispiel Dein Vater, der nicht aufhörte, Dich zu entführen, um das Sorgerecht zu streiten und all diesen Scheiß. Außerdem warst Du, als Du dreizehn warst, in Montana und hieltest Dich für eine Protestantin. Na, macht nichts. Du stammst von einer Reihe von Frauen ab, die *Kämpferinnen* waren. Und die Herzen von Müttern und Töchtern schlagen nun mal in ewigem Gleichmaß.

Der beste Teil von mir ist in Dir erblüht.

Mit all meiner Liebe
Sally

Sara las den Brief und fragte Shirlee, wie es gekommen sei, daß sie ihn habe.

»Sie hat ihn mir zum Aufbewahren gegeben – zusammen mit ein paar anderen Sachen. Sobald Sie soweit sind, soll ich sie Ihnen geben.«

»Woher wollen Sie wissen, wann ich soweit bin?«

Sie lachte melodisch. »Ach, wissen Sie«, sagte sie, »das werden Sie merken und es mir dann sagen.«

»Ich bin noch nicht bereit, ein Waisenkind zu sein.«

»Niemand ist bereit, ein Waisenkind zu sein, und doch sind wir es alle. Trotzdem haben wir eine Verpflichtung gegenüber denjenigen, die uns als Waise zurückgelassen haben. Die Vergangenheit lebt nur in uns. Die Toten leben nur in den Lebenden.«

»Aber hatte sie denn nicht auch eine Verpflichtung mir gegenüber?«

»Die sie erfüllt hat, so gut sie konnte. Was sie nicht tun konnte, vermochte sie nicht zu tun. Ihre Aufgabe ist es, sie zu lieben und ihr zu verzeihen. Es könnte ein Leben lang dauern, aber Ihre Freiheit hängt davon ab. Bleiben Sie zornig, werden Sie auf ewig an sie gebunden bleiben. Nur die Verzeihung macht Sie frei. Außerdem wollte sie, daß ich Ihnen das hier gebe...« Shirlee reichte Sara einen Stoß Papiere, die sie aber erst las, als sie auf dem Rückflug nach Hause in der Maschine saß.

ABSCHRIFT DES »ROLLING STONE«-INTERVIEWS MIT
SALLY SKY ZUM ZWANZIGSTEN JAHRESTAG

London, 1989

F: Sehn wir mal, ob's funktioniert. Probe, eins, zwei, drei...
Okay. Zunächst möchte ich Ihnen sagen, wie dankbar ich bin, Sie endlich interviewen zu dürfen, und zwar zum zwanzigsten Jahrestag von Woodstock, der im August ansteht und...

A: Wie alt waren *Sie* beim *ersten* Woodstock? Fünf? Sechs?

F: Na ja, eher um die neun herum. Aber *gelesen* habe ich alles darüber.
A: Und nun wollen Sie wissen, wie sich ein Oldtimer daran erinnert?
F: Eine *Legende,* würde ich sagen.
A: Eine Legende ist selten jung. (lacht)
F: Miss Sky, wenn ich Ihre Musik nicht so sehr bewundern würde, hätte ich diesen Auftrag nie angenommen.
A: Das behaupten alle. Und dann kommt der Dolchstoß in den Rücken. Zum Glück habe ich Einspruchsrecht.
F: Fangen wir noch mal von vorne an. Wie Sie sich in die Musik verliebt haben, Ihr erster Lehrer und so weiter.
A: Sie haben ja nicht mal die *Zeitungsausschnitte* gelesen!
F: Ich möchte es mit Ihren eigenen Worten hören.
A: Nun ja, anfangs hab' ich bei einer alten *jente* namens Lillian Zemann – oder war es Lehmann? Wer kann sich schon an so was erinnern! – Klavierspielen gelernt und dann bei Mason Herbst, zu *meiner* Zeit eine Legende. Er war derjenige, der all die Child-Ballads sammelte, die Wiedergeburt der Folkmusic in Gang setzte, aber niemals Dank dafür erntete, weil er auf die beschissene schwarze Liste kam. Da meine Großmutter Malerin und meine Mutter Schriftstellerin war, schien es, als sei die Folkmusic das einzige, was ausschließlich für *mich* da war. Meine Mutter schenkte mir eine Gitarre, und plötzlich fand ich mich selbst darin. Schleppte sie einfach *überall* mit, fühlte mich nicht sicher, wenn sie mir nicht um den Hals hing. In New York konnte man mit einer Gitarre damals überall hingehen – Washington Square, West Village, Central Park. Alles, was ihr als ›die Sechziger‹ bezeichnet, war

schon ein Jahrzehnt zuvor angelaufen: Beat Poetry, Drogen, die Merry Pranksters, Jack Kerouac, Ken Kesey, Allen Ginsberg, Gregory Corso, Peter Orlovsky – alles. Ich ließ meine erdbeerroten Haare natürlich bis auf den Hintern runterhängen und kleidete mich ganz in Schwarz. Dieser Sack-und-Asche-Look war damals sehr beliebt. Ich hatte so primitiv gearbeitete Neandertaler-Sandalen aus der Eighth Street. Ich war eine echt nonkonformistische Nonkonformistin, wie mein Großvater Levitsky zu sagen pflegte.

Im Village begann ich zu singen, als ich – o Gott – *vierzehn* war. Es war eine Möglichkeit, aus dem Haus zu kommen. Und mein Haus war ein verrücktes Haus: Papa, Mama – ich meine natürlich meine Großeltern –, Salome, Robin, Marco – meine Eltern (ich hatte drei davon), ganz zu schweigen von Renzo, meinem Bruder. Das war ein Spaß! (lacht)

F: Erzählen Sie mir mehr von Ihrem Bruder.
A: Ich wünschte, es gäbe mehr zu erzählen. Er folgte mir ins Showbusiness, aber er hatte nicht den nötigen Mumm dafür. Er hielt sich für den Prinzen von Wales und wurde sehr gut darin, geprägtes Briefpapier auszuwählen, Polo zu spielen, Starlets zu verführen, Geld zu verschwenden, den Produzenten zu spielen, aber er hat nie wirklich viel produziert. Als sich sein Leben als Null entpuppte, trat er in das Familienunternehmen ein und tat sein Bestes, es kaputtzumachen. Ich war damals zu sehr damit beschäftigt, mich selber kaputtzumachen, um ihn daran zu hindern. Die Droge meiner Wahl waren die Männer, und alle Drogen, die sie nahmen, nahm ich auch. Wenn ich in

meinem Leben irgend etwas bereue, dann, daß ich während eines so großen Teils davon ohne Bewußtsein gewesen bin.

F: Das finde ich erstaunlich. Sie? Bereuen? Was ist mit der sexuellen Revolution?

A: Ich kann mich kaum daran erinnern.

F: Miss Sky, für mich ist dies alles nur schwer zu glauben.

A: Natürlich ist es das. Sie wuchsen in dem Glauben heran, Sally Sky sei ein *Symbol der Freiheit* und nicht ein Mensch. Sehen Sie, wir waren doch nur Kinder, die sich, wie alle Kinder, von ihren Eltern unterscheiden wollten. In meinem Fall war das ziemlich schwierig, weil meine Eltern ja bereits verrückt waren. Meine Mutter hatte in den Dreißigern in Paris gelebt – mit Henry Miller. Und mein Großvater war ein großes Tier in der Kunstszene, ein Mann, der sie *alle* kannte, von Picasso bis Pollock. Ich geriet in die Musikszene, weil sie das einzige Gebiet war, das für mich noch übrigblieb. Und ich liebte die Musik, haßte aber den geschäftlichen Teil, die Diebereien, die Mafiosi, die R&D-Männer, die Herren in den feinen Anzügen, die den Künstlern das Geld stahlen und ihre unsicheren Aktien manipulierten, damit das leichter ging. In Wirklichkeit habe ich nie etwas anderes so sehr geliebt wie die Wärme, die über die Rampenlichter von den tobenden Zuhörern überkam. Immer, wenn ich dort oben stand, wußte ich genau, was ich tun mußte – wie ich mich bewegen, welche Songs ich singen, wie ich mit meiner Gitarre umgehen mußte. Ich konnte *spüren,* was das Publikum wollte, und es ihnen geben. In jedem Raum, in jedem Club, in jedem Coffee House, in jeder Bar konnte ich da oben raufgehen und spürte sofort, welche Songs die Leute hören wollten. Für einen schüchternen Menschen war das etwas Außergewöhnliches, eine Art Kommunion. Nur *hinter der Bühne* hatte ich Probleme.

F: Hatten Sie eine Ahnung, wie bahnbrechend Woodstock werden sollte?

A: Machen Sie Witze? Ein völlig versumpfter Schlammplatz in Bethel, New York, mit Hunderttausenden von Kids und keine Toiletten! Wir hielten es alle für einen Alptraum, bis das *Time Magazine* uns erklärte, es sei das Heraufdämmern eines neuen Zeitalters, der Zeit des Wassermanns.

F: Soll das heißen, Sie hatten *keine Ahnung?*

A: Keinen Schimmer. Hören Sie, als *Listen to Your Voice* aus den Charts kam, hatte ich keine Ahnung, was mir da blühte. Wenn man in Amerika eine Million Schallplatten verkauft, will plötzlich jeder einen anfassen, als brächte das Glück, als sei man der liebe Gott. Das ist furchtbar beunruhigend. Stressig, könnte man sagen.

F: Warum?

A: Weil es *unmöglich* ist, dem allen gerecht zu werden, darum. Die Leute wollen etwas von dir, das nicht mal Gott ihnen geben könnte. Erlösung zum Beispiel. Oder sie wollen du selbst *werden,* dir durch Osmose das Talent aussaugen, und das ist unmöglich. Also hast du ein sehr schmales Fenster, in dem du golden bist. Dann bist du Dreck. Das wußte ich schon immer. Eine Hit-Platte oder zwei oder drei sind nicht *das Leben,* das war mir klar. Ich wußte, daß ich mir überlegen mußte, was ich tun wollte, wenn ich erwachsen wurde. Vielleicht haben Sie bemerkt, daß vielen meiner Zeitgenossen das nicht gelang. Wie Sie bemerkt haben werden, sind viele meiner Zeitgenossen tot. Was meiner Meinung nach – oder, wie es mein Großvater auszudrücken pflegte, nach meiner persönlichen Meinung – dem allzu langen Leben vorzuziehen wäre. Ich möchte nicht hundert Jahre alt werden und im Rollstuhl immer noch *Nobodaddy's Daughter* singen, während ich vom Weißen Haus ein Telegramm bekomme – oder übers Internet eine E-Mail.

F: Was war der Unterschied zwischen Ihnen und all jenen, die zu *jung* starben?
A: Gnade.
F: Ich meine, *ernsthaft*. Unsere Leser möchten das wissen.
A: Hören Sie. Es ist unmöglich, diese Dinge mit *Worten* auszudrücken. Aus Worten können Ihre Leser nichts lernen. Sie müssen die Antwort so dringend brauchen, daß sie mit dem Kopf gegen eine Mauer rennen. Dann würden sie vielleicht zuhören. Ich hatte einen Punkt erreicht, an dem ich am Morgen buchstäblich nicht aus dem Bett kommen konnte. Ich lebte mit dem Mann zusammen, von dem ich dachte, er wäre meine große Liebe – in einem Fünf-Millionen-Dollar-Strandhaus in Malibu. Ich hatte eine Hit-Platte. Das Telefon hörte nicht auf zu klingeln. Leute kamen vorbei und boten mir jede Droge an, die ich wollte. Reporter von der Regenbogenpresse versteckten sich mit Teleskoplinsen in den Bougainvilleen. Angeblich ist das der amerikanische Traum, aber ich lag am Morgen im Bett und überlegte, wie ich es anfangen sollte, *niemals wieder* aufstehen zu müssen. Jedesmal, wenn das Telefon klingelte, geriet ich in Panik. Ich weiß wirk-

lich nicht, wie ich das alles schildern soll. Inzwischen ist so was *banal,* weil sich ständig Leute in aller Öffentlichkeit zu ihrem Entzug bekennen. Aber es war deswegen nicht weniger real.

F: Es gibt Gerüchte über Ihr Verschwinden.
A: Das sind keine Gerüchte. Ich bin für eine sehr lange Zeit weggegangen.
F: Und warum sind Sie zurückgekommen?
A: Bin ich zurückgekommen? (lacht) Ich werde nicht in die Falle gehen und von Spiritualität und Entzug reden. Wenn ich sage, ich kann es nicht in Worte fassen, dann meine ich das auch so. So etwas muß man selbst *erleben.* Nächste Frage...
F: Erzählen Sie mir, wie Sie auf die Idee für Ihr erstes großes Durchbruchalbum *Listen to Your Voice* gekommen sind.
A: Ich glaube, für Frauen, die in den Vierzigern geboren wurden, war die Vorstellung, auf die eigene Stimme zu hören, etwas ganz Neues und Radikales, etwas, das erst entdeckt werden mußte. Wir lernten unser Handwerk, indem wir die traditionellen Songs sangen (das heißt, Songs, geschrieben von Männern, in denen Frauen als Jungfrauen, Huren, tote Jungfrauen, tote Huren objektiviert wurden), und nun mußten wir lernen, mit unserer eigenen Stimme zu singen. Wir mußten entdecken, daß wir etwas zu sagen hatten.

Die Bluessängerinnen waren natürlich die ersten. In den Zehnern und Zwanzigern entdeckten afroamerikanische Frauen alles, das zu entdecken wir selbst ein halbes Jahrhundert brauchten – wir weißen Mädchen, meine ich. Sie waren uns *meilenweit* voraus – Ida Cox mit ihrem

Wild Women Don't Get the Blues, Bessie Smith mit ihrem *Empty Bed Blues* und *Ain't Nobody's Business if I Do*. Sie waren unsere Vorbilder, aber wir ahnten nicht mal was davon. Weiße Frauen mußten auf schwarz machen, um die eigene Stimme zu finden. Deswegen sang Janis Joplin black und Mama Cass und zahllose andere. Schwarze Frauen schrieben über die Tragödie mutiger, lebensstarker, unabhängiger Frauen, die dennoch beschlafen werden wollten. Sie waren die Avantgarde. Wir fangen jetzt erst an, sie einzuholen. Nicht einmal... Und die meisten von ihnen waren pleite, als sie starben, hatten ihre Copyrights an kleine Gauner verloren, wurden wegen der Jim-Crow-Gesetze in keinem Krankenhaus aufgenommen, wenn sie krank waren, wurden von ihren sogenannten Liebhabern drogenabhängig gemacht... Ihre Stories sind grauenhaft. Nichts von dem, was ich durchgemacht habe, kommt auch nur annähernd an sie heran.

Doch anfangs vermochten wir auf unsere eigenen Stimmen nicht zu *hören*. Wir kämpften erst einmal darum, unsere eigenen Stimmen zu *vernehmen*. Vielleicht wird dies das Erbe sein, das wir hinterlassen. Ich hatte rein zufällig einen Song geschrieben, der zu diesem Kampf paßte. Doch woher meine Songs wirklich kamen, das kann ich nicht sagen. Zu jener Zeit war ich in der Lage, so ungefähr alles in meinem Leben zu einem Song zu verarbeiten – ohne Hemmungen.

My Old Man entstand aus einem Besuch bei meinem Dad in der Klapsmühle, als ich vier war. *My Mother's Men* entstand aus der Tatsache, daß meine Mutter immer drei bis vier Kerle hatte, die sie reihum abwechselte, darunter ihren Ehemann Robin und ihren Haupt-Mann Marco. *Nobodaddy's Daughter* entstand aus der Lektüre von William Blake mit Danzig, meinem Mentor. *Thorazine Dreams* war ein weiterer Song, der aus dem Versuch entstand, mich mit meinem verrückten Vater zu identifizieren, der schon tot war, als ich fünf oder sechs Jahre alt war, aber niemand hatte mir was davon gesagt. Das mußte ich ganz allein rausfinden! Eine andere Geschichte...

Man schreibt über das, was man kennt, was man zu Hause hat. Man *denkt* nicht mal darüber *nach*. Erst später, wenn es zu einem Phänomen geworden ist – sprich: viele Menschen reich gemacht hat –, analysiert man es und beantwortet Fragen darüber. Dann ist die eigene Unschuld *perdu*. Man analysiert nach dem Faktum, aber woher die Inspiration kommt, ist ein Mysterium. *Muß* ein Mysterium sein. Sie arbeitet im Untergrund. »Wir arbeiten im Dunkeln, wir tun, was wir können; unsere Arbeit ist unsere Passion, und unsere Passion ist unsere Kunst. Der Rest ist der Wahnsinn der Kunst.« Das hat, glaube ich, Henry James gesagt. Vermutlich habe ich ihn falsch zitiert, doch schließlich stamme ich aus einer Familie von Aphoristen. Die zitieren ständig alles und zitieren ständig alles irgendwie schief.

F: Einige feministische Kritikerinnen haben geschrieben, Sie hätten Ihre ganze Power an Männer verschwendet. Damit beziehen sie sich natürlich auf Ihre zahlreichen Ehen. Möchten Sie uns dazu etwas sagen?

A: Nein. Aber ich werde es tun. In gewisser Weise war es meiner Generation bestimmt, nur durch die Männer in unserem Leben herauszufinden, wer wir waren. Anfangs wußten wir nicht, daß wir dieses Leben auch haben konnten, ohne die Männer als Vorwand zu benutzen. Was wir am Ende feststellen mußten, war, daß wir im Grunde viel stärker waren als die Männer in unserem Leben und daß das, was uns schwach machte, genau die Unkenntnis unserer Stärke war, daß wir Mentoren suchten, Berater, starke Männer, die uns bevatern konnten. In meinem Fall ganz besonders, weil mein Vater nachgewiesenermaßen verrückt und später nachgewiesenermaßen tot durch eigene Hand war und ich mich daher ständig von Vaterfiguren, Heilern, Ärzten, Hirnbohrern angezogen fühlte. Ein paar von ihnen habe ich geheiratet und es später bitter bereut.

F: Was ist mit Ihrer Tochter Sara?

A: Das Beste, was ich jemals gemacht habe, meine wundervollste Schöpfung, mein Pfeil in die Ewigkeit.

F: Was erhoffen Sie sich für sie?

A: Daß sie mir so *unähnlich* wie möglich wird.

F: Könnten Sie uns das näher erklären?

A: Sie haßt es, wenn ich bei Interviews von ihr erzähle. Ich wage kein einziges Wort zu sagen.

F: Könnten Sie uns von Ihrer Beziehung zu Max Danzig erzählen?

A: Da dies zu meiner Legende gehört, werde ich das wohl tun *müssen*.

F: Wie haben Sie ihn kennengelernt?

A: Er hat mir einen Fanbrief geschickt. Ich habe ihn immer noch. Wie Sie sich vorstellen können, fiel ich aus allen Wolken. Max Danzig war ein berühmter Einsiedler. Nach seinem Roman *Ein Mädchen namens Ginger* hörte er auf, zu veröffentlichen, und zog sich nach Vermont zurück. Er hat niemals ein Interview gegeben. Darin war er viel klüger als ich. (lacht)

F: Dazu werde ich mich nicht äußern. Miss Sky, erzählen Sie Ihren jungen Lesern, warum Danzig für Ihre Generation so wichtig war.

A: Soll ich das für Ihre Lippenleser übersetzen? Für all Ihre Nichtleser, die dennoch etwas von Büchern *hören* wollen? Warum nicht? Er war der Schriftsteller, der die »Angst« der Jugendlichen genau richtig interpretierte. Er las in unseren Herzen. Er zeigte uns das, was das Gehirn eines Heranwachsenden enthielt. Ich hielt ihn für den einzigen Menschen auf Erden, der mich verstehen konnte.

F: Und was haben Sie getan?

A: Ich habe mich dem Leben in Kalifornien entzogen und bin nach Waitsfield, Vermont, gefahren. Ich hatte keine Ahnung, wo Danzig wohnte, aber irgend jemand wird es schon wissen, dachte ich mir. Und so war es. Ich erkundigte mich bei der dicken, blonden Besitzerin eines Ladens für antike Teddybären. Sie begleitete mich zu der verschneiten Brücke und zeigte auf eine Anhöhe über der Stadt, auf der eine rote, von Birken und Wildnis umgebene Scheune lag. Sie beschrieb mir den Weg, und zu meiner eigenen Verwunderung fand ich zu meinem Idol.

Ich erinnere mich noch, wie *alt* er wirkte, als ich ihn draußen vor der Scheune zum erstenmal sah. Das Foto auf seinem Buch war vor langer Zeit aufgenommen worden. Er war hoch gewachsen, dünn, mit langen weißen Haaren. Sogar aus seinen Ohren kamen weiße, geringelte Haartupfer. Daran erkannte ich, daß er *wirklich alt* war.

»Ich wußte, daß Sie kommen würden«, sagte er.

»Wie denn auch nicht?« gab ich zurück.

Seine Scheune war angefüllt mit Buchstapeln und Pappkartons voller Bücher. Beheizt wurde sie mit einem altmodischen Bullerofen. Mehrere Katzen patrouillierten auf den Dachbalken. Ein Husky namens Nanook war Oberhund. Zum Abendessen machte Danzig mir einen vegetarischen Falschen Hasen mit Nüssen. Ich blieb zwei Jahre. Während dieser Zeit wußte so gut wie niemand, wo ich war. Meine Mutter und meine Großmutter wurden fast verrückt. Mein Stiefvater und mein Großvater ebenfalls. Denen hab ich's gezeigt!

Danzig war für mich der Mensch, der einem Erleuchteten am nächsten kam. Er wußte, daß das Leben eine göttliche Komödie war und keine Rachetragödie. Und er hatte die Gabe, diese Erkenntnis weiterzugeben. Deswegen wurde er von so vielen Menschen verehrt, obwohl er aufgehört hatte, für die Öffentlichkeit zu schreiben.

Danzig fühlte sich von seinen Fans überrannt. Wie kann ein schlichter Schriftsteller die Leiden der Welt heilen? Er kann es nicht – genausowenig wie eine Sängerin. Aber die Menschen sehen dich auf deinem spirituellen Weg und sind so gierig darauf, daß sie ein Stück von dir selbst wollen. Und wenn du ihnen all diese Stücke zu ihren Bedingungen gibst, bleibt nichts mehr von dir übrig! Dann wird deine eigene Reise zu Ende sein. Aber wie soll man aufrichtig Suchende abweisen?

Statt falsche Erwartungen zu nähren, begann Danzig zu meditieren. Er schrieb Haikus und lehrte mich, es in Schönschrift zu kopieren.

»Nur was sich nicht verkaufen läßt, bleibt unkorrumpiert«, pflegte Danzig zu sagen.

Ich sang ihm Folksongs vor – Child Ballads, irische Songs, englische Songs, spanische, portugiesische und griechische. Ich sang ihm Songs von Woody Guthrie, Pete Seeger und Aunt Molly Jackson. Ich sang ihm *Union Maid*, *Bread and Roses* und *This Land is Your Land*. Ich sang *We Shall Overcome*, *Follow the Drinking Gourd* und *No Irish Need Apply*. Und dann sang ich ihm *meine* Songs – all meine Songs. Einige schrieb ich ihm sogar, etwa *Nobodaddy's Daughter*. (Sehen Sie mich nicht so erwartungsvoll an. *Ihnen* werde ich nichts vorsingen.)

Ich lehrte ihn Gitarre spielen. Lange Zeit schliefen wir im selben Bett, wurden aber kein Liebespaar. Nach all der drogenbetäubten Bumserei, die in der Musikszene üblich war, war das für mich wahrhaftig etwas ganz Neues. Er hatte Verständnis dafür, daß ich *keinem Menschen* traute. Er wollte mein Vertrauen gewinnen. Und das gelang ihm. Es war sehr lange her, daß ich irgend jemandem vertraut hatte.

Wir redeten darüber, was real war und was nicht. Er zitierte Yeats. Und Blake:

> *He who binds to himself a joy*
> *Does the winged life destroy.*
> *But he who kisses the joy as it flies*
> *Lives in Eternity's sunrise.*

F: Und warum haben Sie ihn verlassen? Das klingt doch wie der Himmel auf Erden.

A: Die Welt war zu dicht um uns – sogar da oben. Danzig fürchtete immer, seine Kinder würden seine versteckten

Manuskripte veröffentlichen, sobald er starb. Er hatte mir strikte Anweisung gegeben, alles zu verbrennen, falls ihm etwas zustoßen sollte. Aber als er diesen Schlaganfall bekam, war ich so traumatisiert, daß ich einfach *unfähig* war, seine Notizbücher und Manuskripte zu verbrennen. Ich *wußte,* wo sie waren. Ich *wußte,* was ich tun sollte. Aber ich *konnte* es einfach nicht. Fast ein Jahr lang lag er da, unbeweglich, unfähig, ein Wort zu sprechen, während die Aasgeier kamen und seine Schätze davontrugen, seine Manuskripte, seine Briefe, seine Notizbücher. Der Rest ist, wie es heißt, Geschichte.

F: Sie sind eine der Hauptpersonen in Danzigs letztem Roman?

A: Ist das eine Frage oder eine Feststellung?

F: Nun ja, sind Sie die Folksängerin in diesem Buch?

A: Ich beantworte niemals eine Frage, die nur mit Ja oder Nein beantwortet werden kann.

F: Nun gut, wollen wir dann über Ihre Ehen sprechen?

A: Ich spreche niemals über meine Ehen. Es sei denn, natürlich, in einer höchst *theoretischen Form.*

F: Was hat Ihnen Ihrer Meinung nach das nötige Selbstvertrauen gegeben, um überhaupt ein Star zu werden?

A: Ich hatte immer das Gefühl, etwas Besonderes zu sein. Seit ich ein kleines Mädchen war, glaubte ich fest daran, vom Schicksal zu etwas Großem bestimmt zu sein. Das kam vermutlich daher, daß mein Großvater Levitsky mir immer wieder klarmachte, daß ich etwas Besonderes sei. Er brachte mich jeden Morgen zur Schule. Und wenn ich am Nachmittag nach Hause kam, ließ er alles stehen und liegen. Die meisten erfolgreichen Frauen sind Daddys –

oder Granddaddys – Mädchen. Mein Daddy war tot, mein Daddy war Nobodaddy, aber Levitsky war wie ein Doppeldaddy, eine so große Kraft besaß er. Daß ich etwas Besonderes war, wußte ich auch, weil es von meiner Großmutter gemalte Poräts von mir in jedem Stadium meines Lebens gab. Vor allem aber wußte ich, daß ich etwas Besonderes war, weil meine Mutter mich wollte und meine Großmutter mich wollte und mein Großvater mich wollte.

Eine dunkle Wolke gab es über diesem Regenbogen, und das war mein Vater, der weit weg in einer Art Krankenhaus lebte und über den nur flüsternd gesprochen wurde. Dann brachte er sich um, aber man sprach *immer noch* flüsternd über ihn. Ich wußte nie, ob er lebte oder tot war. In Gedanken erfand ich einen fiktiven Vater für mich. Über den singe ich in *The Ghost in My Life*, in *Nobodaddy's Daughter*. Aber wenn ich nicht an ihn dachte, sondern an meine Großmutter und meine Mutter, schien mir alles gesichert zu sein. Selbst Robin, der Ehemann meiner Mutter, liebte mich. Und Marco, ihr Haupt-Mann. Ganz zu schweigen von ihren Liebhabern.

Das Bett war, wie sich herausstellte, der Ort, wo sie sich am liebsten aufhielt.

F: Viele Ihrer Kommentatoren behaupten genau dasselbe von Ihnen.

A: Scheiß auf meine Kommentatoren.

F: Es gibt auch Gerüchte darüber. Möchten Sie sie richtigstellen?

A: Nein.

F: Wie es scheint, haben Sie an all den Orten gelebt, die für

Ihre Generation am wichtigsten waren: Malibu, Vermont, Venice, London, New York, nur nicht in den Hamptons. Wie kommt es, daß Sie nie in den Hamptons gelandet sind?

A: Wie kommt es, daß ich mir in den Hamptons immer so *arm* vorkomme? Selbst wenn man mit einem eigenen Flugzeug da rausfliegt und auf dem nebligen, feuchten Flugplatz von East Hampton landet wie ein Grashüpfer auf einem Blatt (so grün wie der Dollar), ist man plötzlich von Learjets, Queerjets, Fearjets umgeben, all diesem Strand- und Treibgut der echten Reichen. Und plötzlich wirken die Farm in Vermont, das Apartment in Venice, die Eigentumswohnung auf der Upper East Side nur noch wie *trejfe*. Und die Parties – von Hollywood zum Broadway zur Finanzwelt und wieder zurück. Washingtoner Pundits (*The Pundit Did It* – guter Titel für einen Krimi, eh?), die mit achtundzwanzigjährigen, überalterten Supermodels spielen, Broadway-Babies mit ihren Toy Boys, mittelalterliche Damen und viel zu jugendliche Boyfriends... Jeder mit einem Elf-Millionen-Dollar-Haus am Meer, angefüllt mit anglo-indianischen Antiquitäten, jeder mit einem riesigen Pool, Golfplatz, zwei Tennisplätzen – zwei verschiedene Bodenbeläge –, jeder mit italienischen Springbrunnen, handgearbeiteten Bergen und Flüssen und einem Range Rover nur für die Kinderfrau. Was immer man hat, trägt, tut – immer ist es *weniger, weniger, weniger*. Zu welcher Party man auch geht – nie ist es genau die richtige Party. Bei welchen Freunden man auch absteigt – sie sind nicht die begehrtesten in diesem Jahr. Hitze ist alles. Und die Hamptons geben einem immer das Gefühl, als kehre man zur Zimmertemperatur zurück.

Und die alten Freunde, die einem über den Weg laufen, sind alle um so viel *reicher* geworden als man selbst.

Werbemoguln mit Hubschraubern nur für ihre PR-Leute, Film-Executives im Ruhestand mit Achtzig-Fuß-Schaluppen, Romanciers, die zwei Platz-eins-Bestseller pro Jahr veröffentlichen, *kwetschn,* ihre Verleger fänden, *sie schrieben zuviel.* Hamptonitis. Ich leide an Hamptonitis. Es ist ganz ähnlich wie Karditis – eine Entzündung am Herzen. Nicht etwa, daß es mit Cap Ferrat oder Venice, mit Martha's Vineyard oder Aspen nicht dasselbe wäre – aber die Rituale dort sind ein wenig fremdartig und daher nicht so erbitternd. In Europa scheinen uns die Menschen weniger zu mögen, deswegen fühlen wir uns weniger verärgert, und in Aspen sind sie alle so gutmütig Western-mäßig. Auf dem Vineyard sind sie ungeheuer vornehm und pseudo-WASP-bescheiden, obwohl sie ebenso stinkend reich sind. Die Hamptons sind Manhattan, auf die Spitze getrieben und sockenlos zu Fuß. Die Hamptons sind alles, was ich an meiner Generation hasse: Habgier, Geldgier, Zynismus, Zurschaustellung. Da ihre Eltern in den Catskills übersommerten, haben sie die Hamptons entdeckt. Von Polen zum Polo. Von Grossinger's zum Hampton Classic. Es ist zum Kotzen!

F: Aua!... Schildern Sie mir, was Sie *wirklich* empfinden – aber jetzt wirklich ernsthaft –, erzählen Sie mir von Ihrem großen Comeback, der neuen CD, die Sie nächsten Monat herausbringen. Sie heißt...

A: *Sally in the Sky with Diamonds.*
F: Ein Tribut an die Beatles? Die Sechziger? Was?
A: Ein Tribut an meinen eigenen, erstaunlich starken Lebenswillen.
F: Erzählen Sie uns davon.
A: Hören Sie sich die CD an. Ich möchte nur sagen, daß es sich eigentlich um meine Autobiographie in musikalischer Form handelt. Diese Songs enthalten alles, was in meinem Leben wichtig ist.
F: Ich freue mich schon darauf... Erzählen Sie uns von Ihrer Mutter, ja? Sie scheint eine großartige Frau gewesen zu sein.
A: Als ich noch klein war, hielt ich sie für die erstaunlichste Mutter, die es je gab. Sie wirkte jünger als die anderen Mütter, sie liebte es, auf der Straße zu hüpfen und im Central Park eiszulaufen, und sie hatte ständig einen ganzen Schwarm von Verehrern. Aber sobald ich heranwuchs, machte ich sie verrückt. Und als ich mit Danzig verschwand und ihr nicht mitteilte, wo ich war – ich glaube, das hat sie *Jahre* ihres Lebens gekostet. Das hatte sie nicht verdient.
F: *Lullaby for my Mother* ist einer der rührendsten Songs in dem neuen Album. Sie sollte sehr stolz darauf sein.
A: Das ist das *wenigste,* was ich für sie tun konnte.
F: Wie alt ist sie jetzt?
A: Sie ist siebenundsiebzig und noch immer stark. Gott schütze sie.
F: Kommen Sie miteinander aus?
A: Jetzt endlich, ja.
F: Und Ihr Vater?

A: Hören Sie denn nicht zu? Mein Vater ist, verdammt noch mal, *tot!*
F: Bitte, verzeihen Sie, Miss Sky.
A: Ich habe *ihm* nie verziehen – warum sollte ich *Ihnen* verzeihen? (lacht)
F: Es hielt sich außerdem das hartnäckige Gerücht, daß Sie an einem Musical über Ihre Großmutter arbeiten, einer Art weiblicher *Fiddler on the Roof.* Trifft das zu?
A: In etwa. Vor ungefähr einem Jahrzehnt habe ich viel Zeit damit verbracht, meine alte Großmutter Sarah auf Tonband zu interviewen – meinerseits inspiriert von dem Wunsch, eine Familienchronik für meine Tochter Sara anzulegen, die damals noch ein Baby war. (Jetzt ist sie elf und lebt bei ihrem Vater in Montana. Ihr Vater hat ihr liebenswürdigerweise erzählt, daß ich tot sei; daher kennt sie natürlich weder ihre Mutter noch ihre Großmutter. Meine Mutter besucht sie heimlich und beobachtet sie aus der Ferne oder auch aus der Nähe, mit Unterstützung von Sandrine, die mit meinem Ex zusammenlebt und gar nicht so übel ist. Wirklich nicht. Ich bin jetzt schon so lange von meiner Tochter getrennt – ich kämpfe immer noch um das Besuchsrecht –, ich möchte, daß sie ihre Urgroßmutter kennenlernt – für den Fall, daß sie sterben sollte, bevor ich die kleine Sara zurückbekomme. Wie Sie sehen, habe ich Sara nach meiner Großmutter genannt, die ich immer verehrt und bewundert habe.
F: Ich dachte, die Juden täten so was nicht.
A: Nur orthodoxe Aschkenasim nicht. Der Sinn ist es, den Todesengel irrezuführen – wie in so vielen jüdischen Ritualen. Die sephardischen Juden kennen dieses Tabu

nicht, und die meisten amerikanischen Juden sind *nicht* orthodox. Seltsam, ich werde, obwohl ich nicht jüdisch erzogen wurde, immer stolzer darauf, Jüdin zu sein. Mein Großmutter Sarah Solomon Levitsky war eine wundervolle Frau. Damals waren viele Frauen wundervoll. Sarah war eine Art *Jentl trifft das Zeitalter der Unschuld*. Welch ein Musical das werden würde! *Hello, Dolly!* ist nichts im Vergleich zu meiner Großmutter Sarah.

F: Wo ist dieses Projekt jetzt?
A: In der Hölle des Entwicklungsstadiums. Es ist bisher an drei Regionaltheatern gelaufen, im Old Globe in La Jolla, im Yale Rep, und das dritte hab' ich vergessen. Im Moment reden der Regisseur und der Adapter nicht miteinander. Wie ich hörte, ist das *normal* für Musicals. Jetzt heißt es, die HBO will ein Filmmusical daraus machen. »*Alivai!*«, wie meine Großmutter sagen würde. Wenn ich Glück habe, wird meine Enkelin es schließlich machen.

F: Gibt es irgendeine Frage, die ich nicht gestellt habe, die Sie aber beantworten möchten?
A: Ja. Was haben Sie heute zum Dinner vor?

[Es ist anzunehmen, daß der Interviewer genau die Art von jungem Schmeichler war, die Sally mochte. Gefühlvoll, reich behaart, ehrfürchtig. Was anschließend geschah, bleibt jedermanns Phantasie überlassen. Das Rolling Stone-*Interview wurde natürlich nie gedruckt, denn Sally hatte sich's anders überlegt und ließ der Zeitschrift durch ihren Anwalt empfindliche Strafen androhen, wenn es gedruckt würde. Außerdem zog sie ihre neue CD zurück. Nachdem sie die meisten Kopien vernichten ließ, wurde* Sally in the Sky with Diamonds *zum Sammlerstück. (Hrsg.)]*

13 ERFUNDENE ERINNERUNGEN
1996, 1991, 1992

*Gott erfindet uns, doch wir erfinden
unsere eigenen Vorfahren.*
VENEZIANISCHES SPRICHWORT

Sara dachte an die Zeit, da ihr zum erstenmal klar wurde, daß ihre Mutter es nicht schaffen würde. Es war der Sommer, in dem sie siebzehn wurde. Sie war zu Sally nach Venedig gegangen, wo die Mutter ein Haus aus dem sechzehnten Jahrhundert gemietet hatte, das direkt an einem Kanal lag, ein Haus mit langgestrecktem Garten, von dem es hieß, er sei einmal ein Friedhof gewesen. Der Garten war wild – gigantische Palmwedel, riesige dunkelrote Rosen, die aussahen, als seien sie mit Menschenblut gedüngt worden, zwei Schildkröten, die ständig mit Liebesspielen beschäftigt waren und dabei lautstark grunzten, und ein blaubespiegelter Ball, der diese paradiesische Szene reflektierte.

Sally trank wieder – vorsichtig zunächst, dann mit Fleiß. Sie pflegte Umgang mit einem Nachkommen der Dogen, dessen Name *palazzi* und *campi* in Venedig wie auch zahlreiche Landgüter im Veneto zierte. Er hieß Fürst Alvise Grandini-Piccolini, und seine scharfe, aristokratische Nase war rot von den Weinen des Veneto. Weißhaarig, wohlbeleibt und höflich, begleitete er Sally in einem auf Bestellung gebauten Motorboot, das aussah wie ein kastenförmiges

Holzschiff der zwanziger Jahre, obwohl es eigentlich ganz neu war.

Daß es möglicherweise ein Problem gab, erkannte Sara, als ihre Mutter am ersten Abend beim Dinner sagte: »Ich glaube allmählich, daß ich letztlich doch keine Alkoholikerin bin. Wie es scheint, kann ich's recht gut kontrollieren.«

An jenem Abend bei Montin tranken sie nur Mineralwasser, worauf Sally sehr stolz zu sein schien – ganz so, als hätte sie mit Alvise nicht nur Wasser getrunken. Sie aßen gegrillten Fisch mit gebratenen Zucchini und einem Salat aus Karotten, Radicchio und zartem Baby-Kopfsalat.

Später gesellte sich Alvise mit seinem hinreißenden, grünäugigen Sohn Gianluca zu ihnen, und die beiden Herren machten mit ihnen eine Abendrundfahrt durch die sehr selbstbewußt-romantische City, einen Ausflug, der in einer kleinen, rotlackierten *osteria* in der Nähe des Rialto endete. Hier wurden ihnen Platten mit Baby-Tintenfisch und Schüsseln voll dampfender hellgelber *polenta* vorgesetzt sowie eine eiskalte Flasche *prosecco*. Verzagt beobachtete Sara, wie Sally zuerst die Nase in den *prosecco* steckte und dann den Mund.

»Was du auch tust, du mußt verhindern, daß sie den ersten Schluck trinkt«, hatte der Vater sie gewarnt. »Sie kann nicht aufhören.«

Aber der Vorgang war nicht so eindeutig für Sara. Was sie sah, war ein allmählicher Verlust der Hemmungen, begleitet von übertriebenem Lachen, allzu heftigem Kokettieren und Flirten und winzigen Schlückchen *prosecco,* alternierend mit großen Schlucken Wasser. Sara wußte nicht, was sie tun sollte. Sie aufhalten? Sie weitertrinken lassen? Alle Flaschen in die Kanäle leeren? Die Folgen waren anfangs nicht dramatisch. Nach einer Woche dieses Verhaltens jedoch leerte Sally ganze Flaschen Wein mit Alvise, bestellte mehr und schlief den ganzen Tag in dem dunklen, deprimierenden Vorderzimmer des kleinen Hauses, dessen Läden vor der Morgensonne geschlossen waren.

Ein weiteres faszinierendes Charakteristikum des Hauses war die Tatsache, daß die Leute, die es an Sally vermietet hatten – eine flohzerstochene venezianische *contessa* namens Fiammetta Malfatti und ihr wunderschöner junger Gigolo oder möglicherweise auch Sohn Sante –, das Grundstück niemals wirklich zu verlassen schienen. Sie wohnten angeblich in einer *mansarda* im Haus eines Freundes, gingen in Wirklichkeit jedoch ständig ein und aus; jedesmal, wenn Sally, Sara und Alvise zum Essen ausgingen, tauchten sie auf und huschten im Haus herum wie Ratten.

Sara haßte Venedig, haßte das heruntergekommene Haus mit seinen modernden Fensterläden, den gespenstischen Eigentümern, dem allzu üppigen Garten, den Spinnweben in den Ecken, den Ameisen, die im Gänsemarsch über die Früchte auf dem Frühstückstisch zogen. Für sie war Venedig Tod und Verfall. Menschen, die diese Stadt lieben, dachte sie, sind in den Tod verliebt, fühlen sich von einem ungesunden Sehnen hierhergezogen, den Hauptlebensstrom zu verlassen, um in den toten, stagnierenden Gewässern des Lebens zu verweilen, die sanft und milde sind, weil dort seit fünfhundert Jahren nichts Wichtiges mehr geschehen ist. Die Handelsrouten hatten sich in den Atlantik und Pazifik verlagert, und die Menschen, die weiterhin auf der Adria und dem Mittelmeer herumschipperten, waren für Sara die Verlierer dieser Welt. Kein Wunder, daß sie so vornehm taten.

Was hatte Sally hier zu suchen? Wovor wollte sie sich retten, indem sie vor ihrer Arbeit floh? Sie schlief fast den ganzen Tag hindurch und trank mit Alvise fast die ganze Nacht hindurch. Amerikaner, die kamen, waren beeindruckt von dem dunklen, kleinen Haus mit den mottenzerfressenen Antiquitäten und dem exotischen Garten – dann gingen sie wieder und schwärmten von dem, was sie gesehen hatten. Aber was hatten sie denn gesehen? Entropie und Verfall in exotischer Umgebung – mehr nicht. Das Leben sollte ein Kampf gegen Verfall und Tod sein, doch Sara sah zu, wie ihre Mutter bereitwillig kapitulierte. Sie haßte, was sie sah. Sie haßte die Mutter wegen ihrer Passivität, wegen ihres schlechten Italienisch (Sally nahm an, daß sie es sprechen konnte, doch ihre Sätze schienen aus den Opern des neunzehnten oder aus Kochbüchern des zwanzigsten Jahrhunderts zu stammen), haßte sie, weil sie dem Tod mit ausgestreckten Armen entgegenging.

»Ich brauche dich, damit du mir mit gutem Beispiel vorangehst«, erklärte sie Sally. »Ich brauche dich, damit du stark genug für uns beide bist.«

»Ich habe auch viele Dinge gebraucht, die ich niemals bekommen habe«, gab Sally zurück. »Wie kommst du darauf, daß du gegen den menschlichen Zustand von Tod und Enttäuschung immun wärst?«

»Es ist *nicht* der menschliche Zustand«, widersprach Sara. »Es ist *dein* Zustand. Verzweiflung und Enttäuschung sind nicht alles, was es im Leben gibt, aber du tust, als wären sie das! Es ist deine freie Wahl!«

»Hör auf, mich zu belehren«, sagte Sally. »Ich bin es, die *dich* belehren sollte. *Ich* bin die Mutter.«

»Dann verhalte dich auch so«, sagte Sara.
Sally trank einen weiteren Schluck.
Sara machte einen langen Spaziergang – allein. Dann joggte sie die Fondamenta entlang, wo die Dogana stand, das alte Zollhaus. Dort setzte sie sich, trank einen Kaffee und betrachtete das glitzernde Wasser unterhalb der Kirche des Redentore. Sie verstand den Pessimismus der Mutter nicht, hatte aber das Gefühl, daß er mit seinen Tentakeln wie ein Oktopus auch nach ihr griff. Wenn sie hier bei ihrer Mutter blieb, würde die Verzweiflung siegen. Sie brauchte dieses schwarze Ding mit seinen Saugnäpfen nicht zu verstehen, um es zurückzuweisen. Ihr ganzes Leben lang, so schien es Sara, hatte sie gegen die Verzweiflung ihrer Eltern gekämpft. Hier in Venedig aber gewann die Verzweiflung die Oberhand. Sally hatte sich hier in eine Art Exil begeben. Die Musikszene und der Streß von New York konnten doch bestimmt nicht schlimmer sein als dieser lebende Tod unter einem Himmel, gemalt von Turner oder Tiepolo!

Später wurde Sally in London wieder nüchtern und kehrte zu ihrer Sucht nach den Anonymen Alkoholikern zurück. Aber was Sara in Venedig erlebt hatte, hinterließ einen unauslöschlichen Eindruck bei ihr. In jenem Sommer in Venedig hatte sie sich zu einer eisernen Aversion gegen den Alkohol entschlossen. Und bis zu diesem Tag noch immer keinen einzigen Schluck mehr getrunken.
Aber noch etwas anderes, das sie in Venedig sah, hinterließ einen unauslöschlichen Eindruck bei ihr. In dem zerfallenden alten Haus am Kanal gab es eine ganz außergewöhnliche

Bibliothek mit einer Menge Büchern über Philosophie, Mystizismus und Religion – viele von ihnen auf englisch. Eine Textstelle hatte einen so tiefen Eindruck auf sie gemacht, daß sie sie in ihr Notizbuch kopierte, obwohl es vieles darin gab, das sie nicht ganz verstand:

Wenn der Baal Shem vor einer schwierigen Aufgabe stand, ging er zu einem bestimmten Platz im Wald, entzündete ein Feuer und meditierte im Gebet – und die Aufgabe, die er erfüllen sollte, war erfüllt. Wenn eine Generation später der Maggid von Meseritz vor derselben Aufgabe stand, suchte er denselben Platz im Wald auf und sagte: Ein Feuer können wir nicht mehr entzünden, aber Gebete sprechen können wir immer noch – und das, was er tun sollte, wurde Wirklichkeit. Wiederum eine Generation später stand Rabbi Moishe Lieb von Sassow vor dieser Aufgabe, und auch er begab sich in den Wald und sagte: Wir können kein Feuer mehr entzünden, und wir kennen die geheimen Meditationen nicht mehr, die zu den Gebeten gehören, aber wir kennen den Platz im Wald, zu dem das alles gehört – das muß genügen. Und es genügte. Doch als eine weitere Generation vergangen war und Rabbi Israel von Rishin aufgerufen wurde, diese Aufgabe zu erfüllen, setzte er sich in seinen goldenen Sessel im Schloß und sagte: Wir können kein Feuer entzünden, wir können die Gebete nicht sprechen, wir kennen den Platz nicht, aber wir können die Geschichte davon erzählen, wie es geschah. Und die Geschichte, die er erzählte, hatte die gleiche Wirkung wie die Handlungen der anderen drei.

Montana. Wenn Sara an Montana dachte, sah sie in Gedanken das verwitterte Blockhaus mit dem Blechdach, in dem sie den größten Teil ihrer Kindheit verbracht, und zugleich das Haus, das sie fluchtartig verlassen hatte, als sie gerade vierzehn war. Schroffe, schneeüberpuderte Felsgipfel, dunkelgrüne Wälder an ihren Flanken, weite Täler, in denen man Elchbabies auf staksigen Beinen in den langersehnten Frühling springen sah. Die Lärche im Westen ist gelb, die Koniferen sind dunkelgrün, und die Flüsse sind breit, gewunden und voll fingerlanger Forellen. Die Flüsse in diesem Paradies tragen Namen wie Belly, Big Blackfoot, Bighorn, Milk, Powder, Yellowstone und Wisdom, und die Berge heißen Bitterroot, Swan, Tobacco, Root und Yakt.

Sara lebte am Bear Creek. Als sie älter war, hörte sie entsetzt, daß es zahlreiche Bear Creeks in Montana gab; in ihrer Kindheit war er natürlich der einzige. Ihr Vater und Sandrine Kaplan, die Zigeuner-Künstlerin, mit der er zusammenlebte – sie war Französin, und ihre Eltern hatten blaue Zahlen auf ihren mageren Armen –, hatten mit Brechstangen ein altes Blockhaus niedergerissen, die Balken numeriert und den Fluß bis zu dem Grundstück hinuntertreiben lassen, das sie 1968 für den Gegenwert von sechsundzwanzig Dollar und einer Flasche Schnaps gekauft hatten.

Sandrine war groß, vollbusig, überschwenglich, und ihre Liebe zu Sara war zwar nicht die bedingungslose Liebe einer Mutter, aber da Sara sehr lange keine andere Mutter hatte, klammerte sie sich an Sandrine und lernte eine Menge von ihr – vor allem, wie man mit ihrem Vater umgehen mußte. Außerdem erreichte Sandrine, daß sie Jüdin sein wollte, bevor sie noch mit Sicherheit wußte, daß sie eine war.

»Beweglichkeit ist die Überlebenskunst der Juden«, pflegte Sandrine zu sagen. »Es ist wichtig, daß man einpacken und losziehen, neue Sprachen und Gebräuche lernen kann. Die Rabbis mögen über die Assimilierung schimpfen, wir aber werden am Stolz auf unsere Identität festhalten. Und an unseren heiligen Büchern. Vergiß das niemals, Sara.«

Sandrine war die erste Frau, die ihr das Gefühl gab, Jude zu sein sei eine heroische Bestimmung. Sandrines Eltern hatten die Überzeugung an sie weitergegeben, das Leben sei ein Geschenk, das aus einem Universum von Tod herausgeschnitten wurde. Sandrine wünschte sich verzweifelt Kinder, doch da sie von Saras Vater nicht schwanger wurde, adoptierte sie Sara als ihre geistige Tochter.

Sandrine war an dem Tag dagewesen, als Sara ihre erste Periode bekam. Da war Sara dreizehneinhalb. Seit Wochen hatte sie nur geweint. Geweint über ein junges Waldhuhn mit gebrochenem Bein, geweint, sobald ihr Vater sagte: »Pssst! Ich schreibe!« Geweint, sobald man sie bat, eine Arbeit im Haushalt zu übernehmen. Schließlich war Sandrine so verzweifelt, daß sie Sara einen Eimer Wasser über den Kopf goß. Davon wurde Sara sofort nüchtern. Sie umschlang Sandrine mit beiden Armen und sagte: »Ich liebe dich, Sandrine. Ganz ehrlich!«

Später fand sie Blut in ihrem weißen Schlüpfer, einen schwärzlich-roten Flecken, der aussah, als werde er nie wieder rausgehen. Sie schloß sich im einzigen Badezimmer ein und fragte sich, ob sie krank oder ob dies »es« sei. Sandrine begann an die verschlossene Tür zu hämmern.

»Eine *Sekunde!*« schrie Sara.

»Laß mich rein!« schrie Sandrine zurück.

Widerwillig drehte Sara den Schlüssel um. Und blickte hilflos von ihrem Toilettensitz auf.
»Ist das *es?*« fragte sie Sandrine.
»O mein Gott, mein Baby!« rief Sandrine. Dann schlug sie Sara auf die Wange und nahm sie sofort danach in den Arm.
»Warum hast du mich geschlagen?«
»Weil es Glück bringt«, sagte Sandrine. »Ein altes Ritual.«
»*Warum* soll das Glück bringen?« fragte Sara.
»Verdammt, ich kann mich nicht erinnern«, antwortete Sandrine. »Aber ich mußte es einfach tun. Meine Mutter hat das bei mir auch gemacht.«
»Ich finde, das ist ein dummer Grund«, sagte Sara.
»Mag sein, daß du das jetzt findest. Aber wenn du dann eine Tochter hast, wirst du sicher anders denken.«
»Siehst du in mir deine Tochter?« fragte Sara.
»Warum stellst du so törichte Fragen?« gab Sandrine zurück, während ihr die Tränen über die Wangen liefen. Dann suchte sie unter dem Waschbecken nach einer Schachtel Binden, ging hinaus, um Sara einen frischen Schlüpfer zu holen, und zeigte ihr, wie man die Binde im Schritt des Schlüpfers befestigte. Dann warf sie den blutverschmierten Schlüpfer ins Waschbecken und ließ kaltes Wasser über den Zwickel laufen.
»Immer nur kaltes Wasser«, warnte Sandrine, »sonst setzt sich das Blut fest.« Zu Saras Verwunderung rieb sie den blutigen Schlüpfer mit beiden Händen unter dem kalten Wasser.
»Nichts Schlimmes, ein bißchen Blut«, sagte sie gelassen. »Der Saft des Lebens.«

»Was geht hier vor?« rief Saras Vater von seinem Schreibtisch herüber.

»Gar nichts!« rief Sandrine zurück. »Kümmer dich um deine eigenen verdammten Angelegenheiten!«

Aber Sara war überzeugt, daß sie es ihm später erzählt hatte, denn er war an jenem Tag und am Tag darauf besonders liebevoll zu ihr.

Ihr Vater. Wie sollte sie ihn beschreiben? Er war ein Mann, der seine politische Überzeugung benutzte, um seine menschlichen Defizite zu vertuschen. Er war weitaus gefühlsärmer als Sandrine, aber er schrieb Gedichte, die auf die Frauen so wirkten, daß sie ihn für gefühlvoll hielten. Das, sein Schnauzbart und die aufgedunsenen Ringe unter seinen traurigen Augen. (Sara wußte, daß die nur vom Schnaps kamen.) Er und Sandrine waren mit einer Ausgabe des *Whole Earth Catalogue* und einer Kettensäge nach Montana gekommen. Sie hatten keine Ahnung, was ihnen im Winter blühen würde. Schon stärkeren Typen als ihnen hatte diese Landschaft Zähne, Nase und Rücken gebrochen.

Aber sie ließen nicht locker. Sobald sie die Blockhütte wieder aufgebaut und ihr ein blitzblankes neues Blechdach verpaßt hatten, besaß das Haus sie nicht weniger als sie das Haus. Im Winter kam es vor, daß der Schnee hüfthoch lag. Doch wenn er schmolz, blühten blaue Lupinen, scharlachrote Kastileen, Astern, Alpenmohn und Akelei alle auf einmal. Doch selbst dieses Blühen konnte Saras ganz persönliche Einsamkeit nicht heilen. Das konnte erst später Doves Geburt. Das Kind hatte das bodenlose Loch in Saras Herzen ausgefüllt. Sie erinnerte sich an das ganz und gar unerwartete Glücksgefühl, als sie zum erstenmal das weiche Köpfchen und die tintenblauen Augen sah. Sie war zugleich wahnsinnig glücklich und zutiefst verschreckt. Denn plötzlich schien dieses winzige Köpfchen von allen Katastrophen der Geschichte bedroht zu werden.

Eines Abends in Venedig ging Sara mit Gianluca, dem Sohn von Grandini-Piccolini, zum Trinken aus. Da sein Vater ein Fürst war, nahm sie an, daß er ein Prinz sei. Sie »spielte mit ihm herum«, das heißt, sie tauschten in einer engen Gasse das, was Saras coole Freunde als *face sucking* bezeichneten – Zungenküsse –, während er ihre Brüste betastete und seine Erektion gegen sie preßte. Aids und der Ruf ihrer Mutter hatten Sara zwar bewogen, an ihrer Jungfräulichkeit festzuhalten, aber sie sagte sich, ein bißchen »Rumspielen« sei schon okay. Dennoch kam sie sich ganz schön blöd vor, als Gianluca in seinem sorgfältigen Englisch sagte: »Ich rufe dich an« und es dann nicht tat.

»Das sagen sie immer«, behauptete ihre Mutter. »Das hat nichts zu bedeuten.«

Die Tatsache, daß er nicht anrief, war der erste Dolchstoß ins Herz für sie gewesen, der Kommentar ihrer Mutter war der zweite. Jedesmal, wenn sie sich elend fühlte, wußte die Mutter genau, wie sie bewirken konnte, daß sie sich noch elender fühlte.

»Glaubst du, *ich* würde nicht auch gern noch mal von vorn anfangen?« schrie ihre Mutter. »Und wieder jung sein? Aber verdammt noch mal, das kann ich nicht! Weil ich zu beschissen alt dafür bin!« (Das war 1995, und Sally war erst siebenundvierzig. Sie war immer noch sexy, und die Männer machten ihr in allen Sprachen Anträge. Was, zum Teufel, war mit ihr los? Was immer es war – es war alles in ihrem Kopf.)

»Du bist wunderschön, Mom, und die Männer sind verrückt nach dir!« Sara war speziell bemüht, Sally »Mom« zu nennen, obwohl es ihr ziemlich abwegig vorkam.

»Die Männer sind verrückt, da hast du recht. Ich bin so ein Dummkopf!« Sally brach in Tränen aus. »Als ich noch jung und schön war, wußte ich das nicht, aber jetzt, da du jung und schön bist, weiß ich es!«

Und dann – irgendwie von Sallys Ausbruch ausgelöst und weil sie sich ein bißchen besser fühlen wollte – tat Sally etwas, nach dem sie sich nur noch elender fühlte: Sie rief Gianluca an. Zu ihrem Entsetzen meldete sich ein kicherndes Mädchen. »*Una straniera*«, sagte sie verächtlich auf diese Art der Italiener, die darauf hinweist, daß es die größte aller Sünden ist, Ausländer zu sein. Hastig legte Sara den Hörer auf. Sie war niedergeschmettert.

Als sie sich an all das erinnerte, was für sie, wie es schien, vor einem ganzen Jahrhundert geschehen war – sowohl ihre Enttäuschung als auch die enttäuschende Reaktion der Mutter darauf –, fand Sara, sie hätte nicht so überrascht sein dürfen von dem Wankelmut, den Lloyd jüngst an den Tag gelegt hatte. Irgendwie wußte sie, daß man Männer an ihrem Schwanz herumführen konnte, daß sie dazu neigten, sich vorübergehend in jede zu verlieben, der es gelang, dieses mutwillige Organ zum Strammstehen zu bringen. Es hatte wirklich nicht viel zu bedeuten. Die Männer waren von ihren Gefühlen und Erektionen genauso überrascht wie die Frauen, die sie betrogen und enttäuschten. Sie waren einem mehr oder weniger langen Stück Fleisch aus Muskeln, Blutgefäßen und Haut, das niemals lang und niemals fest genug zu sein schien, auf Gnade und Ungnade ausgeliefert. Die Frauen verfügten wenigstens über beständigere Werte. Ganz allmählich begann Sara zu begreifen, daß nichts so wichtig war wie ihre Arbeit und Dove. Und Saras Arbeit verlangte jetzt, daß sie ihre Vorfahren, daß sie ihre Erinnerung selbst erfand.

In Saras Traum gibt es einen Engel mit rußschwarzen Flügeln, mit einem hohen schwarzen Seidenhut, einem mit Zobel in der Farbe seines langen Bartes gefütterten Umhang und den tintenblauen Augen eines Babys. Als sie ihn ansieht, begreift sie, daß er ebenso *ihr* Engel ist wie der von Sarah Sophia. Das heißt also der Engel, der sie alle nach Amerika gebracht, der ihren hundertjährigen Tanz choreographiert hat. Dieser Engel wird Dove vor den Wechselfällen des Lebens beschützen. Er wird auf ihrer Schulter sitzen wie Sarah auf der Schulter ihrer Urenkelin. Er könnte tatsächlich Doves Alter ego Dovie sein. Wandern Seelen über die Generationen mit? »Warum diese Möglichkeit verneinen?« murmelt die träumende Sara vor sich hin, während sie allmählich erwacht.

Und dann verwandelt sich der Engel auf die für Träume typische unberechenbare Art und Weise in David de Hirsch.

Während der Traum noch immer die Wirklichkeit beherrscht, nimmt Sara verschlafen eine Morgendusche. Als sie herauskommt und in den – vom Wasserdunst noch beschlagenen – Badezimmerspiegel blickt, sieht sie plötzlich Sarah Sophia, wie sie auf jenem ersten, trotzigen Foto erscheint. Die gleichen Haare, der gleiche energische Mund, die gleichen sanften, tiefen Augen. In diesem Moment weiß Sara mit Sicherheit, daß Sarah Sophia ihre Urgroßmutter ist und daß sie so sicher in die Unerschrockenheit ihrer Urgroßmutter hineinwächst, wie ein Geraniensteckling in kürzester Zeit seinen Blumentopf ausfüllt.

Seit langer Zeit hat Sara kein Gedicht mehr geschrieben, nicht seit sie Lloyd geheiratet hat; nun aber setzt sie sich an ihren Schreibtisch und kritzelt folgendes Gedicht in ihr Notizbuch:

Ich pflanze mein Herz in die Erde.
Ich gieße es mit Licht.
Die zarten grünen Tentakel
des Frühlings drängen zum Licht.
Sie durchstoßen die Erde wie fette,
ringelnde Würmer und
lockern sie. Licht in der Dunkelheit.
Sie öffnen die Kanäle und Passagen,
die den Strom des Lebens fließen lassen.
Ihnen folgt süßer Duft.
Der süße Duft der jungen Erbsenschote,
das Ginkgo-Blatt im Mai,
die klebrigen Knospen der Hängekirsche
springen noch nicht,
der Flaum der Weidenkätzchen
in der rosigen Stunde
vor Tagesanbruch,
die kleinen grünen Pfeile des Krokus
durchstoßen eine Glasur
von bläulichem Schnee.

O Licht, das Leben nährt –
laß uns der Spiegel
deines Glanzes sein.
Laß uns deine reine Energie
spiegeln, nicht dämpfen.
Auf daß wir Geber des Lichtes seien.
Eine matte Erde dreht sich
um ihre rostige Achse.
Die schmerzerfüllten Echos der Sterbenden
füllen die Ohren Gottes –
der reagiert, indem er
Herzen voll Licht pflanzt,
Herzen in die sich regende Erde.
Laß uns lernen, dieses unendliche
Erschaffen neuer Herzen zu imitieren.
Luft, Wasser, Erde sind alles, was wir
brauchen.
Und das Wunder des Herzens
voller lebendigem Licht.

Sara schreibt fast so schnell wie ihre Gedanken, die übereinanderpurzeln wie Kiesel in einem rauschenden Bach. Dann kommt auf einmal Dove herein und reibt sich verschlafen die Augen.

»Ich hab' so schlecht geträumt, Mommy, aber ich erinnere mich nicht daran. Von Ungeheuern...«

»Das Licht verscheucht die Ungeheuer, mein Liebling. Aber sogar bei Nacht sind sie nicht so mächtig, wie sie aussehen. Die tun immer nur so, diese Ungeheuer, weil sie nämlich in Wirklichkeit Angst vor dir haben.«

»Ehrlich?« fragte Dove. Ihr Ausdruck ist eine dieser »Kann-ich-dir-wirklich-trauen?«-Mienen, auf die Sechsjährige sich spezialisiert zu haben scheinen.

»Ehrlich«, beteuert Sara. »Ungeheuer sind die ängstlichsten Tiere von allen.«

Wie Sara merkt, hat Dove sich entschlossen, ihr zu vertrauen. Auf einmal steigt Jubel in ihr auf. Doves Vertrauen in sie macht jede Menge Verrat wett.

Als Sara später am selben Tag in der Bibliothek des Council arbeitet, fühlt sie sich genötigt, einen Brief an David de Hirsch zu schreiben:

Lieber David,
ich möchte Dich bitten, für eine Weile nicht mehr für mich zu kochen. Du kennst mich nicht, und im Grunde kenne ich mich nicht einmal selber richtig. Ich kann nicht geben, was mir nicht gehört, nämlich mich selbst. Vielleicht kommt einmal eine Zeit, da ich mich selber besser kenne und Deine Freundin sein kann. Du warst schon jetzt auf eine Art, von der Du nichts ahnst, so etwas wie ein Schutzengel für mich.
Sara

Und an Lloyd schreibt sie:

Lieber Lloyd,
mir ist jetzt klar, daß ich viel zu jung geheiratet habe, daß ich nicht wirklich wußte, was ich wollte, sondern nur eine Zuflucht suchte. Ich glaube, Du solltest Dich dazu entschließen, dort zu bleiben, wo Du bist – es ist für uns beide besser.

Aber ich erwarte von Dir, daß Du Dich mit mir fair in die Erziehung unseres Kindes teilst, und hoffe, daß ich nicht vor Gericht gehen muß, damit das geschieht. Eines Tages werden wir hoffentlich wieder Verbündete sein – für Dove.
Sara

Sara weiß, wenn sie die Reise mit dem Engel antreten will, die ihr bestimmt ist, muß sie sich von beiden Männern lösen. Von Dove abgesehen, wird sie eine Zeitlang in den Schatten weilen müssen. Hatte Sally nicht gehofft, daß sie ihr so wenig ähnlich wie möglich sein werde? Mit dem Prozeß der Trennung beginnt sie erst jetzt, das ist Sara klar.

»Um mich von ihnen lösen zu können«, schreibt Sara in ihr Notizbuch, »muß ich meine Vorfahren finden.« Anschließend notiert sie folgendes für sich selbst:

Sarahs auf Band gesprochene Geschichte ist von unschätzbarem Wert – selbst in ihrer Rohfassung. Ich muß natürlich eine Menge Zwischenbemerkungen darüber rausschneiden, wie sehr sie Kassettenrecorder haßt und ob sie auch alles richtig macht. Außerdem werde ich ihre Erinnerungen in eine annähernd chronologische Reihenfolge bringen. Ich wünschte, ich könnte auch ihren Akzent festhalten. Sie klingt wie ein alter, jiddischer Komödiant – aber *sie* glaubt, die Leute hielten das für einen französischen Akzent, und das sei der Grund, warum sie sie manchmal nur schwer verstehen.

Salomes Unterlagen bestehen fast ausschließlich aus Briefen und Tagebüchern, aber ich bin immer noch überzeugt, daß das Manuskript von *Tanzend nach Amerika* irgendwo in den

Tiefen der Krypta des Council vergraben liegt. In einer Bibliothek verlorenzugehen war das Schicksal sehr vieler großer Werke.

Die Dokumente aus Sallys Leben sind dagegen ganz anders als Sarahs Erzählungen oder Salomes Briefe und Tagebücher. Ihre Unterlagen bestehen aus Massen visuellen Materials: Hochglanzfotos von Konzerten, gefaltete Poster, Albumhüllen, Pressemappen, Fragmente aus Interviews. Das einzig vollständige ist jenes, das *Rolling Stone* niemals brachte. Während ich mich durch die Pappkartons arbeite, sehe ich Sally vom Teenager mit klarem Gesichtchen zu einer Frau in den mittleren Jahren mit kräftigem Kinn heranwachsen. In ihrer Jugend vermochte sie instinktiv mit dem Publikum, dem großen, anonymen Publikum, zu spielen. Sie war ein schüchterner Mensch, der bei einem Gespräch im Wohnzimmer verlegen werden konnte, vor Tausenden von Zuhörern dagegen fühlte sie sich geliebt, sicher, verehrt – vor allem, wenn niemand im Saal war, den sie kannte.

Daß es kein Leben nach diesem Leben gab, ist nicht überraschend. Auftreten auf riesigen Bühnen, zur Stimme der stimmlosen Masse zu werden, zu ihrem Schweiß, ihrem Geruch, frißt den Menschen ganz und gar auf. Was könnte danach denn noch kommen? Wie könnte man sich neu erfinden? So ging sie auf die übliche Art ihrer Generation in Flammen auf: Alkohol, Drogen, Männer. Auf der Suche nach dem Geist fand sie den Weingeist. Auf der Suche nach Ekstase fand sie Selbstzerstörung. Das Gegenmittel war Entzug. Aber wie kann man dem Dasein als Künstler »entzogen« werden? Wenn das Wesentliche an dem Job, den man ausübt, ist, sich jedesmal neu und immer wieder zu erschaffen – wie bringt man das fertig, ohne Gott zu werden?

Wieder zurück in Venedig. Es war ein furchtbarer Sommer. Sara erinnerte sich, wie gern sie auf und davon gegangen wäre und wie gefangen sie dort war.

»Geh nicht, warte bis *Redentore*«, bat die Mutter. *Redentore* war ein Festtag, mit dem das Ende der Pest im fünfzehnten Jahrhundert gefeiert wurde. Die Venezianer bildeten aus Booten Brücken von San Marco bis Salute und Giudecca; sie schmückten ihre Wasserfahrzeuge mit Blumen und legten sich lang ausgestreckt hinein, tranken und tranken, bis sie restlos betrunken waren und auf das blendende, festliche Feuerwerk starrten, das zur Musik von Vivaldi am Abendhimmel explodierte.

Redentore war ein beliebter Feiertag, einer von jenen, die dem gemeinen Volk seit der Zeit des Römischen Reichs als Knochen vorgeworfen wurden, damit es sein elendes Los geduldiger ertrug. Sara hatte gleich nach ihrer Demütigung durch Gianluca abreisen wollen, doch jedermann wartete auf *Redentore,* wartete auf den Erlöser – taten wir das nicht alle? Also blieb sie. Blieb in diesem schmutzigen, unordentlichen Haus, in dem ihre Mutter trank, blieb in der Hitze und dem Gestank dieser Abwasserstadt, blieb inmitten der hinterhältigen Venezianer, die in ihr nur die *straniera* sahen, und entkam schließlich am Tag nach dem Erlöserfest zusammen mit Tausenden von Tagestouristen, die in Booten oder auf den Straßen und unter den Torbogen der Stadt geschlafen hatten.

Niemals in ihrem Leben hatte sie einen Ort so gern hinter

sich gelassen. Im Zug nahm sie sich vor, ihre Mutter niemals wiederzusehen. Sie will mir nichts Gutes, redete sie sich ein, und obwohl sie meine Mutter ist, sehe ich keinen Grund, mich in der Nähe von Menschen aufzuhalten, die mir nichts Gutes wollen.

Die andere Erinnerung, die sie an Sally hatte, war viel freundlicher als die von Venedig.
Sie nannte sie immer ihren »Holden-Caulfield-Tag in New York«.
In Montana hatte Sara, als sie vierzehn war, im Haus ihres Vaters einen Brief von ihrer Mutter gefunden – sie hatte also doch eine Mutter! –, gefaltet um eine vergilbte Geburtsurkunde (ihre eigene!), versteckt in einer Zigarrenkiste in der untersten Schreibtischschublade ihres Vaters. Er begann mit einem geheimnisvollen Fragment:

>Jazz, Jazz, Jazzbos
>und *flapper* in Perlenkleidchen
>die den Black Bottom tanzen
>slumming auf dem Great Black Way
>in Harlem
>in den Zwanzigern
>die Original-Broadway-Babies
>Badewannen-Gin trinkend
>
>meine Mutter, in was für einer Welt
>bist du aufgewachsen
>nunmehr die meine

Dann ging es weiter:

Sara muß jetzt vierzehn sein. Daß Du so grausam sein kannst, mir jeden Kontakt mit ihr zu verbieten, ist nicht zu glauben! Meine Meditationen über meine eigene Mutter bleiben ein wichtiger Teil meiner Identität. (Siehe Gedicht oben.) Ich weiß, daß Sara mich braucht, und ich brauche sie. Sie wird Dich nur dafür *hassen,* daß Du uns voneinander trennst. Ist Dir das nicht klar? Ich werde nie aufhören, Dich zu verfluchen, bis Du ihr sagst, daß ich am Leben bin und sie liebe! Meine Flüche sind mächtig. Sieh nur, was sie aus mir gemacht haben!
                    Sally

Und die Geburtsanzeige aus einer Ausgabe der Zeitschrift *People* aus dem Jahr 1978 lautete:
Sally Skys jüngster Hit: Baby Sara Sky-Wyndham, geboren am 1. August in New York City, Tochter von Folksonglegende Sally Sky und Ham Wyndham, Kriegsdienstverweigerer und Dichter. Baby Sara singt ihr erstes Wiegenlied für Mama Sally Sky.

Außerdem gab es ein körniges, verblaßtes Farbfoto von einer wunderschönen, lächelnden, erdbeerblonden Frau, die liebevoll auf einen Winzling von Neugeborenen einredete, der mit weit aufgerissenem Mund schrie.

Sara stieg das Blut ins Gesicht, als sie den stibitzten Brief und die verwunderliche Geburtsanzeige las. Jetzt wußte sie, daß sie eine richtige Mutter hatte, und der Absender war der Beweis dafür. Aber wie seltsam, daß ihre Mutter eine Frau war, deren *Songs* sie kannte! *Listen to Your Voice* war ihr Lieblingslied, solange sie denken konnte.

Von ihren Geburtstagen und vom Babysitting hatte sich Sara ein bißchen Geld gespart. Außerdem hatte sie eine New Yorker Adresse – eine Galerie in der Fifty-sixth Street. Sie hinterließ eine hingekritzelte Nachricht: GEHE MEINE MUTTER SUCHEN! Und nahm den Bus nach Bozeman, der vor der Eisenwarenhandlung von Bear Creek hielt.

In Bozeman stieg Sara in einen Bus nach Chicago um. In Chicago stieg sie in einen Bus nach Cleveland um, und in Cleveland stieg sie in einen Bus nach Pittsburgh um. Von dort nach New York war es nur noch ein Katzensprung.

Das Greyhound-Ticket hatte sie 149 Dollar gekostet. Nur hin. *It's a dog of a way to get around*, wie Harry Chapin sang. Aber sie hatte ein Ziel vor Augen: eine echte, lebende Mutter in New York City. Und sie würde sie auch finden!

Sollte die blaue Chemietoilette hinten im Bus überlaufen; sollten die Passagiere furzen; sollte der Kerl mit dem Zweitagebart und dem trägen Blick auf ihren Busen starren – sie war auf dem Weg, ihr Geburtsrecht einzufordern.

New York war eine Offenbarung – angefangen bei dem Dreck und der bedrohlichen Atmosphäre im Port Authority Bus Terminal. Noch nie hatte Sara gesehen, daß Penner auf der Straße lagen, mit Schwären bedeckte Männer mit vergammelten Pappbechern voll Kleingeld rappelten und Frauen, die auf zerlumpten Wolldecken saßen, verdreckte Babies emporhielten – zusammen mit Schildern, auf denen stand: MUSS PAMPERS KAUFEN – BITTE UM HILFE oder OBDACHLOS UND HUNGRIG. Die Fahrt war das Fegefeuer gewesen, der Busbahnhof war die Hölle.

Sara kannte sich nicht aus in New York; sie hatte nur die

Fernsehsendungen gesehen. Sie war ein Mädchen vom Land. New York fiel mit der Wucht seiner Hektik über sie her, seinen traurigen, umherwandernden Obdachlosen, seinen mehr-als-ständig-beschäftigten Reichen (die schnell ausschritten und starr geradeaus blickten, damit sie die Obdachlosen nicht sehen mußten), seinen Nebenstraßen voll qualmender Trucks, seinen Verkehrsstaus, seinem Straßengitterwerk, seinem fettigen Ruß, der sich in die Augen setzte und an der Nase klebte.

Vom Port Authority aus ging sie nach Osten, ohne so recht zu wissen, wohin sie ging. Auf dem Rücken trug sie einen alten Rucksack, an den Füßen Doc Martens, dazu Levi's, einen purpurroten Rollkragenpullover und einen grünen Nylonparka, der sie vor der Kälte schützte. Es war Januar, der Tag war eiskalt, aber strahlend sonnig.

Entsorgte, von Lametta durchzogene Weihnachtsbäume lugten aus den Abfallkörben oder lagen schräg über Bordstein und Straße. New York hatte mehr Müll, als sie jemals an einem Ort gesehen hatte! Sie hatte die ganze Nacht nicht geschlafen, aber die pure Energie dieser Stadt ließ sie sofort hellwach werden. Die City war ein Dynamo, lieferte ihre eigene Energie, drehte sich Tag und Nacht, um Hitze, Licht und Feuer zu produzieren. Was aber trieb den Dynamo an? Ehrgeiz. Das Streben von Millionen und Abermillionen Menschen, die von überall her kamen, um hier einfach alles zu suchen: Erregung, Geld, Sex, Ruhm, ein besseres Leben.

Ob sie es fanden? Die meisten nicht. Manche liefen kreischend durch die Straßen, waren in New York verrückt geworden. Manche wurden cracksüchtig und landeten in vergammelten Hotels im Kotzdistrikt der Forty-second Street.

Manche schafften es auf die andere Seite der Stadt, wo sie den Blick von jedem abwandten, der sie an ihre Herkunft erinnerte.

Aber der Puls der City war anders als alles, was Sara jemals gefühlt hatte. Er war ein großes Herz, das schlug, und die Arterien, die es nährten, pulsierten von hellrotem, arteriellem Blut. Sara ging ostwärts bis zum Times Square, machte dann jedoch den Fehler, dem Broadway ein oder zwei Blocks weit Richtung Downtown zu folgen, weil sie dachte, es sei die Fifth Avenue. Hier verlor sie ein wenig die Orientierung. An der Thirty-ninth Street wandte sie sich wieder nach Osten und hoffte, daß sie sich nicht verlaufen hatte. Ein glasig blickender Mann mit Dreadlocks näherte sich ihr und blies ihr stinkenden Rauch ins Gesicht. »Joint, Baby?« fragte er sie. Sie setzte sich in Trab. Als sie endlich die Fifth erreichte, richtete sie sich hoch auf und machte sich Richtung Uptown auf den Weg.

Erst als sie den schweren Beaux-Arts-Klotz der New Yorker Public Library mit seinen weißen Löwen, den flachen Marmorstufen und den eingemeißelten Namen der alten Förderer entdeckte, wußte sie, daß sie auf dem richtigen Weg war. Sie setzte sich auf die Stufen der Bibliothek und zog einen zerfledderten Stadtplan von New York heraus, der mindestens zwanzig Jahre alt war (sie hatte ihn aus dem Regal, in dem die Reisebücher ihres Vaters standen, hatte ihn sogar aus einem Buch gerissen – ein Verbrechen in ihrer Familie). Dann folgte sie der Fifth Avenue nach Norden. Als sie ans Rockefeller Center kam, mußte sie einen Abstecher machen und sich die Eisbahn, den großen goldenen Prometheus mit dem Feuer (offensichtlich ohne die bekannten Folgen für seine Leber) und das kleine Gäßchen mit den Engeln aus Draht und Licht ansehen, die mit ihren Trompeten die Weihnachtszeit ankündigten. An Atlas, der die Weltkugel trug, ging sie vorbei, bestaunte Saint Patrick's unmittelbar gegenüber und ging dann auf die andere Straßenseite, um sich die Kleider, Schuhe und Schmuckstücke in den Schaufenstern anzusehen. In Montana hatte man keine Möglichkeit, derartige Dinge zu tragen – aber hier... Allein der Gedanke machte sie benommen.

An der Fifty-sixth Street bog sie irrtümlich nach Osten ab, korrigierte ihren Fehler aber sofort und wandte sich nach Westen. Das Haus, das sie suchte, lag zwischen der Fifth und der Sixth Avenue, und anfangs geriet sie fast in Panik, weil sie dachte, es wäre überhaupt nicht da. Zweimal mußte sie die Fifty-sixth Street überqueren, bevor sie das diskrete Schild aus rostfreiem Stahl mit der Aufschrift *Levitsky Gallery* entdeckte, das an einer weißen Marmorfassade befestigt war.

Als sie die Glocke läutete, dachte sie daran, wie sie aussehen mußte – eine Landpomeranze aus Montana, die die Glocke eines eleganten Stadthauses in New York läutete.

Die Tür ging auf. Geöffnet wurde sie von einer überwältigend schönen Blondine in einem kurzen, schwingenden schwarzen Wollkleid, das bis an ihre Oberschenkel reichte (die unter einer schimmernden, halb durchsichtigen schwarzen Strumpfhose sichtbar waren). Sie musterte die provinzlerisch-unförmige Gestalt, die Sara war, und sagte: »Wir brauchen nichts.«

»Wie bitte?« fragte Sara entgeistert.

Die Blondine wollte die Tür wieder schließen. (Drinnen erspähte Sara ein weißes Zimmer voller Gemälde, sahneweiße japanische Paravents als Raumteiler und dahinter einen langgestreckten, rechteckigen Garten mit einem japanischen Teehaus, einem japanischen, geharkten Sandgarten und überschneiten Felsbrocken.)

Während die Blondine versuchte, die Tür zu schließen, nahm Sara ihren Rucksack ab und suchte darin herum. Sie zog ein Stück Papier heraus, das so oft gefaltet worden war, daß es wie eine alte Schatzkarte aussah.

»Ms. Levitsky?« erkundigte sich Sara nervös. Und: »Ms. Sky?«

Die Blondine zögerte. Sie wollte diesen Eindringling zwar loswerden, aber der Eindringling schien eindeutig mehr als das zu sein.

»Ich bin Ms. Robinowitz«, sagte die Blondine, »und eine der Eigentümerinnen der Galerie. Ms. Levitsky ist oben. Ms. Sky ist bei ihr. Wer sind Sie?«

»Sara Wyndham, Ma'am«, antwortete Sara, die sich wie ein Idiot vorkam – wie Huck Finn, als er »sivilisiert« werden sollte, oder Holden Caulfield, der sich in die Wohnung seiner Eltern schlich, als sie nicht da waren. Andere Kinder starrten in die Glotze, aber Sara fand nichts schöner, als sich so richtig in ein Buch zu vertiefen.

Allmählich begann Sara da draußen auf der Marmortreppe zu frieren. Angst und Müdigkeit fielen über sie her.

Die Blondine musterte sie argwöhnisch, schien ihren potentiellen Gewinn und Verlust zu kalkulieren.

»Kommen Sie rein«, sagte sie widerwillig.

Die Galerie sah aus, wie eine Galerie im Kino aussieht. Es gab gerade eine Ausstellung. Sara erkannte Arbeiten von Picasso und anderen berühmten Künstlern.

»Wir zeigen eine Gedenkausstellung«, sagte die Blondine, ohne Näheres zu erklären. Mit ihren schweren schwarzen Plateaustiefeln stapfte sie zum Telefon, drückte auf ein paar Knöpfe (der Apparat hatte mehr Knöpfe, als Sara jemals gesehen hatte, höchstens in einer Bank!) und flüsterte etwas in die Sprechmuschel. Plötzlich regte sich was im Treppenhaus, und eine Frau mittleren Alters, mit langen roten Haaren, einem langen blauen Kaschmirsweater, schwarzen Kaschmirleggings und weichen Lederstiefeln in Kobaltblau kam die Treppe heruntergelaufen. »Sara! Mein Baby!« rief sie, während sie auf ihre primitiv gekleidete Tochter zulief.

Kurz darauf öffnete sich die Fahrstuhltür im hinteren Teil der Galerie, und eine silberhaarige Lady in eleganten schwarzen Slacks, grauer Seidenbluse und jeder Menge silberblauer Perlen trat heraus.

»Kann das wirklich wahr sein? Ist das Sara?« erkundigte sich die ältere Frau. »Laß mich dein *ponim* sehen...« Und während sie auf Sara zukam, begann Salome Levitsky Wallinsky Robinowitz zu weinen. »Ich hätte nie gedacht, daß ich *majn schejne kind* je wiedersehen würde!«

Inzwischen aber hatte Sally die Arme um den verdutzten Teenager geschlungen.

»Liebling«, schluchzte sie. »Mein Liebling!«

Die Zeit schien stillzustehen, als die drei eleganten New Yorker Damen Sara aus Montana betrachteten, Sara mit ihrem Rucksack, den abgewetzten Doc Martens, den ausgebeulten Jeans und dem verdreckten Parka.

»Sally? Sally Sky?« fragte Sara. Und Sally vermochte kein Wort zu sagen, weil sie so heftig weinen mußte. Aber Sara weinte auch.

Später wurde sie immer wieder von Salome geküßt, und Sally machte buchstäblich Luftsprünge vor Freude. Zu jener Zeit war Sally trocken und nahm gewissenhaft an den Treffen der Anonymen Alkoholiker in der Saint Thomas Church und im Citicorp Center teil. Sie war gelassen, ausgeglichen und in der Lage, die Komplikationen des Lebens zu akzeptieren.
»Wir müssen so vieles nachholen«, sagte sie zu Sara. »So unendlich vieles nachholen. Wo fangen wir an?«

Sally lebte inzwischen in London. Sie war nur für die Gedenkausstellung, die ihren Großeltern Sarah und Lev Levitsky gewidmet war, nach Hause gekommen. Die beiden waren innerhalb weniger Wochen nacheinander gestorben, Sarah mit gerade hundert, Levitsky mit möglicherweise über hundert, aber wer konnte seine Geburtsurkunde finden? Ihr Heimgang war ebenso seltsam, wie ihre Ehe es gewesen war. Zuerst kam er mit einer Lungenentzündung ins Krankenhaus; dann sie. Im Sterben murmelte sie noch etwas über den Todesengel und daß ihre Urenkelin wegen der Verwechslungsgefahr niemals ihren Namen hätte bekommen dürfen. Aber Sara war in Montana, und der alles sehende *malech-amoweß* konnte wohl nicht ganz so weit sehen. Die Familie mochte Levitsky nicht sagen, daß sie gestorben war, weil sie fürchtete, er werde an gebrochenem Herzen sterben, und trug sie in aller Eile zu Grabe. Als Salome am Abend der

Beerdigung jedoch an Levitskys Krankenbett stand, während ihr lautlos die Tränen über die Wangen liefen, sagte er: »Ich höre, wie Mama mich vom Himmel aus ruft. *Nu, wie lange willst du noch warten?* fragt sie mich immer wieder.« Früh am nächsten Morgen starb auch er.

Sally wohnte bei Salome, und beide kamen miteinander aus – wenn auch nur, weil sie einen gemeinsamen Feind hatten: die von ihrem Mann getrennt lebende Ehefrau von Sallys Halbbruder Lorenzo, die gekommen war, um den Anteil ihres Mannes (und den der Kinder) an der Galerie zu beanspruchen, und die erst wieder gehen wollte, wenn sie den hatte. (Renzo hatte hier und da in Europa verstreut noch weitere Kinder hinterlassen, die ihr Erbe möglicherweise ebenfalls beanspruchen würden.) Die sehr blonde, sehr herrschsüchtige Babs Robinowitz war Kunsthistorikerin und hatte, bevor sie Renzo heiratete, in der Galerie gearbeitet. Außerdem war sie hinter den Schlüsseln zu dem berühmten Safe in Lugano her und wollte den Verkauf der Galerie forcieren, um den Erlös anschließend zu teilen. In diesen häßlichen Streit war Sara hereingeplatzt.

Inzwischen behauptete Renzo – nachdem er das ganze Geld, das er sich von Lev, Sarah und Salome erbetteln, borgen oder per Manipulation besorgen konnte, durchgebracht hatte –, wieder einmal pleite zu sein. Er war ein *luftmensch,* der sich einbildete, Produzent zu sein, und hatte ständig die verrücktesten Pläne: das Gay-Musical *Hamlet,* das mit Pauken und Trompeten durchfiel, eine neu entdeckte Shakespeare-Komödie, die, wie sich herausstellte, gar nicht von Shakespeare, ja nicht einmal vom Earl of Oxford war. All diese Produktionsprojekte verschlangen Geld, solange es ging, und kehrten dann den Bauch nach oben. Babs hatte ihn ebenfalls gründlich satt, aber sie hatte sich nie die Mühe gemacht, sich von ihm scheiden zu lassen.

Renzo lebte in Lugano mit einem alternden deutschen Supermodel namens Ursula zusammen, die glaubte, er werde sie zum Star in *The Dark Lady* machen, einem Londoner Musical, das auf den Sonetten basierte.

Die Testamente und Stiftungen der Levitskys waren so kompliziert, daß in den wenigen kurzen Jahren, seit Sarah und Lev zu ihrem himmlischen Lohn eingekehrt waren, niemand sonst belohnt worden war, außer den Anwälten. Was möglicherweise eine Erklärung dafür war, daß Renzo wegen des Verkaufs des Levitskyschen Familienarchivs mit einem Institut namens Council on Jewish History in Verhandlungen getreten war.

Sara verstand dies alles erst sehr viel später, aber sie spürte eine starke Unterströmung von Feindseligkeit zwischen Babs und Salome, Babs und Sally.

Sara beobachtete Sally und Salome genau, um zu sehen, ob sie ihnen überhaupt ähnlich war, aber das alles war zu überwältigend für sie.

Sally sagte: »Dann wollen wir mal mit unserem Liebling zum Dinner gehen, aber zuerst muß sie sich ein bißchen saubermachen. Ich glaube, sie läßt sich sehr gut saubermachen.«

Nun folgte eine Kinomontage von tagelangem Shopping. Shopping bei Bergdorf, Bendel, Saks, damit aus Sara-aus-Montana Sara-aus-Manhattan werden konnte.

»Ich sollte einen Song darüber schreiben«, sagte Sally.

»Eine Shopping-Ballade. Vielleicht zur Melodie von *Turkey in the Straw*.«

Während dieser Tage in New York war Sally die perfekte Mutter und Salome die perfekte Großmutter. Sara kam sich vor wie die Prinzessin, die zu sein sie sich immer gewünscht hatte, aber das sollte nicht lange dauern.

Während dieser Januartage in New York erforschte Sara die City: das Metropolitan Museum, die Cloisters, das Frick, das Empire State Building, ja, sogar die Freiheitsstatue und Ellis Island.

Salome begleitete sie bei einigen dieser Ausflüge. Sie war jetzt, 1992, achtzig Jahre alt und ein wenig kurzatmig in dem kalten Wind, der vom New Yorker Hafen herüberblies, aber sie war bestimmt kein Spielverderber. Immer noch eine schöne Frau, kleidete sie sich in weiche Seidenstrickereien, Kaschmir und Mohair, alles in sanften Grau-, Mauve- und Amethysttönen. Dazu trug sie wunderschönen antiken Schmuck aus Italien, England, Japan, China, Indien.

Aber Sara war mit vierzehn viel zu schüchtern und unerfahren, um Salome all die Fragen zu stellen, die ihr auf dem Herzen lagen. Sie hatte sie nicht einmal formuliert. Gefangen in ihrer eigenen, jugendlichen Angst, bemerkte sie zwar, daß ihre Großmutter eine außergewöhnliche Frau war, hatte aber keine Ahnung, wie sie sich ihr gegenüber verhalten sollte.

Sally ihrerseits betete ihre Tochter an, hatte im Grunde aber keine Ahnung, wie sie sich als Mutter verhalten sollte. Sie brachte es nicht fertig, das *Ich* durch ein *Wir* zu ersetzen. Sie war in ihrer eigenen Haut gefangen und litt ständig unter irgendeinem wirklichen oder eingebildeten Schmerz. Schade, aber sie war eine gewisse Enttäuschung im Vergleich zu ihren Songs. Der beste Teil von ihr steckte in ihrer Musik.

Und dennoch lernte Sara etwas sehr Wichtiges von ihr: »Finde heraus, was du gern tust, und tu's dann auch.« Selbst nachdem Sally wieder mit dem Trinken begann, selbst als Sara in der Schweiz bei all den reichen Idioten im Internat war, stellte sie sich die Frage: »Was tue ich gern?« Und erkannte, sobald sie diese Frage beantworten konnte, würde sie in ihr eigenes Leben starten können.

Sally freute sich, daß Ham und Sandrine sich jetzt zu Tode ängstigten.

»Scheiß doch auf die!« sagte sie zu Sara. »Sollen sie sich doch Sorgen machen. Ich habe mir so viele Sorgen gemacht, daß mich das Jahre meines Lebens gekostet hat.« Damit hatte sie zwar recht, aber nicht aus den Gründen, an die sie dachte.

14 Tanzend nach Amerika
2006

Was sind denn schließlich die Juden?
Ein Volk, das nicht schlafen kann
Und keinen anderen schlafen läßt.
                        ISAAC BASHEVIS SINGER

Freud glaubte, daß der Zerstörungstrieb stärker sei als der Schaffenstrieb. Wegen des Selbstzerstörungsdrangs ihrer Mutter war Sara darin mit ihm einig. Und das Archiv bestätigte seine These. Auf all die wunderschönen toten Frauen, die in nichts Gewalttätigerem als dem Kindbett starben, kamen Hunderte, ja Tausende von Kindern, die bei Pogromen, durch die Nazis und ähnliche Totschläger starben. Das letzte Jahrhundert war für ein Volk, das keinen Mangel an Armageddons litt, ein Armageddon gewesen. Jedesmal, wenn es schien, nun könne es für die Juden nicht mehr schlimmer werden, kam es noch schlimmer. In diesem Zusammenhang – wer war da eigentlich eine Heldin? Diejenige, die am meisten Kinder großzog? Diejenige, die ihre eigenen Kinder tötete? Diejenige, die es auf sich nahm, all diese Greuel *aufzuzeichnen,* während sie gleichzeitig ihre Kinder großzog?

Und welchen Trost bot die Geschichte? Keinen. Am letzten Tag des Passahfestes 1389 kam ein blutiges Pogrom über das Prager Getto. (Der altvertraute Vorwurf lautete, die Juden hätten die Hostie entweiht.) Mindestens dreitausend Menschen wurden getötet, und ihr Blut wurde zur Mahnung an den Wänden gelassen.

Der berühmte Rabbi Avigdor Kar schrieb zum Gedenken an das Massaker eine Elegie und nannte sie *Alle Leiden, die uns heimsuchten*:

Mehr als ein Vater tötete den eigenen Sohn, und mehr als eine Mutter erschlug das Kind, das sie in ihrem Leibe trug... Zu viele starben, um sie zu nennen: junge Männer und Frauen, alte Menschen und Säuglinge... So viele Qualen fielen über uns her, und dennoch vergaßen wir nicht den Namen Gottes... Die Tage der Hoffnung müssen kommen! Ungerechtigkeit und Elend müssen vertrieben werden! Laßt uns gemeinsam aus dem Exil zurückkehren, und laßt die Weissagung des Jesaja, unseren ständigen Trost, wahr werden: Denn meine Rettung ist nahe, und meine Gnade wird sich erweisen...

Sara hatte genug von dieser Art Schriften gelesen, um zu wissen, daß sie – und selbst ihre Tochter Dove – in einer friedlichen Pause der jüdischen Geschichte geboren waren, in einer Zeit ungewohnter Blutlosigkeit, da ihr Volk in Amerika sicher zu sein schien. Aber waren sie *wirklich* sicher – sicherer als 1389 in Prag, sicherer als 1492 in Spanien und sicherer als während der 1930er in Deutschland? Sturmwolken und Sturmtruppen konnten sich jederzeit und überall sammeln. Im christlichen Amerika konnte man nie genau sagen, wann es unamerikanisch sein würde, Jude zu sein. Möglicherweise begann wieder einmal die Bekehrungsmanie. Wenn man genau hinsah, gab es überall böse Vorzeichen. Ähnlichen Wahnsinn hatte es früher schon gegeben. *Viel zu oft.*

Wenn der Council on Jewish History eine große Ausstellung machen wollte – sollte sie »Alle Leiden, die uns heimsuchten« heißen oder »Tanzend nach Amerika«? Pessimismus oder Optimismus? Sollte sie den Leuten geben, was sie wollten, oder ihnen die Wahrheit sagen? Wie Sara wußte, würde Lisette sie nach ihren Vorstellungen fragen, aber Tatsache war, daß Sara immer noch mit sich selber kämpfte. Wer war den jüdischen Pessimismus nicht leid? Sie selber hatte ihn jedenfalls gründlich satt! Die Tage der Hoffnung müssen kommen! Und gerade dann, wenn man sich entschlossen hatte, nach diesem optimistischen Glaubenssatz zu leben, wurde einem das Foto eines Gebirges von Brillen, Eheringen oder menschlichen Haaren vor die Nase gehalten, und die Hoffnung erwies sich schon wieder als Illusion. Der Holocaust hatte die jüdische Geschichte mit einem *Fluch* belegt, hatte die ganze Freude, die ganze Kreativität, das ganze Lachen dieses uralten Volkes durch Bilder von Massenmord und Tod verdunkelt. Wenn die Juden seither nur noch als Opfer betrachtet wurden, hatte Hitler dann nicht tatsächlich den Sieg davongetragen? Sollte *seine* Definition dieses sechstausend Jahre alten Volkes die endgültige sein? Sara hoffte nicht.

Welche Art von Gott hatten sich die Juden erwählt, um erwählt zu werden? Einen Gott mit dem Gewissen eines Schakals, der Härte von Granit und dem Humor eines Nazis? Der Gott des Hiob war kaum ein Gott, der es ablehnte, mit dem Universum zu würfeln. Wie konnte man ein Volk tadeln, das sich von all dieser Qual abwandte? Andere Stämme verehrten Götter, die Regen oder Kokosnüsse schickten oder Manna. Andere Stämme hatten sanfte Praliné-Götter, die jede Sünde mit Honigzungen vergaben. Die Juden aber genossen insgeheim die Härte ihres Gottes, fast so wie die Engländer sich für tugendhafter als andere halten, weil sie keine Zentralheizung haben. Der Gott der Juden war ein Sadist, der von seinem Volk verlangte, masochistisch zu sein. Jedenfalls schien es manchmal so.

Wer war das noch, der gesagt hat, Schmerz hinterlasse tiefere Spuren als Vergnügen? Wegen all dieser Schmerzen war der Judengott unvergänglich und ewig. Sanfte Götter waren gekommen und wieder gegangen. Verzeihende Götter waren gekommen und wieder gegangen. Aber der Gott des Alten Testaments blieb, mit seiner Donnerstimme, seinen unmöglichen Prüfungen, die er Hiob, Abraham, Isaak und sogar Jesus selbst auferlegte, bis sie Löcher in den Händen und Staub im Herzen hatten. Dieser Gott war kein Weichling. Er war ein Macho-Gott. Kein Wunder, daß die Juden so stolz darauf waren, daß sie auserwählt wurden, unter einem so harten Gott zu leiden.

»Ketzerei!« glaubte sie die alte Sarah Sophia sagen zu hören. Der springende Punkt von Hiobs Geschichte ist der, daß Gott nicht nur in guten Zeiten verehrt werden will. *Das* ist die Weisheit Jahwes. Wir können den Willen Gottes genausowenig ergründen, wie wir erschaffen können, was Gott erschafft. Ein jedes schwache, kleinmütige Volk kann einen Gott verehren, der nur süße Bonbons verteilt. Doch nur ein Stamm mit eisernem Willen vermag an Gott festzuhalten, selbst wenn Gott Tod, Vernichtung, Pestilenz herabschickt. *Das* ist wahrlich Unterwerfung unter den Willen Gottes.

Und Unterwerfung ist die *einzige* Weisheit. »Was glaubst du, wie ich überlebt habe«, scheint Sarah Sophia zu ihr zu sagen, »wenn nicht durch Unterwerfung?« Genau das ist das Paradoxon: Unterwerfung ist die größte Stärke.

So ging die uralte Diskussion in Saras Kopf herum, während sie ihre Notizen für die Sitzung zusammensuchte. Lisette de Hirsch hatte angerufen. Lisette wollte über die Zukunft des Council sprechen, über die beste Möglichkeit, Mitglieder und Spenden zu werben, über die große Ausstellung, die sie plante.

Die Sitzung fand in jenem Raum statt, der in das Urgestein der City gehauen war. Sara dachte an den Tag, an dem sie zum erstenmal mit Lisette hier heruntergekommen war, und mußte zugeben, daß sie sich inzwischen wie ein anderer Mensch vorkam. Sie ließ sich weder von dem Raum einschüchtern noch von den großmäuligen Spendern, deren Namen wie Banken klangen und die mit jungfräulich weißen Notizblöcken und ihren glänzend-teuren Füllfederhaltern am Konferenztisch saßen. Männer wie diese wirkten auf Sara alle gleich.

Lisette begann mit der Feststellung, der Council müsse sich selbst feiern, müsse der Welt seine Arbeit zeigen, seinen hohen Wert beweisen.

»Wir haben diese ausgezeichnete Arbeit in aller Stille geleistet, nun aber ist es an der Zeit, der Welt zu zeigen, was wir hier tun. Ich suche nach einem Motto für unsere Ausstellung, das auch das Motto für den bebilderten Katalog sein wird, der diese Ausstellung begleitet.. Ich selbst habe auch ein paar Ideen.«

Nun kam der Moment, vor dem sich alle fürchteten: der Moment, da jeder zuhören mußte, wie seine Ideen lächerlich gemacht wurden, oder da es aussah, als *habe* er gar keine Ideen. Die drei Vorstandsmitglieder – sozusagen die drei Könige – waren brillant in der Kunst des Kaschierens. Sie waren zu ihrer hohen Stellung gelangt, indem sie so wenig wie möglich sagten und daher für brillant gehalten wurden. Schweigen wirkt immer brillant; die Mutter der alten Sarah hätte bestimmt ein Sprichwort dafür gehabt.

»Ich möchte auf Mrs. de Hirsch verweisen«, sagte das erste Vorstandsmitglied, ein kleiner, gebeugter Mann, der an der Wall Street Milliarden verdient hatte.

»Ich würde gern hören, was Sie beide im Sinn haben«, sagte das zweite, ein silberhaariger Anwalt, der sich und seinen Reichtum schützte, indem er den beiden großen politischen Parteien regelmäßig gleich hohe Summen spendete.

»Meine Stärke liegt anderswo«, erklärte das dritte, ein Banker, der Berater von Päpsten und Präsidenten war und seine Klienten bevorzugt von Lincolns Schlafzimmer aus anrief.

»Was meinen Sie, Sara?« fragte Lisette.

»Um mich auf diese Sitzung vorzubereiten, habe ich viel gelesen und nachgedacht und komme immer wieder auf denselben Gedanken zurück: Dürfen wir zulassen, daß Hitler die jüdische Geschichte für uns definiert, oder sollen wir sie selbst definieren?«

Lisette wirkte beunruhigt. »Erklären Sie uns, was Sie damit meinen«, sagte sie verdrossen.

»Das ist nicht so einfach zu erklären«, fuhr Sara fort, »aber ich will's versuchen. Wir haben eine ruhmreiche Geschichte, aber die wird inzwischen vom Holocaust überschattet. Es gibt Holocaust-Museen, Holocaust-Studien... Es ist fast so, als verbrächten wir unsere Zeit ausschließlich damit, über Hitler zu diskutieren. Ich halte das für eine Falle. Es ist, als ließen wir die Antisemiten bestimmen, was Juden sind und was nicht.«

»Aber Sie werden den Holocaust doch wohl nicht *leugnen* – oder?« fragte Lisette.

»Natürlich nicht«, gab Sara zurück. »Aber ich glaube auch nicht, daß die Größe unseres Volkes ausschließlich von den Händen demonstriert wird, die gegen uns erhoben wurden. Ich will damit nur sagen, daß ich lieber die Tage der Hoffnung betonen möchte als die Tage der Verzweiflung. Vielleicht wurden wir ja wegen unserer überreichen Lebenskraft auserwählt, wegen der Weigerung, zu kapitulieren – und vielleicht sollten wir *das* feiern. Je länger ich über die Geschichte der Juden in Amerika nachdenke, desto deutlicher fällt mir auf, daß wir alle Nachkommen von Überlebenden sind, nicht von Opfern. Statt uns mit Pessimismus in die Defensive zu bringen – sollten wir da nicht lieber zeigen, wie unsere Vorfahren tanzend nach Amerika kamen?«

»Das ist ein hervorragender Titel für eine Ausstellung!« sagte Lisette.

»Welcher Titel?« fragte Sara. »Ich bin mir nicht bewußt, einen Titel vorgeschlagen zu haben.«

»*Tanzend nach Amerika*«, sagte Lisette. »Das ist der Titel unserer Ausstellung. So optimistisch und lebensbejahend, so positiv! Ich glaube, die Menschen haben den Pessimismus satt...«

»Und dann nehmen wir die Geschichte einer Familie und zeigen ihre Odyssee über einhundert Jahre...«

»Gefällt mir!« sagte Lisette.

Und plötzlich begannen die Vorstandsmitglieder miteinander zu wetteifern, um Sara herzerwärmende Familiengeschichten von bettelarmen Vorfahren aufzutischen. Der eine hatte mit einem Schubkarren angefangen, der andere mit einer Schneiderschere, der dritte mit nichts weiter als einer Schaufel. Der Schubkarren-Hausierer wurde zum Warenhauskönig, der Schneider wurde zum Textilmagnaten, dessen Söhne ein Hollywood-Studio aufbauten, und der Mann mit der Schaufel gründete ein Immobilienimperium.

»Aber wenn die Ausstellung *real* sein soll, darf sie die Familie nicht nur glorifizieren, sondern muß sie realistisch zeigen, mit Warzen und allem«, wandte Sara ein.

»Selbstverständlich!« sagte Lisette. »Keine Verklärung.«

»Das sagen Sie jetzt«, gab Sara zurück, »aber was ist, wenn Sie erfahren, daß es schwarze Schafe in der Familie gab...?«

»In allen Familien gibt es schwarze Schafe, sogar in meiner«, sagte Lisette mit kurzem Auflachen. »Mein Ururugroßvater war ein Pferdedieb...«

»Meiner auch«, warf Mr. Goldman ein – oder war es Mr. Lazard?

»Wir halten das für eine grandiose Idee«, erklärte Lisette. »Wir sind tausendprozentig dafür.«

Und so überredete Sara sich selbst dazu, dieses schwierigste Projekt ihres Lebens in Angriff zu nehmen: *Tanzend nach Amerika*.

Die Recherchen waren faszinierend. Sara merkte, wie sie die Welt immer mehr durch die Augen ihrer Vorfahren zu sehen begann. Sarah Sophia schien ihre Gedanken zu beherrschen, die Art, wie sie die Welt betrachtete. Und während sie in das Bewußtsein dieser Frau eindrang, die offenbar um so viel unerschrockener gewesen war als sie selbst, wurde Sara ebenfalls immer mutiger – fast so, als umgebe sie sich mit einer anderen Seele, als fände eine Übertragung statt.

Jeder Biograph weiß, daß man jede Seele zu seiner eigenen machen kann, wenn man ihren Konturen folgt und sie auswendig lernt. Genau das nahm Sara in Angriff. Sie spürte, daß sie durch einen dichten Nebel geführt wurde, und als sich der Nebel lichtete, begann sie zu ahnen, wo sie sich befand.

Lisette de Hirsch legte gegen den größten Teil der Texte und Exponate, die sie vorschlug, natürlich ihr Veto ein. Mußte die alte Sarah unbedingt eine Affäre mit einem *goi* haben? Warum konnte sie nicht von vornherein diesen netten Levitsky heiraten? Und mußte Levitsky unbedingt impotent sein? Und zu allem Übel auch noch der Hehler eines Bilderfälschers? Es gab doch sicher jüdische Kunsthändler, die keine Gauner waren – oder? Und was war mit Salomes Affäre mit Henry Miller? Konnte die nicht eine Affäre zum Beispiel mit Chagall oder Pascin oder einem anderen *jüdischen* Künstler haben? Wenigstens Modigliani? War Miller nicht ein Antisemit? Und war Salome nicht ein bißchen zu wild: nicht mal zu wissen, ob ihr einziger Sohn Lorenzo von Robin oder von Marco stammte? Und warum war Lorenzo ein solcher Versager, ein solcher Tunichtgut? Und würde er prozessieren, wenn der Council ihn – oder eine Figur, die auf seiner Person basierte – in die Ausstellung einbezog?

Und Sallys Alkoholismus. War die Sucht wirklich ein so großes Problem für junge jüdische Mädchen? Lisette wollte ja nicht Zensur üben – bewahre! –, aber war das *realistisch*? Realismus, das war hier das Schlüsselwort.

Lisette hatte sich schon darangemacht, Spendenbittbriefe zu schreiben und Pressemitteilungen zu entwerfen, in denen die Ausstellung als »Ausstellung einer Chronik über einhundert Jahre jüdische Einwanderung« angekündigt wurde.

Sollte Lisette die Ausstellung zensieren, soviel sie wollte, doch was die Familiengeschichte betraf, an der Sara inzwischen schrieb (an Stelle ihrer Dissertation), so durfte daran keine Zeile, ja, nicht mal ein Komma geändert werden. Genausowenig, wie sie sich von Lloyd oder David ablenken lassen würde. Sobald sich die Familienchronik in ihrem Leben festgesetzt hatte, dachte sie nicht daran, sich von diesen beiden stören zu lassen. David war zu gut, um wahr zu sein – wie konnte jemand einen Menschen, der so wenig zurückzugeben vermochte, so hartnäckig lieben? –, und Lloyd war möglicherweise nur ein charmanter Psychopath. Männer würde es immer geben – doch wenn sie die Geschichte von Sarah Sophia, Salome und Sally nicht festhielt, würde sie vermutlich auf ewig verloren sein. Hier und jetzt, das war der Punkt, an dem sie ihre Geschichten zu Papier bringen mußte. Sie mußte ihre Geschichten beenden, bevor sie mit ihrer eigenen beginnen konnte.

Jede einzelne dieser Frauen hatte etwas unvollendet gelassen. Sarah Sophia hörte zunächst auf, unter ihrem eigenen Namen zu malen, und wurde zur Geister-Malerin. Und selbst nachdem sie als Hollywood-Porträtistin zu Ruhm gelangt war, kam die Galerie ihres Ehemannes bei ihr noch vor der eigenen Arbeit. Sie wurde reich, aber sie setzte ihre eigene Arbeit hinter die Galerie an die zweite Stelle. Auch Salome hatte sich von ihrem Weg ablenken lassen. Als sie noch jung war, führte sie endlose Notizbücher, doch nach der Enttäuschung über *Tanzend nach Amerika* gab sie das Schreiben im Grunde auf. Zu jener Zeit wollte niemand ein Buch drukken, das rückhaltlos den Standpunkt einer Frau schilderte. (Sogar Anaïs Nins ungekürzte Tagebücher erschienen erst in den Achtzigern und Neunzigern. Die ersten Versionen in den Siebzigern waren von Nin persönlich brutal gekürzt worden! Kein Wunder, daß sie stellenweise so nebulös wirkten. Das Wesentliche war gründlich ausgemerzt worden! Die Affäre mit Henry Miller, die Wahrheit über ihre Ehe, ihren inzestuösen Vater – einfach alles!) Und Sally hatte ihr Talent absichtlich zerstört – mit Männern, mit Alkohol, mit Bitterkeit, mit Lethargie. Sally zog ihr bestes Album zurück. Wie selbstzerstörerisch kann man werden?

Sara hatte allmählich begriffen, daß es ihr bestimmt war, die Autorin der Geschichten ihrer Vorfahrinnen zu sein, so, wie sie die Autorin ihres eigenen Lebens sein mußte. Die Frauen in ihrer Familie hatten ständig Briefe an ihre Töchter geschrieben, und die Chronik, an der sie schrieb, würde letztlich ihr eigener Brief an Dove werden.

Anfangs merkte Sara, daß sie das Material hierhin und dorthin zu zwingen, daß sie eine Geschichte mit Moral zu schreiben versuchte. Sie begann mit dem Pogrom im Dorf und dem Tod des kleinen Dovie (als drehe sie einen Film) und folgte Sarah dann auf dem knarzenden, alten Schiff nach Amerika. Sie liebte den Übergang vom Sweatshop zum hochherrschaftlichen Cottage in den Berkshires, und sie liebte das Liebesdreieck mit Levitsky und Sim Coppley. An Salome gefielen ihr der Aufenthalt in Paris während der *Années Folles* und die Berkshire-Odyssee. Aber bei allem, was sie tat, vermochte sie keine konventionelle Moral in den Geschichten zu finden. Es verwunderte sie, daß sie sich während ihrer Recherchen zur Familiengeschichte mit einem Mann namens David traf (als er noch klein war, ebenfalls Dovie gerufen). Synchronität – aber was hatten all diese Dinge, die mehr waren als Zufälle, zu bedeuten?

Immer wieder kam Sara auf die Frage zurück, ob es den Frauen heutzutage besser gehe als vor hundert Jahren. Es war einfach nicht *klar*. Sie dachte über die alte Sarah nach. »Wenn ich sie sprechen lasse, was würde sie sagen?« fragte sich Sara; und antwortete sich selbst, indem sie die alte Sarah den Anfang ihrer Geschichte berichten ließ.

Sie dachte an jenes frühe Notizbuch, in dem sie das Zitat niedergeschrieben hatte, das von der Magie im Erzählen einer Geschichte sprach. *Wir können das Feuer nicht entzünden, wir können die Gebete nicht sprechen, wir kennen den Platz nicht, aber wir können die Geschichte davon erzählen, wie das alles geschah...* War das nicht genau das, was sie tat?

Und manchmal ertappte sie sich dabei, daß sie Sarahs Träume oder Salomes oder sogar Sallys träumte. Denn in Wirklichkeit war sie alle drei Frauen in einer. Jede von ihnen hatte Anteil an ihrer Entstehung, an dem, was sie war. Aber sie war auch sie selbst. Das Blut der Frauen rann durch ihre Adern. Ihre DNA lebte in Saras Zellen. Ihre

Erinnerungen drängten sich in ihrem Gehirn. Sie erzählte eine Geschichte – ihre Geschichte –, die Geschichte davon, wie eine Generation der folgenden wich, die Geschichte davon, wie die Stärksten jeder Generation die nächste Generation in ihren dunkelsten Momenten retteten.

Wenn wir träumen, erfinden wir unsere eigenen Erinnerungen, und wenn wir schreiben, trifft das ebenso zu. Die frommen Lehrer hatten recht: Eine Geschichte erzählen ist eine Art Gebet, eine Art Meditation. Ein heiliger Akt. Es bewirkt, daß Magie geschieht.
    Oder ist die Geschichte *selbst* die Magie?

Die Ausstellung war nur ein Ausgangspunkt. Sara benutzte die Ausstellung als Mittel, um in die Geschichte einzudringen. Zur selben Zeit aber, da sie Lisette und den Vorstandsmitgliedern gegenüber ein braves, kleines Mädchen war, erzählte sie die wahre, geheime Geschichte auf ihre eigene Art – ob nun der Inhalt dem Council gefiel oder nicht. Und während sie schrieb, begann sie zu erkennen, daß sie nur, indem sie *diese* ganz bestimmte Geschichte erzählte, indem sie die Erinnerung selbst erfand, frei genug werden konnte, um ihr eigenes Leben weiterzuleben.

Aber wer sollte die Heldin sein? Sarah Sophia, Salome, Sally – oder Sara selbst? Spielte das wirklich eine Rolle? War denn nicht schließlich sie die Porträtmalerin mit dem Industriebaron, der blutend auf ihrer Vortreppe lag, der *flapper* in Paris, der heimkehrt, um die Heimat in Depression versunken vorzufinden, und die Sängerin aus den

Sechzigern, die ihr Talent wegwirft und damit ihr Leben? Sie mußte die Seelen all dieser Frauen anprobieren, um sie selbst zu werden.

Und so begann sie mit dem Satz, von dem sie wußte, daß er die erste Zeile ihrer Geschichte sein mußte. *Manchmal, wenn ich träume, kehrt mein Erstgeborener zu mir zurück...*